数字中国·数字经济创新规划教材

熊鹏　高华声　皮旭庭　陈剑　著

FINANCIAL LARGE
LANGUAGE MODELS

# 金融大语言模型

北京大学出版社
PEKING UNIVERSITY PRESS

图书在版编目(CIP)数据

金融大语言模型 / 熊鹏等著. -- 北京：北京大学出版社, 2025.7. -- (数字中国·数字经济创新规划教材). -- ISBN 978-7-301-36416-1

Ⅰ. F830.49

中国国家版本馆 CIP 数据核字第 2025FS8545 号

| | |
|---|---|
| 书　　　名 | 金融大语言模型<br>JINRONG DAYUYAN MOXING |
| 著作责任者 | 熊　鹏　等著 |
| 责任编辑 | 裴　蕾 |
| 特邀编辑 | 林愉涵 |
| 标准书号 | ISBN 978-7-301-36416-1 |
| 出版发行 | 北京大学出版社 |
| 地　　　址 | 北京市海淀区成府路 205 号　100871 |
| 网　　　址 | http://www.pup.cn |
| 电子邮箱 | 编辑部 em@pup.cn　总编室 zpup@pup.cn |
| 新浪微博 | @北京大学出版社　@北京大学出版社经管图书 |
| 电　　　话 | 邮购部 010-62752015　发行部 010-62750672　编辑部 010-62750667 |
| 印 刷 者 | 北京市科星印刷有限责任公司 |
| 经 销 者 | 新华书店 |
| | 720 毫米×1020 毫米　16 开本　13.5 印张　300 千字<br>2025 年 7 月第 1 版　2025 年 7 月第 1 次印刷 |
| 定　　　价 | 56.00 元 |

未经许可，不得以任何方式复制或抄袭本书之部分或全部内容。
**版权所有，侵权必究**
举报电话：010-62752024　电子邮箱：fd@pup.cn
图书如有印装质量问题，请与出版部联系，电话：010-62756370

# 目 录

## 第1章 金融大语言模型：新兴交叉学科的诞生 // 1

1.1 大语言模型的前世今生 ··········· 2
1.2 当金融遇见大语言模型 ··········· 4
1.3 金融大语言模型对传统人工智能的突破 ··········· 8
1.4 金融大语言模型可能的风险点 ··········· 9

## 第2章 认识自然语言处理 // 12

2.1 什么是自然语言处理 ··········· 13
2.2 最简单的编码模型：TF-IDF 文本向量 ··········· 14
2.3 潜在语义分析 ··········· 16
2.4 敲开自监督预训练的大门：Word2Vec ··········· 18
2.5 基于上下文的编码模型：ELMo ··········· 22
2.6 NLP 的典范转移者：Transformer ··········· 24
2.7 大语言模型的先锋：BERT 与 GPT ··········· 29

## 第3章 生成式大语言模型 // 34

3.1 GPT-1：用微调来解决下游任务 ··········· 36
3.2 GPT-2：用零样本学习来解决下游任务 ··········· 37
3.3 GPT-3：用少样本学习来解决下游任务 ··········· 38
3.4 InstructGPT ··········· 39
3.5 涌现现象 ··········· 40

## 第4章 提示工程 // 45

- 4.1 什么是提示工程 …… 46
- 4.2 魔法咒语与超能力 …… 46
- 4.3 上下文学习 …… 48
- 4.4 思维链 …… 52
- 4.5 检索增强生成 …… 55

## 第5章 大语言模型中的幻觉问题 // 61

- 5.1 什么是幻觉 …… 63
- 5.2 幻觉的类型 …… 64
- 5.3 幻觉的利弊 …… 65
- 5.4 幻觉的成因 …… 66
- 5.5 如何评估幻觉 …… 69
- 5.6 幻觉的检测 …… 71
- 5.7 减少幻觉的手段 …… 73

## 第6章 大语言模型在金融领域的应用 // 76

- 6.1 大语言模型财务报告分析 …… 78
- 6.2 社交媒体平台上个人投资者的"群智"分析 …… 84
- 6.3 大语言模型选股 …… 88
- 6.4 大语言模型解读分析师报告中的企业文化 …… 92

## 第7章 金融大语言模型的数据基础 // 101

- 7.1 金融大语言模型总体架构 …… 103
- 7.2 金融原始数据和数据预处理 …… 103
- 7.3 BloombergGPT 和 FinGPT 的介绍及对比 …… 112

## 第8章 利用大语言模型对金融信息进行深度分析 // 117

- 8.1 大语言模型的一般用途 …… 119
- 8.2 用大语言模型深度分析英伟达财报电话会议 …… 127
- 8.3 对长文本进行关键词提取和摘要 …… 132
- 8.4 跟踪分析师对英伟达的观点变化 …… 136
- 8.5 比较美联储会议纪要 …… 139

8.6 大语言模型分析和建立美联储情绪指数 ……………………… 142

## 第9章 检索增强生成与股票分析系统 // 152

9.1 检索增强生成详解 ……………………………………………… 153
9.2 RAG 应用案例：出口限制对英伟达营收的影响 ……………… 160
9.3 AutoGen 初步：RAG 和股票分析 ……………………………… 164

## 第10章 微调大模型 // 177

10.1 微调大模型的挑战 …………………………………………… 179
10.2 Unsloth 项目介绍 …………………………………………… 179
10.3 微调 Llama 3 中国宏观经济分析大模型 …………………… 182

## 第11章 大语言模型与金融学研究交叉前沿 // 191

11.1 大语言模型在金融学研究中的主要应用方向 ……………… 192
11.2 基于文本变量的构建效度 …………………………………… 199
11.3 在金融学研究中使用大语言模型的指南 …………………… 202

# 第1章
# 金融大语言模型：新兴交叉学科的诞生

- 章节概述

本章介绍了金融大语言模型这一新兴交叉学科的诞生背景、发展历程和主要应用。通过梳理自然语言处理技术的演进，阐述了大语言模型在金融领域的独特价值，并探讨了其潜在风险和未来发展方向。

- 学习重点

1. 理解大语言模型在金融领域的独特价值。
2. 掌握金融大语言模型的主要应用场景。
3. 认识金融大语言模型相较于传统方法的优势。
4. 了解金融大语言模型应用中的潜在风险和挑战。

- 素养目标

了解金融科技人才对服务国家战略需求、推动金融创新与安全的重要意义。

- 本章思维导图

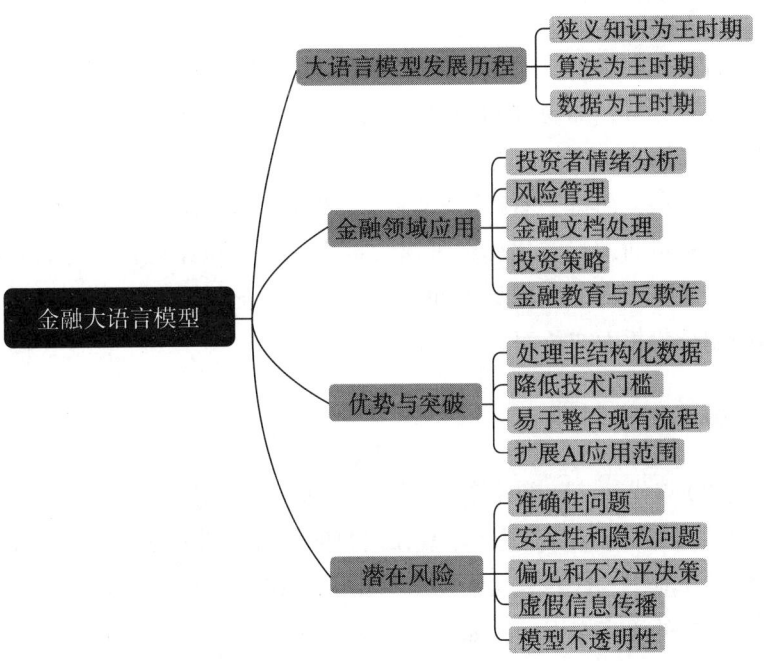

## 1.1 大语言模型的前世今生

大语言模型(Large Language Model,简称 LLM)是自然语言处理(Natural Language Processing,简称 NLP)领域的一个组成部分。自然语言,即人类所使用的语言文本符号,不仅是人类思维的载体和交流的基本工具,也是区别人类与其他动物的关键特征之一。自然语言处理主要探讨如何利用计算机来理解和生成人类语言,它是一个跨越计算机科学与语言学的交叉学科,同时也是人工智能的核心分支之一。

随着电子计算机的普及、互联网的迅速发展以及金融市场的持续扩张和深化,金融行业对高效、快速、准确地处理大量自然语言数据的需求日益增长。然而,由于自然语言具有高度的抽象性、几乎无限变化的可能性、普遍存在的歧义性以及持续的演变性,计算机处理自然语言面临着诸多挑战。此外,理解语言通常需要依赖背景知识和推理能力。特别是中文,其含蓄和多义的特性使得许多含义难以直接表达,只能通过意会来理解,读懂中文对于人类已属不易,对于机器而言更是一项艰巨的任务。

自然语言处理的核心在于形式与意义之间的多对多映射关系。自其诞生以来,自然语言处理技术已经经历了三个主要的发展阶段,这些阶段分别以狭义知识、算法和数据为主导。

### 1.1.1 狭义知识为王时期

在自然语言处理的早期阶段(20 世纪 50 年代至 90 年代),主要采用的是基于小规模专家知识的处理方法,如规则和词典等。这些方法依赖于专家总结的符号逻辑知识来处理通用的自然语言。例如,将股票分析师报告中的"看涨""增持""利好"等关键词归类为正面词汇,而将"看跌""减持""利空"等关键词归类为负面词汇,通过分析报告中正面和负面词汇的比例,来描绘报告的整体情绪倾向。尽管这种方法简单直观,但对于语言更丰富的应用场景而言,其局限性显而易见,因为并非所有词汇都能预先被明确划分为正面或负面。

### 1.1.2 算法为王时期

自 20 世纪 90 年代起,随着计算机运算速度和存储容量的显著提升,以及统计算法(浅层机器学习)的广泛应用,基于小规模语料库的浅层机器学习算法开始在自然语言处理领域得到广泛应用。这些算法能够更客观、准确、细致地捕获语言规律,因为语料库中蕴含了丰富的语言知识。例如,在处理句子"I recommend this stock."(我推荐这只股票。)时,一个基于统计的词性标注模型可能会识别出以下规律:

"I"通常被标记为代词(pronoun)。

"recommend"通常被标记为动词(verb)。

"this"通常被标记为冠词(article)。

"stock"通常被标记为名词(noun)。

该模型通过分析大量语料库数据,学习到这些统计规律,并能够将这些规律应用于新句子的词性标注,手动编写复杂的规则。这一时期,词法分析、句法分析、信息抽取、机器翻译、自动问答等领域的研究均取得了显著进展。特别是在20世纪90年代,随着计算机性能的提升和大规模语料库的可行化,基于统计方法的词性标注系统开始流行。这些系统通过训练模型来自动学习词汇与其对应词性之间的统计关系,而非依赖于人工制定的规则。

尽管基于统计算法的自然语言处理技术取得了一定的进展,但其仍存在显著的局限性。这些技术通常需要依赖经验性规则,将原始的自然语言输入转换为机器可处理的数据形式。这一转换过程不仅需要精细的人工操作,而且要求操作者具备一定的专业知识,实施成本较高。

自2010年以来,得益于大规模数据集和强大计算资源的可用性,以及深度神经网络模型架构的改进,基于深度神经网络的学习方法逐渐成为主流。深度学习具有以下三个显著特点:

(1)端到端学习。模型能够直接从原始数据中学习,自动提取特征,手动设计特征提取器。

(2)多层次处理。深度学习模型通常包含多个处理层,如卷积层、循环层和全连接层等,这些层次的组合使模型能够逐步学习数据的不同抽象层次的表示。

(3)抽象处理。每一层的抽象处理都要通过模型内部的参数控制,这些参数通过训练数据和反向传播算法进行学习,以最小化某种损失函数,从而更好地适应特定任务。

此外,深度学习方法还能打破不同任务之间的壁垒。传统的浅层机器学习方法需要为不同任务设计特定的特征,而这些特征往往不具备通用性。深度学习方法则能够在相同的向量空间内表示不同任务,实现跨任务迁移的能力。深度学习还能实现跨语言甚至跨模态的迁移,综合利用多项任务、多种语言、多个模态的数据,推动人工智能向更通用的方向发展。

迷你案例:在进行股票分析报告情感分析时,应用深度学习方法的流程,请扫码查看[二维码1-1]。

深度学习模型能够自动从文本中学习情感表示,手动构建和选择特征,使得情感分析更加灵活,并能适应各种不同的文本数据。

### 1.1.3 数据为王的时期

自2018年以来,超大规模预训练语言模型如BERT(Bidirectional Encoder Representations from Transformers,来自变换器的双向编码器表示)和GPT(Generative Pre-trained Transformer,生成式预训练变换器)的问世标志着自然语言处理领域的又一重大进步。这些模型在以下两个方面显著提升了各种NLP任务的性能。第一，减少对数据标注的依赖。深度学习模型通常需要大规模标注的训练数据以实现良好的性能，这是因为它们拥有大量参数，需要充足的数据来有效学习。然而，对标注数据的过度依赖可能导致高昂的训练成本，尤其是在资源较少的语言或特定领域任务中。BERT、GPT等超大规模预训练语言模型通过在大规模文本数据上进行自监督学习来实现预训练，从而学习到丰富的语言表示，以及特定任务的标注数据。第二，具有迁移学习能力。预训练模型的核心思想本质上是迁移学习的应用。在预训练阶段，模型学到了一般的语言表示，然后在特定任务上进行微调，以适应任务要求。这种迁移学习策略使得模型能够更有效地利用少量标注数据来适应不同任务。

超大规模预训练语言模型的引入极大地提高了自然语言处理的性能，某些任务在特定数据集上的表现甚至超越了人类水平。这些模型的广泛应用也推动了更多的研究工作，以进一步改进和优化模型性能。

迷你案例：在进行股票分析报告情绪分析时，应用超大规模预训练语言模型的流程，请扫码查看［二维码1-2］。

在这个示例中，超大规模预训练语言模型的预训练阶段消除了对大规模标注数据的依赖，因为模型已经学习了通用的语言表示。这使得在下游任务中需要的标注数据更少，从而更容易适应不同的情感分类任务。这种方法在各种自然语言处理任务中都有广泛的应用，提高了模型构建和迭代的效率。

## 1.2　当金融遇见大语言模型

随着人工智能和自然语言处理技术的迅猛发展，传统金融行业开始积极探索与这些前沿技术的融合应用。特别是在金融大数据分析和智能投资顾问领域，金融大语言模型已经显示出其巨大潜力。这一新兴的交叉学科致力于结合金融领域的专业知识与自然语言处理技术，旨在提升金融决策的精确性、风险管理的效率性及市场预测的准确性。金融大语言模型能够对大规模的金融文本数据进行分析和理解，包括金融新闻、公告、社交媒体（例如股吧、微博、微信、门户网站）上的金融评论以及公司年报等，以辅助投资决策和市场趋势分析。

金融与大语言模型的结合，将带来多方面的应用和深远的影响。下面分别介绍金融与大语言模型相互作用的几个关键方面。

### 1.2.1　投资者情绪分析

大语言模型能够分析社交媒体、新闻等中的内容，以监测金融市场的舆论动态。这使得金融机构能够更深入地理解市场情绪和投资者情绪，并据此调整其策略。金融市场是一个复杂且动态变化的系统，在这一系统中，投资者情绪扮演着关键角色。众多金融模型致力于精确地提取投资者情绪信息，研究其对市场的影响，并将其纳入预测模型中。

度量投资者情绪的方法多种多样，主要可以分为以下几类：市场指标法（例如散户开户数量、股票换手率等）、直接调查法（例如通过发放调查问卷直接询问投资者）以及文本分析法。市场指标法在反映情绪时不够直接和纯粹，它依赖于所选代理指标的准确性，并且容易受到市场噪声的干扰。许多指标仅代表低频数据（如新增开户数量），难以精确衡量高频投资者情绪。直接调查法在数据获取过程中存在耗时、成本高昂、代表性不足、时效性差、频率低等问题，且在实际应用中受到市场、投资者、地域等因素变化的影响，难以准确反映投资者对行业、个股等的细致情绪。更为重要的是，这两种方法所获得的指标通常具有滞后性，无法实时应用于市场预测。

网络文本大数据为研究和反映投资者情绪提供了丰富的数据样本。随着线上交易的普及和网上投资者数量的增加，投资者越来越倾向于在论坛、微博、微信等社交平台上交流他们对市场走势的预期和投资意见。此外，文本分析技术的进步使得从社交平台文本、公司财报、财经新闻等各类文本中提取情绪信息并构建情绪指标成为可能。因此，可以测量包含投资者情绪在内的更广泛的文本情绪。

与市场指标法和直接调查法相比，基于大语言模型等的文本分析法具有以下优势。

第一，论坛留言、社交动态等是投资者意见的直接表达，使得情绪指标的内涵更为丰富；

第二，利用数据挖掘技术可以在较短时间内获取海量文本大数据，保证了样本的代表性、时效性，还可以降低人力和时间等成本；

第三，可以根据研究的目标自由选择特定来源或主题的文本，例如仅针对个股或某个行业分析；

第四，可以自由设定在线文本的采样时间间隔，为获取更高频的情绪序列提供了可能；

第五，除了文本本身，发布者的性别、所在地、发布时间等信息也可以随文本一同被捕获，从而使研究内容更加丰富。

语言交流是获取股票投资重要信息的关键渠道。以股票市场为例，大多数股票市场投资者无法直接观察公司的生产活动，他们所获得的信息主要是间接的。投资者获取信息的三个主要渠道包括：分析师的预测、可量化的公开披露的财务信息（例如企业季报和年度报告）以及对公司当前和未来盈利活动的描述性语言。如果前两个渠道无法覆盖对企业投资所需的全部信息，那么来自互联网社交媒体的语言变量对于股票投资者而言就具有极高的价值。

## 1.2.2 风险管理

大语言模型在金融领域的另一个重要应用是分析市场数据、新闻事件和社交媒体评论，以帮助投资者识别潜在的市场风险。这些模型能够监测市场情绪、舆论和重大事件，提供及时的市场风险评估。例如，它们可以识别关键事件（如政治动荡或自然灾害），并评估这些事件对不同资产类别的潜在影响。

此外，大语言模型能够分析公司的财务报告、新闻和公告，以评估其信用风险。这些模型能够识别潜在的违约风险，并提供关于公司健康状况的见解，帮助投资者更好地了解其投资组合中的信用风险程度。大语言模型还可以分析企业内部和外部的运营风险因素，包括供应链问题、法规合规性、数据安全等。这些模型能够帮助企业识别可能导致业务中断或损失的潜在风险，并提供降低这些风险的建议。大语言模型也可以用于开发量化风险模型，以评估投资组合的风险暴露和预期损失。这有助于投资者根据风险偏好和目标调整其资产配置，以降低潜在风险。

以上市公司年报中的管理层讨论与分析（Management Discussion and Analysis，简称MD&A）为例，这是上市公司定期财务报告的重要组成部分，反映了公司管理层对当前公司经营状况的解释与分析，传递了企业未来经营发展的有关信息。MD&A 包含经营情况概述、主营业务分析、非主营业务分析、资产负债情况、投资情况、重大资产和股权出售情况、主要控股参股公司分析、公司未来发展的展望等内容。MD&A 文本情绪与公司的经营业绩相关，并与公司未来的经营风险息息相关。当 MD&A 文本情绪较为消极时，通常可能出现公司业绩下滑、经营能力不足、市场竞争加剧、项目进展不顺、未来经营风险增大等情况。在传统金融学中，对于企业相关风险的衡量主要基于财务指标（如利润率、负债率等），利用大语言模型对企业年报 MD&A 的文本进行分析，无疑为预测和监控企业的合规风险、信用违约风险、供应链风险等关键风险点提供了新的视角。

### 1.2.3　金融文档处理

大语言模型可以自动化处理和理解金融文档，例如合同、报告和财务报表。这不仅提升了工作效率，减少了人为错误，还确保了合规性。在企业合同签署过程中，这些模型能够自动化地分析合同内容，提取关键条款和条件，识别潜在的法律风险，以确保合同符合相关法规和政策，从而加速合同审查和管理流程。

此外，大语言模型在自动生成摘要方面也展现出巨大潜力。面对日益增长的文本信息，文本摘要生成技术能够有效地对信息进行"降维"处理。通过将较长的文本转换为包含关键信息的简短摘要，大语言模型极大地提高了投资者处理金融相关信息的效率。这类似于将一部 90 分钟的电影浓缩为 5 分钟的影评，显著提升了观众在有限时间内能够欣赏的电影数量。

在客户情感分析方面，大语言模型能够帮助金融机构更深入地了解客户满意度，并及时采取措施解决问题，以提高客户忠诚度。这对于服务高净值客户的私人银行和家族办公室等业务尤其重要。金融机构可以利用这些模型分析客户提交的调查问卷、反馈和评论，以评估他们的满意度。模型能够自动识别和分类情感倾向，帮助机构更好地理解客户对产品和服务的感受。金融机构也可以将大语言模型集成到在线客服系统中，自动分析客户在聊天或电子邮件中的情感，从而迅速识别客户的不满或问题，并及时采取措施解决，提高客户满意度。

基于客户情感分析的结果，金融机构可以向客户提供个性化的建议和产品推荐。例如，如果模型检测到客户表达了财务压力或不安全感，机构可以提供更符合他们需求的财务规划或投资方案。大语言模型还可以帮助金融机构识别客户可能面临的潜在风险或不当行为，通过监测客户的情感，更早地发现风险信号，从而减轻潜在的金融风险。此外，客户情感分析还可以用于了解市场趋势和竞争对手的表现，金融机构可以通过分析客户的反馈来收集有关市场需求和竞争优势的信息，以制定更有效的市场战略。

最后，大语言模型在金融机构的智能客服、自动问答与虚拟助手方面也发挥着重要作用，为客户提供更快速和准确的响应。客户可以通过与模型对话来解决从账户查询到贷款申请等常见问题。自动问答系统还可以用于金融咨询，帮助客户理解复杂的金融产品和投资策略。

### 1.2.4　投资策略

大语言模型在生成投资建议和策略方面具有巨大的潜力。这些模型能够分析市场数据、新闻报道以及公司报告，为投资者提供关键信息和深入见解，从而辅助他们作出更明智的投资决策。此外，大语言模型与投资策略相结合，能够进一步促进智能量化交易策略和算法交易系统的发展。

具体而言，大语言模型能够迅速解析海量信息，识别与股价波动密切相关的关键事件，为投资决策提供即时的见解。同时，这些模型能够深入分析公司财务数据以及行业新闻，协助投资者评估公司的经营状况和未来的增长潜力。基于投资者的目标和风险偏好，大语言模型能够提供定制化的投资组合建议，通过优化资产配置，帮助投资者降低风险并提高预期回报。

在量化交易策略的开发方面，大语言模型展现出其智能化的优势。这些模型能够自动识别市场信号、执行交易操作并有效管理风险，以此提高交易的效率和盈利潜力。此外，模型能够实时监控关键事件，如企业收购、法律诉讼、政治动荡等，并评估这些事件对相关资产的潜在影响，从而帮助投资者捕捉事件驱动的投资机会。

### 1.2.5　金融教育与反欺诈

大语言模型能够根据客户的具体需求和知识水平提供定制化的金融教育服务。客户可以通过提问来获取关于储蓄、投资、退休规划等领域的信息。相关模型能够以易于理解的方式阐释复杂的金融概念，并提供相应的建议。

此外，客户还可以就财务规划、投资组合配置和税务策略等议题咨询模型。模型能够分析客户的财务状况和目标，提供个性化的建议，协助客户制订财务计划。

在投资建议方面，大语言模型能够根据客户的风险偏好和投资目标进行分析，提供符合客户需求的投资策略。模型通过分析市场数据和公司信息，生成适合客户的投资方案。

在反金融欺诈领域，大语言模型能够监测客户和交易数据，识别异常或可疑的交易模式。这些模型能够帮助金融机构识别潜在的欺诈行为，如信用卡盗刷、账户入侵或洗钱活动。通过分析客户的在线行为和互动，模型能够识别出不寻常的行为模式。例如，如果客户的登录地点或交易习惯突然发生变化，模型可以发出警报，以减少潜在风险。此外，大语言模型还能够分析历史欺诈数据，预测潜在的欺诈模式，从而帮助金融机构采取预防性措施，降低欺诈风险。

总体而言，大语言模型在金融领域的应用为行业带来了新的可能性，并为研究人员和从业者提供了一个独特的跨学科研究领域。随着技术的不断成熟和完善，预计金融领域的大语言模型及相关技术将继续深化其应用，最终可能重塑金融行业的业务模式和决策过程。

## 1.3　金融大语言模型对传统人工智能的突破

在金融领域，传统人工智能（Artificial Intelligence，简称 AI）技术的应用面临着一系列挑战。传统 AI 模型通常依赖于结构化数据，其对数据的整合需要额外的时间和成本。此外，金融企业往往拥有较多的金融专业人才，而科技人才相对较少，即便拥有科技人才，他们也可能不在企业的核心部门。企业文化的障碍和对变革的自然抵触使得将人工智能系统的输出整合到现有操作流程中变得困难重重。然而，大语言模型的出现为解决这些困难提供了可能。

首先，大语言模型能够处理多样化的非结构化数据，这极大地扩展了可用数据的范围。其次，大语言模型基于预训练的基础模型，相较于传统人工智能方法，能够更快地适应特定场景，降低了技术门槛，使得那些缺乏技术能力的组织也能够利用人工智能。最后，随着 ChatGPT、DeepSeek 等产品的普及，金融领域的领导者和员工对大语言模型在日常生活中的应用越来越熟悉，这使得采用大语言模型变得更加容易。

大语言模型的输出通常以用户熟悉的形式呈现，如文本、图表或 PPT 文件，这有助于解决整合人工智能系统到现有流程中的难题。在许多情况下，大语言模型的功能类似于企业中的初级员工。

大语言模型能够将人工智能在金融行业的应用推向更高层次。例如，大语言模型可以帮助客服应用程序超越预设脚本，提高用户体验。它们还可以通过提高准确性和减少培训需求，显著提升传统自然语言处理应用的自动化程度。此外，大语言模型能够将人工智能的应用扩展到以前认为不适合自动化的领域，如阅读和编写软件代码，使非技术员工也能编写简单的代码。它们还可以帮助生成标准格式的报告或摘要，如模型验证初稿、客户尽职调查报告、金融犯罪调查报告、股票分析师报告、行业发展报告、上市公司业绩点评等。金融机构还可以利用大语言模型进行更复杂的问答（Q&A）应用程序开发，使员工能够更便捷地利用组织的内部知识库，如金融投资顾问在为客户提供建议时可以更方便地利用公司内部研究资料，合规人员在评估新政策时可以借鉴内部指南和历史案例。

## 1.4 金融大语言模型可能的风险点

大语言模型在提高金融行业效率的同时，也可能引入新的风险。第一，模型输出的准确性问题不容忽视。大语言模型主要基于数学知识构建，而这些模型可能无法完全捕捉人类语言的细微差别和复杂性。由于模型的主要目标是产生连贯且与上下文相关的文本，而非验证信息的准确性，这些模型可能生成看似合理但实则虚构的信息。因此，大语言模型有时可能会提供不准确的信息。金融专业人员在依赖这些模型生成的结果时必须保持谨慎，并进行交叉检查和验证。在涉及企业财务的关键决策时，人工的仔细确认尤为重要。通过理解大语言模型的局限性，并运用批判性思维和专业判断，我们可以在利用 AI 技术的同时，最大限度地减少不准确信息带来的风险。

第二，第三方构建和拥有的模型可能涉及安全和隐私问题，以及知识产权归属的不确定性。这些模型通常需要大量数据进行训练，其中可能包括个人身份信息等敏感数据，保护这些数据的隐私和安全性至关重要。此外，第三方模型的知识产权归属也是一个复杂且常引起争议的问题。模型可能包含大量知识和信息，这些知识可能来源于公开数据，也可能包含构建模型的第三方团队的知识。确定知识产权归属可能涉及复杂的法律问题。公开数据通常不受知识产权保护，但如果模型使用了专有数据，数据所有者可能会主张对该数据的知识产权，并可能对其使用设定条件。模型的参数是在训练过程中学习的，通常不受知识产权保护。然而，模型的架构和训练方法可能受到专利或其他知识产权的保护。如果多个团队参与了模型的开发，知识产权的归属可能会更加复杂，共同创作者可能需要就知识产权分配达成协议。一些项目可能鼓励知识共享以提高市场占有率，知识产权的归属方可能会以开放源代码或其他方式分享模型或相关资源，以促进合作并扩大市场影响力。

第三，使用公共数据集进行训练的大语言模型可能因公共数据的缺陷而产生误判。由于大语言模型使用的数据可能来自互联网的公开数据，这些数据可能含有基于性别、种族、年龄、政治倾向等因素的偏见，这些偏见可能通过模型计算过程被放大，导致对特定群体不公平的投资决策。例如，在美国，黑人在金融市场上可能遭受不公正待遇，银行对他们的信贷审批要求更严格，使得他们更难获得信贷支持。这种社会观念大多反映在互联网上，因此如果大语言模型以社交媒体数据作为输入，其输出可能也会受到这种观念的影响，从而加剧社会偏见。此外，这种模型的偏见（Bias）可能导致不公平的决策,其至可能被利益集团用于操纵公共舆论。

第四,大语言模型生成类似人类文本的能力使其成为一种潜在的提供虚假信息工具。模型可以生成高度逼真的文本,包括虚假新闻、误导性信息和冒充行为,这可能导致公众受到误导,对信息的真实性产生怀疑,引发金融系统中的混乱和不信任。模型可能被用来冒充真实个人或企业,发布虚假声明或消息,影响金融交易决策。虚假信息在社交媒体上的快速传播可能引发大规模恐慌或不确定性,对金融市场产生短期和长期负面影响。解决这一问题的方法不是禁止大语言模型,而是开发内容过滤和虚假信息识别技术,用能够识别虚假信息的大语言模型对抗其他模型生成的虚假信息,以减少虚假信息的传播。

第五,大语言模型通常以"不透明"著称。尽管很多算法的原理简单易懂,但数量庞大的参数使得准确了解模型如何将输入转化为输出或确定不同输入变量的权重变得几乎不可能。这种不透明性对金融研究人员可能构成障碍,因为他们很难理解模型分析结果的产生过程。当前,提高模型解释性是一个前沿方向,包括生成模型解释、模型权重可视化和决策树等方法,使模型的决策更加透明。同时,为金融机构研究人员和决策者提供关于大语言模型的培训和教育也非常有意义,可以帮助他们更好地理解模型的不透明性,并在不透明的环境下最大化模型的功效。同时,大语言模型并非规模越大越好。模型参数的数量过于庞大可能导致训练和应用上的困难,同时需要大量的文本数据、计算资源〔如存储设备和高容量处理器,例如图形处理单元(Graphics Processing Unit,简称GPU)或云服务器〕、能源消耗以及训练时间,这些可能会导致成本的显著增加和不透明性的加剧。金融机构的决策者需要权衡大语言模型的规模,考虑其边际收益是否超过边际成本,以确定最合适的模型规模。

总体而言,金融领域的大语言模型作为一门新兴的交叉学科,正在重塑金融业务和研究的方法。借助自然语言处理技术以及对大规模文本数据的分析,该技术有潜力显著提升金融决策的质量和效率。同时,它也遇到了一系列新的挑战与机遇。预计该领域的进步将对金融行业产生深远的影响。

对于金融学的新一代学生而言,尽早掌握并熟练运用这些新兴技术,在金融学习过程中运用这些工具,对未来成为金融新时代的领导者具有重要意义。技术革命,如人工智能和大语言模型的发展,既带来了机遇也带来了挑战。技术进步往往不会立即惠及所有人,在初始阶段更可能会伴随着传统工作岗位的减少以及商业伦理问题的出现。然而,对于金融行业的从业者来说,面对这些挑战的最佳策略是积极接纳新技术,迅速转变为新技术的使用者,并主动将新兴科技与传统金融学科知识相结合,从而在技术革命中成为获益者而非被淘汰者。

## 章节小结

- **实践建议**
1. 尝试使用开源的金融大语言模型,体验其在金融文本分析中的应用。
2. 选择一个具体的金融应用场景(如投资者情绪分析),设计一个小型实验。
3. 关注金融科技领域的最新进展,特别是大语言模型在金融中的应用案例。

- **延伸阅读**
1. 深入学习自然语言处理的基础知识,特别是 Transformer 架构。
2. 研究金融领域特定的语言模型如 BloombergGPT。
3. 探索金融大数据分析与大语言模型结合的前沿研究。

- **总结**

本章为读者展现了金融大语言模型这一新兴交叉学科的全貌。通过学习本章内容,读者将能够理解大语言模型在金融领域的重要性和潜力,同时认识到其应用中的挑战和风险。作为金融学科的新一代学习者,掌握这些新兴技术将为未来的职业发展奠定坚实基础。本章强调了积极拥抱新技术的重要性,鼓励读者在学习过程中主动结合传统金融知识与新兴科技,以应对未来金融行业的变革。

# 第 2 章
# 认识自然语言处理

- 章节概述

本章全面介绍了自然语言处理（NLP）的基本概念和发展历程。从最简单的 TF-IDF 模型开始，逐步深入 Word2Vec、ELMo、Transformer 等更复杂的模型，最后介绍了 BERT 和 GPT 这两个开创性的大语言模型。通过本章学习，读者将对 NLP 的核心技术和发展脉络有一个清晰的认识，为理解现代大语言模型奠定基础。

- 学习重点

1. 理解 NLP 中编码和解码的概念及它们在不同任务中的应用。
2. 掌握从 TF-IDF 到 Word2Vec 的文本表示方法演进。
3. 深入理解 Transformer 架构，特别是注意力机制的原理和作用。
4. 认识 BERT 和 GPT 这两种代表性大语言模型的特点和区别。
5. 了解 NLP 技术发展的主要脉络和趋势。

- 素养目标

通过学习自然语言处理发展历程和前沿进展，培养创新思维，推动人工智能伦理与社会责任。

- 本章思维导图

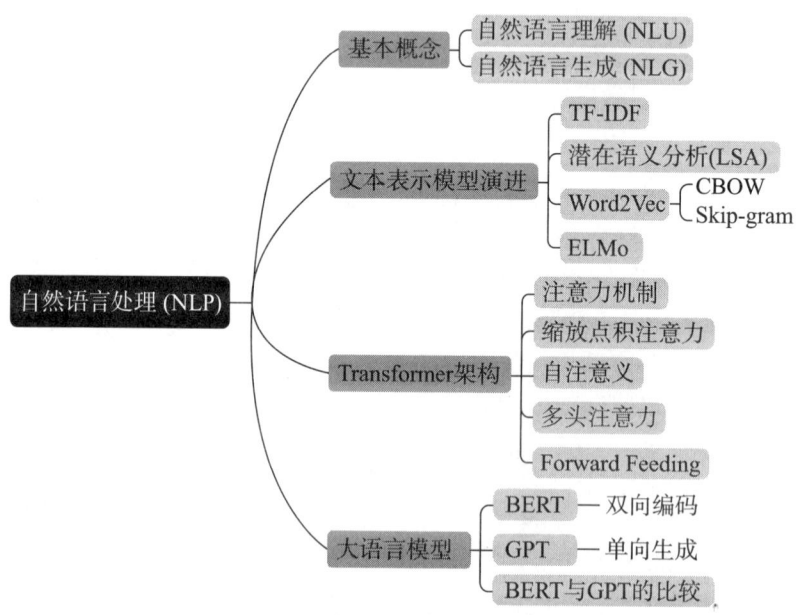

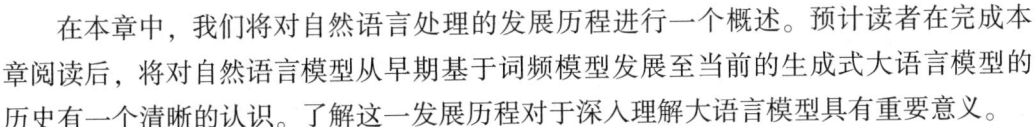

在本章中,我们将对自然语言处理的发展历程进行一个概述。预计读者在完成本章阅读后,将对自然语言模型从早期基于词频模型发展至当前的生成式大语言模型的历史有一个清晰的认识。了解这一发展历程对于深入理解大语言模型具有重要意义。

本章将包含大量深度学习的基础知识。鉴于深度学习是一个广泛而复杂的主题,本书由于篇幅限制,不进行深入讨论。在本章的讨论中,我们假定读者已经具备深度学习的基础知识,包括对全连接网络、卷积神经网络(Convolutional Neural Network,简称 CNN)、循环神经网络(Recurrent Neural Network,简称 RNN)等神经网络架构的基本了解。如果读者在阅读过程中发现难以理解与神经网络相关的内容,建议先行学习神经网络的基础知识,再继续本章的学习。

## 2.1 什么是自然语言处理

在计算机科学领域,"语言"(Language)这一术语通常具有多重含义,它既可以指计算机程序设计中所使用的编程语言,也可以指人类用于沟通的自然语言。为了明确区分这两种不同的语言类型,我们通常采用"自然语言"(Natural Language)这一术语来专指人类的语言,以区别于"机器语言"(Machine Language)。因此,自然语言处理是一门专注于研究如何使计算机理解和处理人类语言的学科。

在机器学习的范畴内,我们通常将不同的任务(Task)分开单独讨论。在这里,"任务"指的是需要解决的问题。识别一篇文章的主题是一种任务,判断两个句子是否构成连续的上下文也是一种任务。每种任务都对应特定的输入和输出。例如,在情感分类的任务中,输入是一个文本,而输出通常是通过逻辑回归得到的介于 0 和 1 之间的概率值。在确定了任务之后,我们会开发出各种方法来处理它们。尽管这些任务可能非常复杂,但总体上可以归为两大类:自然语言理解(Natural Language Understanding,简称 NLU)和自然语言生成(Natural Language Generation,简称 NLG)。那么,这两种任务之间有何区别呢?

简而言之,我们可以将 NLU 理解为对文本进行分类或回归的各种任务。这些分类任务可以是直观的,例如对文本的主题、情绪、词性等进行分类;也可以是不直观的,如预测两个句子是否为上下文的下一句预测任务(Next Sentence Prediction)、判断两段叙述之间是否存在特定的逻辑关系的自然语言推理任务(Natural Language Inference)等。无论这些任务多么抽象或复杂,它们本质上都是分类或回归问题。用数学术语来表示,就是要解决以下类型的问题:

$$P(y \mid S_1, S_2, \cdots, S_N) = ?$$

上式描述的是一个条件概率问题,其中 $y$ 代表我们希望预测的标签,而 $S_1$ 至 $S_N$ 表示一个文字序列。在许多情况下,$S_1$ 至 $S_N$ 的顺序是关键信息,不能轻易打乱。因此,该公式的含义是在给定一个文字序列的条件下,变量 $y$ 的值所对应的概率。

NLG 则涉及各种生成任务，即输入一个文字序列，然后要求模型生成另一个文字序列。这类任务同样繁多，例如：将一段英文文本翻译成中文、从一篇文章中生成摘要、根据表格数据回答相关问题，以及执行类似 ChatGPT 的开放式对话任务。与 NLU 类似，NLG 的任务也可以表示为条件概率的形式：

$$P(S_{N+1} \mid S_1, S_2, \cdots, S_N) = ?$$

在上述公式中，$S_{N+1}$ 表示序列中第 $N+1$ 个字符为特定字符的概率。因此，该式的含义是在给定一个文字序列的条件下，预测序列中第 $N+1$ 个字符为某个特定字符的概率。当然，实际应用中，我们不仅预测 $S_{N+1}$，通常还会基于 $S_{N+1}$ 的预测结果继续预测 $S_{N+2}$、$S_{N+3}$ 等，直到形成一个完整的序列。

我们已经分别介绍了 NLU 和 NLG 以及它们之间的区别，但这些区别并不是它们最根本的差异。NLU 与 NLG 最核心的差异在于，NLU 通常只涉及对文本的编码（Encoding，也称 Embedding），而 NLG 问题则涉及对文本的译码（Decoding，也可称 Generation）。那么，这里的编码与译码具体指的是什么呢？

众所周知，文本作为文字序列无法直接用于数值计算。因此，为了对文本（一个文字序列）进行计算处理，必须将它转换为适当的数值向量，这一过程被称为编码。显然，这个编码过程不应随意进行，而应能够体现文本的语义（Semantic）信息。在大多数的 NLU 问题中，一旦我们获得了这个数值向量，基本上就完成了主要任务，接下来的步骤就是将该向量输入分类器或回归器中进行预测并返回结果。

对于 NLG 问题，情况则稍显复杂。因为 NLG 问题的最终目标是要生成一段文本，因此仅仅对文本进行编码是不够的，还需要进行译码。例如，在英译中的翻译任务中，第一步是将英文文本编码成向量，第二步则是利用这个向量生成中文文本。因此，同时涉及编码和译码是 NLG 问题的特点。

相信通过上述介绍，读者对自然语言处理已经有了一些基本的认识。在 NLP 的发展历史中，科学家们花费了大量时间讨论和处理 NLU 任务的介入和进行，直到近年来生成式模型取得了重大突破，NLG 才开始逐渐占据主导地位。因此，我们不妨沿着历史的脉络，在本章接下来的部分集中讨论 NLU 的核心问题，即如何进行编码。我们将从最简单的基于词频的编码模型讲起，一直介绍到最新的技术，如 BERT 与 GPT。在深入理解了 NLU 之后，我们将在第 3 章讨论 NLG 的问题，这也是本书的主题——生成式大语言模型！

## 2.2 最简单的编码模型：TF-IDF 文本向量

在上一节末，我们讨论了 NLU 的核心问题，即如何对文本进行编码。只要我们能够采用合适的编码方式，将文本中的语义信息有效地表示为数值向量，那么随后只需将这些向量输入常规的分类或回归模型中进行训练，NLU 的问题便可迎刃而解了。在诸多编码技术中，最基础且应用最广泛的是 TF-IDF（Term Frequency-Inverse Document Frequency，词频 – 逆向文件频率）。这种编码方法属于词袋（Word-of-bag，其具体含义将在后文解释）模型，至今仍被广泛应用于各种文本分类、回归以及检索问题，并在大多数情况下都能取得令人满意的效果。因此，从 TF-IDF 开始理解自然语言处理是十分恰当的。

所谓 TF-IDF 就是一种基于词频统计的编码模型。对于一个文本数据集，若要对数据集中的每个文本进行编码，一个最直接的方法是统计在每篇文章中每个词的出现频率，并将这些频率作为特征来向量化一篇文章。这种编码方式既简单又直观，因为通常来说，一个词出现的频率越高，它就越能够代表这篇文章的主题。

假设我们有一个文本数据集 $D$，其中有 $N$ 个文本，那么对于其中一个文本 $d$ 中的一个单词 $t$ [①]，我们可以定义 TF 向量为：

$$\text{TF}(t,d) = \frac{\text{单词 } t \text{ 在 } d \text{ 中出现的次数}}{d \text{ 中所有的单词数}}$$

对于这 $N$ 个文本，假设在其中的 $n_t$ 个文本中能找到 $t$ 这个单词，那么 IDF 向量可以定义为：

$$\text{IDF}(t) = \ln\left(\frac{N}{1+n_t}\right)$$

继而，TF-IDF 向量可以表示为：

$$\text{TF-IDF} = \text{TF}(t,d) \times \text{IDF}(t)$$

从 TF-IDF 的定义中我们不难发现，该模型的构建相对简单。其中，TF 用于衡量一个单词在单个文本中的出现频率。如果一个单词在文本中频繁出现，我们通常认为它在该文本中具有较高的重要性。

然而，仅使用 TF 来进行编码可能会引发一系列问题。例如，英文中的"is""are"等单词以及中文中的"吗""的"等词，虽然出现频率很高，但它们并不携带特定的语义信息。如果仅考虑 TF，这些词的重要性就会被严重高估。相反，如果一个单词在其他所有的文本中均未出现，仅在某个特定文本中频繁出现，则该词可能与该文本主题密切相关，其重要性也应相应提高。

为了解决这一问题，一种有效的方法是用 TF 除以该词在整个数据集中出现的频率 $n_t/N$（或乘以 $N/n_t$），即通过一个词在特定文本中的频率与其在整个数据集中的频率之比来适当调整其权重。

至于 IDF 向量表示成 $\ln[N/(1+n_t)]$ 的原因，首先，$(1+n_t)$ 不难理解，如果在预先准备的词典中，某个单词在所有文本中均未出现，即 $n_t = 0$，这时候 $N/n_t$ 就会是一个发散的量。为了避免这种情况发生，我们引入 $(1+n_t)$ 来取代 $n_t$，这背后隐含

---

[①] 在本书的讨论中，"字""词"，还有"单词"这些字眼可能基于文章的通顺而混用，但无论怎么称呼，在英文中指的都是 Token，也就是指一段文字序列中，一个带有语义的最小单元，通常是一个单词；在中文中则通常指一个词或是一个成语，例如天气、学校、朝三暮四等。

的假设是,我们强迫每个单词都至少出现一次,目的就是为了确保 $N/(1+n_t)$ 这个量不会发散。

而取对数又是为什么呢?采用对数变换是为了增强数值的稳定性。可以设想,如果一个单词在几乎所有文本中都频繁出现,那么 $N/(1+n_t)$ 就会趋近于 1;相反,如果一个单词仅在一个文本中出现,此时 $N/(1+n_t)$ 就会趋近于 $N/2$。若数据集中包含大量文本,即 $N$ 很大,那么这个时候 IDF 向量的跨度将会变得非常大,从 1 到 $N/2$。因此,当 $N$ 很大时,IDF 向量可能会主导整个结果,导致数据集中的低频词的重要性被过度放大。假设有 1 万个文本,如果不采用对数变换(在机器学习中,通常采用以 e 为底的自然对数),$IDF(t)$ 的跨度将会是从 1 到 5000,但如果采用对数变换,$IDF(t)$ 的跨度将调整为 0 到 8.5,这显然是一种更为合理的权重调整方式。

读者可能会对此感到疑惑:如果 $\ln[N/(1+n_t)]$ 的形式仅仅是为了数值稳定而提出的,那么这种选择似乎并非唯一,因为我们总可以设计出各式各样的函数来达到类似的效果。确实如此,TF-IDF 有很多种不同的定义,每种定义都从不同的角度出发,以实现数值平滑稳定的需求。但无论采用何种定义,其核心都是通过 TF 向量来反映一个单词 $t$ 在单个文本中的词频,通过 IDF 向量来反映一个单词在整个数据集中的词频。这里介绍的只是一种最常见的定义。对于相对简单的任务,如情感分析、主题分析等监督学习的问题,通常只需将构建好的 TF-IDF 向量直接输入分类器进行学习(文本分类一般采用随机森林、梯度提升树、朴素贝叶斯等模型),通常就能取得不错的效果,采用哪种 TF-IDF 的定义对模型的最终表现影响并不大。在机器学习常用的 Python 套件 Scikit Learn 中,就有许多范例可供参考,感兴趣的读者不妨尝试调用。

## 2.3 潜在语义分析

在前文中,我们介绍了 TF-IDF 的编码方式,并指出其在多数的分类问题中表现良好。然而,词频这一特征虽然能够提示文本中的关键字,却无法准确地反映出语义信息,这导致了 TF-IDF 向量在处理一些任务,如文本检索时,会表现不佳。潜在语义分析(Latent Semantic Analysis,简称 LSA)便是针对这些问题的一个初步解决方案。

假设我们有一个由 $N$ 个文本组成的数据集 $D$,在这些文本中可以找到 $M$ 个不同的单词。使用 TF-IDF 方法对该文本进行编码时,我们将计算这 $M$ 个词所对应的词频,从而将所有文本转化成为一个 $M$ 维的向量。

在大多数情况下,一个数据集中存在的单词可能非常多,例如在英文中,常用的词汇就多达 3000—5000 个,在中文中常用单词更是高达 3 万—5 万个。因此,$M$ 通常是一个很大的数值,这意味着使用 TF-IDF 对文本进行编码时,得到的向量通常是高维且稀疏①的。这种高维且稀疏的向量表示存在两个问题：第一，这种编码无法反映语义；第二，高维向量对某些机器学习算法不友好。下面我们将分别讨论这两个问题。

　　关于无法反映语义的问题，这是因为在 TF-IDF 向量中，我们有的只是一个文本中某些字出现频率的相关信息，但这些信息在大多数情况下是不足以反映语义的。例如我们考虑两个句子，"The professor is presenting his research in a meeting"和"The researcher is talking about his study in a seminar"，可以看到，这两个句子基本上讲的是相同的事情，如果一种文本编码方式可以很好地包含语义，那么用这种编码方式对这两个句子得出来的编码向量应该非常接近。可是在 TF-IDF 向量中，这是无法做到的，因为 professor 与 researcher，presenting 与 talking，research 与 study，meeting 与 seminar 虽然都是类似的词汇，但是在建构 TF-IDF 向量时，在我们排除掉一些没意义的停用词②后，这两个向量完全不会在任何一个分量上重叠，所以不管用什么方式去定义这两个向量之间的距离，我们都会发现这两个句子所编码的向量距离很远，这就说明了 TF-IDF 这种编码方式是无法承载语义的。

　　而关于对算法不友好的问题，这是因为当我们使用 TF-IDF 编码的时候，所有的文本都会被编码成一个非常高维且稀疏的向量。虽然对于分类问题来说，只要我们选用一些对维度不太敏感的算法，例如梯度提升树模型、朴素贝叶斯等，一般来说都可以有不错的表现，但对于一些对维度敏感的任务，例如无监督聚类（Clustering），这类问题的核心是要把在特征空间中距离较近的样本归成一类，在这种情况下，不仅 TF-IDF 编码在语义聚类方面存在缺陷，而且高维稀疏性也是一个棘手的问题。因为当维度升高，数据之间的距离就会自然增大，使得聚类算法难以表现出色。因此，在无监督聚类这类问题中应用 TF-IDF 编码，其效果往往不尽如人意。

　　为了解决上述问题，我们需要有一种编码方式，这种编码方式能够产生稠密（指大多数的元素不为零）、低维，且包含语义的向量，而一个最简单的方式，就是对 TF-IDF 向量（也可以是 TF 向量）做 SVD（Singular Value Decomposition，奇异值分解）降维，这个操作我们称作潜在语义分析（LSA）。但为什么降维是有效解决上述问题的方法呢？让我们来看看 LSA 的具体操作。

　　同样，我们还是考虑一个由 $N$ 个文本、$M$ 个不同的单词所构成的数据集 $D$，我们想要建立一个如下的数学关系：

$$X = U\Sigma V^T$$

其中 $X$ 是由 TF 向量或是 TF-IDF 向量组成的 $N \times M$ 维矩阵，而 $U$ 是一个 $N \times r$ 维矩阵，$\Sigma$ 是一个 $r \times r$ 维矩阵，$V^T$ 是一个 $r \times M$ 维矩阵，这里，我们希望其中的 $\Sigma$ 是一个对角化的矩阵，即只有矩阵的对角线上有值，这些值就是所谓的奇异值。在此前提下，我们也可以得出 $U$ 与 $V^T$ 满足 $UU^T$ 与 $VV^T$ 均为单位矩阵。具体求解这个数学问题的方法

---

① 在机器学习中，稀疏指一个阵列里面有大量的元素为零。
② 在机器学习中，停用词指的是一些不带有特定意义的词汇，如英文中的 is、are、a、the、to、as。

并不在本节的讨论范围之内，但这里我们希望读者注意到的是，这里的 $U$ 是一个 $N\times r$ 维矩阵，因此我们可以把 $U$ 理解为对 $N$ 个文本生成了一个 $r$ 维的编码。同理，由于 $V$ 是一个 $M\times r$ 维的矩阵，我们也可以把 $V$ 理解为对 $M$ 个单词生成了一个 $r$ 维的编码。我们假设 $r$ 是远低于 TF-IDF 向量维度的（通常可以取 100），那么我们就可以期望这个时候我们得出的编码矩阵 $U$ 与 $V$ 会是稠密的，而这个稠密的表示就可以适当地把语义表现出来。

我们回看一下 $X$ 矩阵，由于 $X$ 矩阵主要是由每个文本的词频统计数据组成的向量，所以如果我们单看一个向量，确实很难得出关于语义的信息，但是当有足够多的文本时，我们就会发现许多词汇之间存在共现性（Co-occurrence）。例如，"老师"总是和"学校""学生""操场"这些词一起出现。当类似的文本足够多、数量足够大时，这些共现性以及相似性就会在 $X$ 矩阵的统计性质中被反映出来。当这些数据很高维且很稀疏的时候，$X$ 矩阵的维度会有冗余，这些词汇共现性的统计性质不容易被反映出来；可是当我们把高维的数据强迫压缩为维度较低的数据时，这些统计特性就会被表现出来，类似主题的文本也会产生聚类倾向，这就是通过 LSA 产生的编码可以带有语义信息的原因。

通过 LSA 产生的低维稠密表示有许多用途，除了可以用于前述的分类以及回归问题，它还可以用于文本相似性检索（例如余弦距离较近的文本被视为相似性较高的文本）或聚类等。虽然在本节中并没有交代过多的技术细节，但希望读者掌握的是，共现性以及降维是一种经常用来捕捉文本语义的技术。类似的理念在接下来的章节中还会经常用到。

## 2.4　敲开自监督预训练的大门：Word2Vec

### 2.4.1　通用模型

从这一节开始，我们要进入一个全新的领域：自监督预训练（Self-supervised Pre-training）。

自监督预训练这个概念并不新，但人们真正认识到它的价值则是近十年的事情。自从自监督预训练这个想法被证明有效后，在人工智能领域几乎所有重要的模型都是基于这种方式训练出来的。因此，可以说如果没有自监督预训练，就不会有今天人工智能百花齐放的盛况。而在自监督预训练这个领域中，最重要的标志性事件之一便是 Word2Vec。

在前面我们介绍了 TF-IDF 以及 LSA 这些基于词频建立的模型，这些模型简单又便捷，但存在一个普遍的问题，就是缺乏通用性。例如我们有一个新闻数据集，想对这个数据集进行分类，首先就是使用这个数据集来训练 TF-IDF 或是 LSA，而当我们换到另一个数据集，例如电影评论的数据集时，往往还得再对这个数据集重新进行训练。如果贸然用基于新闻数据集所建立的编码模型来对电影评论数据编码，其表现往往差强人意，而其中的原因就是词频这种简单的统计特征对语义的表达能力往往不足。

但是从语言的角度来看，一个文本总是由一堆词汇堆砌出来的，虽然文本与文本之间讨论的主题可以天差地别，但在词汇这个层级上，每个词汇的意义往往是具有普适性的。例如"Happy"这个词，虽然其意义具体到每个文本上可能会因为上下文不同而有细微差异，但总的来说都是开心、愉悦的意思。鉴于此，我们是否可以开发一种算法，以更精确地掌握词汇背后的语义呢？为了实现这一目标，我们需要构建一种算法，该算法不仅要能够更有效地学习词汇的语义，还必须具备处理大量数据的能力（这通常意味着模型需要拥有大量的参数）。只要能够达到这一要求，我们便可以利用网络上几乎无限的文本资源来训练算法中的参数，进而构建一个通用的编码模型。

### 2.4.2　Word2Vec 模型

为了解决这个问题，在 2013 年至 2014 年期间，Google 公司以及斯坦福大学都各自开发了自己的预训练词编码模型，分别被称作 Word2Vec 和 GloVe。与 TF-IDF 和 LSA 不同的是，这两个方法都是针对每一个词单独产生一个编码，而不是对一篇文章去生成编码。之所以这样设计，是因为单词是组成文本的最小片段，任何一个文本都是由一个个单词序列堆砌而成的，因此针对每一个单词去产生编码，对于下游任务的通用性会更强。

其中，Word2Vec 设计了一个单层的神经网络，然后通过自监督（Self-supervised，具体的含义下面会介绍）方法来训练这个神经网络，等训练完成后，将这个网络中的中间层作为对词汇的编码来达成目标。而 GloVe 则是通过建立字词之间的共现矩阵（Co-occurrence Matrix）来计算一些统计性质，从而达成对词汇进行编码的目的。这两种方法虽然各有侧重，但在大多数的测评中并没有明显的优劣。在这节中我们主要介绍 Word2Vec，因为这种方法与我们后面章节要讨论的其他各种基于神经网络的方法比较接近，能够清楚地看到技术的流变。

Word2Vec 是一种基于滑动窗口来建立训练数据，并用该数据来训练一个单层全连接神经网络的编码方法。为了具体解释这个方法，我们不妨考虑一个句子："Two puppies are chasing and playing with each other"（有两只小狗在互相追逐与玩乐），现在我们以每五个字为一个窗口在文本上逐步向右滑动来建立一个数据集，那么会产生如下的训练数据："Two puppies are chasing and" "puppies are chasing and playing" "are chasing and playing with" "chasing and playing with each" "and playing with each other" 共五条数据。Word2Vec 的训练目标是要构建一个能够描述在特定词汇集合条件下最有可能与之共现的词汇的语言模型（在 LSA 中提及的共现性概念在此再次出现）。具体而言，存在两种策略：连续词袋模型（Continuous Bag-of-Words Model，简称 CBOW 模型）和连续跳字模型（Continuous Skip-gram Model，简称 Skip-gram 模型）。接下来，我们将对二者加以介绍。

CBOW 的训练方式如图 2.1（a）所示。我们先将上面通过滑动窗口建立的数据集中最中间的那个字挖去，然后通过一个单层线性的线性神经网络（不经过任何非线性的激活函数）后，再送去一个输出层，通过 Softmax 函数①去预测被挖掉的那个字。以上面的数据为例，对于第一条数据，我们要做的就是将 Two、puppies、chasing、and 作为输入，而 are 作为要被预测的标签。而 Skip-gram 的训练方式则如图 2.1（b）所示，与 CBOW 相反，它是将另外四个字挖掉作为要被预测的标签，只保留 are 作为输入。

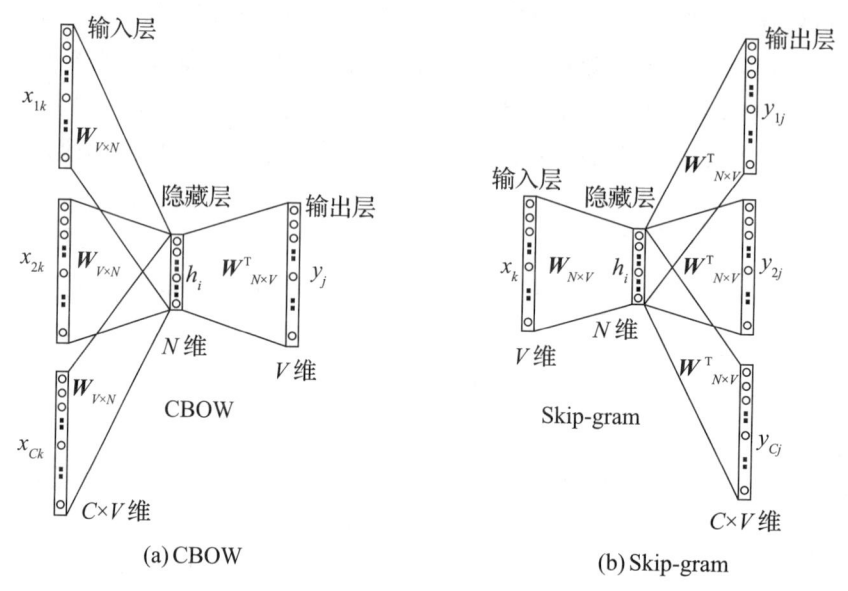

图 2.1　Word2Vec 示意

在具体训练模型时，我们会先将每个要输入的词转成对应的独热编码（One-hot Encoding）。对于上面 CBOW 的例子来说，因为每次我们要输入四个字，所以会产生四个独热编码，如图 2.1（a）所示，在向前传播的过程中，将这四个独热编码分别输入模型中。具体而言，即将这个独热编码向量与 $W_{V \times N}$ 矩阵相乘，其中 $V$ 代表独热编码的维度（字典中的总字数），$N$ 是我们希望得到的词嵌入（Word Embedding）维度。在得到四个 $h_i$（$i = 1 \sim 4$）向量后，我们接着将这四个向量取平均作为被挖掉的字的最终编码 $h$，然后将这个编码 $h$ 乘上 $W_{N \times V}^{T}$ 矩阵，得到一个 $V$ 维向量，并将其送入 Softmax 函数，要求被挖去的字对应的位置输出的概率最大，从而完成一轮训练。一般来说，词嵌入向量的维度 $N$ 都是远低于独热编码的维度 $V$ 的，所以读者应该不难发现，Word2Vec 的核心其实与 LSA 类似，都是通过降维和共现性来学习语义，差别只在于 LSA 是以词频作为出发点的，而 Word2Vec 则是直接去学习一个滑动窗口内的共现性。

---

① Softmax 是一种在机器学习和深度学习中常用的函数，特别是在处理多类分类问题时。它的主要作用是将一个向量或一组实数转换成概率分布，使得每个元素的值都在 0 到 1 之间，并且所有元素的和为 1。这样，Softmax 函数可以将模型的输出解释为概率，即每个类别的预测概率。

至于 Skip-gram，其原理也大同小异，只是过程相反。每次我们输入一个独热编码，得到一个中间层的表示 $h_i$，然后用这个 $h_i$ 乘以 $\boldsymbol{W}^T$ 矩阵，去预测一个被挖掉的相邻字。因为在 Skip-gram 中有四个字被挖掉，所以这个过程要重复四次，最后把四次预测的损失（Loss）相加并要求最小化这个损失之和。

这就是两种不同的策略大致的训练过程。算法已经确定，接下来的步骤是收集大量数据以训练模型。在 Word2Vec 的原始论文中，研究者们使用了一个包含 16 亿个单词的数据集进行模型训练。虽然从当前的视角来看，这样的数据集规模并不算庞大，但考虑到 2013 年的算力，这无疑是一项极具挑战性的任务。

那么我们如何判断这些编码是否有效呢？一种最直接的方式就是评估它们是否能有效提升下游任务的性能。除此之外，研究人员还通过分析 Word2Vec 产生的词向量，发现它们展现出了一些聚类特性和代数特性。所谓聚类特性，是指在语义上具有高度相关性的词汇，如"King""Queen""Prince""Princess"等，这些字的余弦距离较近，表现出一种聚类的倾向。至于代数特性，则是指通过对词向量进行简单的代数运算，其结果与人类对语义的理解相吻合。例如，"King"的向量减去"Man"的向量，得到的结果将非常接近"Queen"的向量。在数学上，这可以表示为：$\overrightarrow{King} - \overrightarrow{Man} = \overrightarrow{Queen}$；再例如，"英国"减去"伦敦"所得出的向量也会类似"法国"减去"巴黎"$\overrightarrow{British} - \overrightarrow{London} = \overrightarrow{France} - \overrightarrow{Paris}$ 等等。这些与我们经验相符的语义关系也从侧面说明了通过 Word2Vec 训练出来的编码确实更能够掌握语义。

### 2.4.3　CBOW 与 Skip-gram 的差异

读者看到这里可能会感到疑惑，上面我们提到了两种训练方式，那么在实际应用中我们该选用哪种呢？总的来说，两者的差异主要体现在训练的效率以及对于语义的表示能力上。

先谈谈训练效率，在 CBOW 里，对于每个滑动窗口我们只需要进行一次预测，但是在 Skip-gram 里，每个滑动窗口要预测 $K-1$ 次（其中 $K$ 是滑动窗口的大小），所以从整体上说，CBOW 训练的速度会比 Skip-gram 快许多，这是 CBOW 明显的优势。而在语义表示能力方面，Skip-gram 通常被认为更优越，这是因为 Word2Vec 的训练目标本质上是让模型学会词汇之间的共现性。在使用 CBOW 时，我们每次输入四个字，然后预测一个字，这实际上是要求模型识别出哪些字更频繁地与这四个输入字共同出现。但如果存在两个可能的字都可以与输入的四个字搭配，那么出现频率较低的那个字往往会被模型忽略，导致无法学习到有效的表示。与此相反，Skip-gram 每次输入一个字去预测其他四个字，因此模型学习的是在给定一个输入词时，哪些词更有可能与之共同出现。即使输入词是低频词，也不会像 CBOW 模型那样，因为受高频词的影响而无法学习到有效的表示。因此，总体而言，Skip-gram 在语义表示方面，尤其是在处理低频词时，往往比 CBOW 模型表现更佳。

### 2.4.4 谈谈自监督学习

最后我们要特别谈谈自监督学习这个概念。

作为深度学习领域三巨头之一，图灵奖获得者 Yann LeCun 曾指出，过去十年中，人工智能领域最重要的突破之一就是自监督学习（Self-supervised Learning）。那么，自监督学习究竟是什么？在机器学习领域，我们通常会把问题分为监督学习（Supervised Learning）、无监督学习（Unsupervised Learning）以及自监督学习几大类别。尽管还有弱监督学习（Weakly Supervised）、半监督学习（Semi-supervised）等其他分类，但因与本章主题无关，故不在此讨论。所谓监督学习，指的就是对于每条训练数据，我们都能定义一个与业务目标有关的标签，用以描述该数据所具有的某些特性，例如分类问题与回归模型。而无监督学习则是指对于每一条数据，我们没有任何可以描述的标签，因此我们只能通过算法来揭示数据分布的拓扑特性。而自监督学习则是一种特殊情况，在自监督学习的问题中，虽然我们实际上并没有任何标签来描述数据，但我们有意从数据本身出发去创造一些标签，然后利用数据来学习这些标签。例如在 Word2Vec 中，我们故意挖掉一些字，让模型学会如何填补这些空缺。这样做的主要的目的是，我们认为数据本身存在一些更基础的统计特性，这些统计特性并不依赖于任何外部知识，而是能够直接从数据中体现。因此，我们设计模型来学习这些统计特性，并期望该模型最终能够掌握数据更深层次的内在联系，以供下游任务使用。这正是自监督预训练的初衷。

例如，在英文中，"You"后面跟随"are"比跟随"is"更恰当；在中文中，"天气"后面接"好"或者"不好"比接"生气"更为合理。这些内在的关联性并不需要依赖人工为它们贴上标签，而是可以直接从数据中自然显现。因此，让模型学习这些关联性，生成的编码自然能够更好地反映这些特性。我们先通过大量数据进行预训练，使模型掌握这些关联性，那么这个模型及它产生的编码就可以应用于下游任务，从而仅在少量下游数据的基础上就能够实现更优的性能。这正是自监督预训练的核心价值所在。

## 2.5 基于上下文的编码模型：ELMo

在上一节中讨论的 Word2Vec 是一种静态的编码模型。此处的"静态"指的是这些模型生成的词向量不会根据上下文而变化。例如，当我们提到"Apple"这个字的时候，在大多数情况下它指的是一种水果，所以通过 Word2Vec 生成的向量应该会与如"Strawberry""Banana"等其他水果类的词汇的向量更接近。然而，如果我们处理的是一篇关于科技公司的文章，"Apple"这个字指的可能是苹果公司，此时理论上"Apple"的向量应该更接近"Google""Facebook"等科技公司名称的向量。甚至在一篇讨论宗教的文章时,"Apple"可能指的是伊甸园里的苹果树,此时"Apple"的向量应该更接近"Adam"(亚当)"Eve"(夏娃)这些与宗教相关的概念所对应的向量。因此,如果仅依赖 Word2Vec 产生的编码,在处理词义歧义时,这种静态词向量可能难以准确表达语义。所以我们希望存在一种编码模型,能够根据上下文生成每个词的编码。

在这方面作出首次尝试的是由 Allen Institute 和华盛顿大学合作开发的 ELMo(Embedding from Language Model,基于语言模型的嵌入)模型。尽管 ELMo 模型在发表后不久就被更先进的 BERT 模型所超越,因此并未得到广泛应用,但由于其设计理念直观,笔者认为仍值得进行简要介绍。

ELMo 模型的核心思想在于,在对每一个词汇进行编码时,都应让模型理解完整的上下文,以便模型根据上下文关系对词汇进行适当的编码。例如,当模型通过阅读上下文意识到这篇文章讨论的是科技公司时,它就会知道此时"Apple"指的是一家公司而非一种水果。基于这一理念,研究者提出了使用双层双向长短期记忆网络(Bi-directional Long Short-Term Memory,简称 BiLSTM)来实现这一目标的想法。

ELMo 模型的具体架构如图 2.2 所示。在该图中,每个词首先被转换为相应的词向量(实际上,作者采用了一种较为复杂的方式从字母层级生成单词的词向量,但在此我们不深入讨论,读者可以假设我们是在模型中直接添加了一个词编码层),然后将这些向量输入由两层 BiLSTM 模型组成的编码器中,而要预测的标签则是当前输入字的下一个字(EOS 表示句子结束符号)。可以观察到,由于模型采用了 BiLSTM,因此在每个时间点实际上包含了三种信息:一是当前输入词的编码;二是从前往后读取的 LSTM 的状态向量;三是从后往前读取的 LSTM 的状态向量。这确保了在训练过程中,每次预测都是基于上下文信息进行的。

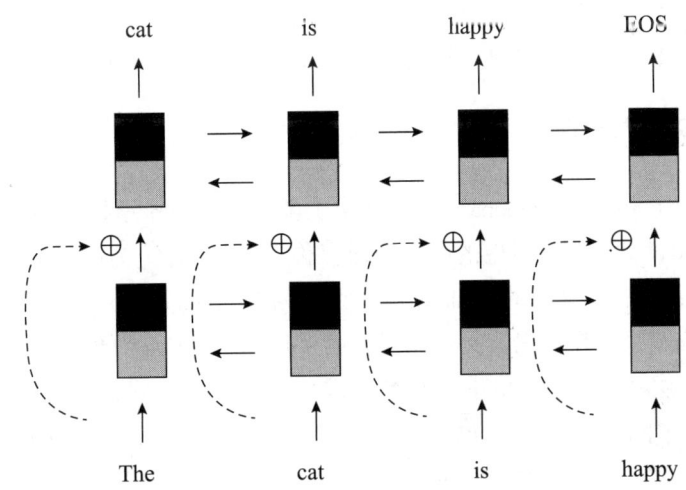

注:黑色的色块表示一个正向的 LSTM,灰色的色块表示一个反向的 LSTM,输入的词向量通过 Skip-Connection 与第一个 BiLSTM 的输入相加后送入第二个 BiLSTM,最后送去一个线性分类器去预测下一个字。

**图 2.2 ELMo 模型具体架构**

当模型训练完成后,对于每次输入的句子,模型将为每个词生成三种词向量,分别是:第一层简单词编码层生成的向量、第一层 BiLSTM 生成的向量,以及第二层 BiLSTM 生成的向量。那么,这三种向量有何区别呢?

通常认为,首个简单词编码层所产生的词向量主要捕捉了词汇频率和词汇间共现性等特征,而紧随其后的首层 BiLSTM 输出的向量更侧重于捕捉语法和语言结构等特征。至于最深层 BiLSTM 的输出向量,由于它已具备预测下一个字符的能力,因此它掌握了更多的语义信息。

在将这些向量应用于下游任务时,可以依据具体需求,将这三个向量进行适当组合作为最终的向量。例如将这三个向量做拼接,或者根据不同权重将它们相加以选择最佳的组合方式。根据研究人员的分析,使用 ELMo 模型来产生编码确实在很大程度上解决了词义歧义问题,这是 ELMo 模型的一个重要贡献。

## 2.6　NLP 的典范转移者:Transformer

在上一节中,我们特别提到了使用 ELMo 模型来利用整个上下文生成词向量的方法,然而,ELMo 模型的概念在提出后不久,便被一种更为高效的编码模型所取代,即 BERT 模型。

BERT 的提出可以说是开创性的,它彻底颠覆了整个 NLP 领域。在 BERT 提出之后,各种基于 BERT 的改进模型就如雨后春笋般被提出并在各种 NLP 的任务上大杀四方。一时之间,BERT 几乎成了所有 NLP 下游任务的最终解决方案,甚至是唯一解决方案。BERT 能够取得如此显著的成功,主要归功于其基于 Transformer 架构的设计。因此,在深入探讨 BERT 模型之前,我们需要详细阐述 Transformer 架构的基本原理。

### 2.6.1　注意力机制

注意力机制(Attention Mechanism)最初主要应用于机器翻译领域。以英文句子:"How are you today?",及其对应的中文翻译"你今天好吗?"为例。早期在处理这样的翻译问题时,我们经常使用的是如图 2.3 所示的 Sequence-to-Sequence(Seq2Seq)模型。该模型的工作原理是:把英文转成词向量(用 Word2Vec 的预训练,或者是在模型中添加一个编码层),而后送入一个 RNN 中进行编码,RNN 在依序读完整个句子之后,会输出一个状态向量,即图 2.3 中的 $h'$。随后这个状态向量会被送进另一个同样由 RNN 组成的译码器中,去生成对应的输出序列。其中要特别注意的是,在译码器中,前一步的输出会作为下一步的输入来预测下一个字,这个技巧在后续讨论 GPT 时会再次提及,读者可以先留个印象。

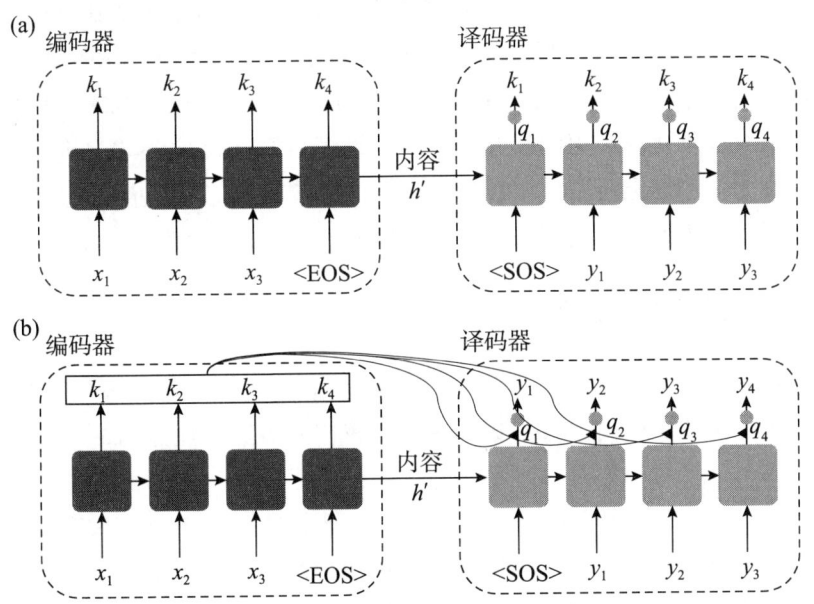

注：<EOS> 表示 End-of-Sentence（句子结束），<SOS> 表示 Start-of-Sentence（句子开始）

图 2.3　Seq2Seq 模型

上述架构在某一个时期是业内主流的生成模型，但效果一直差强人意，其中一个原因在于，整个输入的文字序列都是用一个单一的向量 $h'$ 来表示的，尽管该向量包含了整个句子的语义，但却不能提供关于输入与输出之间该如何对齐的信息。例如，在翻译上述句子的过程中，当翻译到"今天"时，模型理应更加关注"today"这个词；同理，当翻译到"你"时，模型理应更关注"you"这个词。这些信息都是无法通过 $h'$ 来得知的。因此，如果能设计一种机制，使译码器在输出每一个词之前，对每一个输入的词产生一个权重，用这些权重对输入词的词向量做叠加，然后作为一种补充信息提供给译码器，那么这样将更有助于提升模型的性能。而这种机制正是注意力机制。

那么，如何引入注意力机制呢？一个最简单的方法如图 2.3（b）所示，将每一个输入的字所对应的状态向量 $k_i$ 拼接起来，与译码器 RNN 层的输出向量 $q_i$ 合并，再一起送入线性分类层中去预测答案。当然，除此之外还有很多种不同的设计方式，但由于这些设计都没有成为后来的主流方式，模型表现也没有得到显著的提升，因此在此我们不再赘述。

真正改变了这个局面的是 2017 年由 Google 的科学家所发表的论文"Attention is All You Need"。这篇论文首次对注意力机制进行了系统性的探讨，并提出了一种全新的、完全基于注意力机制的神经网络架构，从而彻底改变了整个 NLP 领域，甚至后来还影响了计算机视觉领域。在此之前，科学家们总是辛苦地在 CNN 与 RNN 上做各种缝缝补补，希望能从一片黑暗中摸索出一条通往 AI 的道路，却总是无功而返，直到这篇论文横空出世，人们才意识到，无论是 CNN 还是 RNN，都不是通往 AI 的正确路径，真正的答案，在于注意力机制，在于 Transformer 架构。

该论文总结了过去关于注意力机制的众多研究成果，并在此基础上提出了一种统一的神经网络架构，即"Transformer"。本质上，我们可以将它视为一种独立于 CNN 或 RNN 的神经网络架构。在这个架构中，对于序列化数据的特征提取完全依赖于注意力机制，而且表现非常优秀。正因如此，后续的许多研究在讨论注意力机制时，几乎将 Transformer 视为一种标准模型。鉴于这一架构的重要性，它甚至被视为整个人工智能领域的核心技术，因此，我们有必要对它进行深入的讨论和分析。

### 2.6.2 缩放点积注意力

在"Attention is All You Need"这篇论文中，作者首先定义了一种注意力，名为缩放点积注意力（Scaled Dot-product Attention），我们先对这种注意力的定义做一个详细的阐述。

在前面 Seq2Seq 的介绍中我们提到，注意力机制是对每一个输入编码器中的字所产生的状态向量赋予一个权重，并将这些权重作为额外的信息提供给译码器。这个机制实际上可以被视为一种检索的过程。我们不妨把译码器的 RNN 模型中的每一个输出向量 $q_i$（尚未与注意力机制合并处理前的状态向量）视为一个查询（Query），把编码器对每个词的编码，即将 $k_j$ 视为一种键值（Key），在给定一组（Query，Key）对的情况下，我们希望产生一个权重 $a_{ij}$，这本质上就是一个查询的过程，而查询的结果即为权重。具体而言，我们希望构建一个权重函数（在许多文献中亦被称为相似性函数）Similarity$(q_i, k_j) = a_{ij}$，通常，我们会进一步要求，对于每个查询 $q_i$，不同的 $k_j$ 所产生的权重和应等于 1，即 $\sum_j a_{ij} = 1$，其意义是，在给定一个查询的情况下，分配到每一个输入的注意力的总和是归一化的。

接下来，在给定一个查询 $q_i$ 后，我们如何利用得出的权重去生成一个最终的向量，并送入线性分类器来预测要输出的数字呢？基于一般化的理论框架，我们首先假设存在一组"值"（Value）向量 $\{v_r\}$（实际上这些值向量可以通过设计让神经网络分岔出另一个子网络并通过训练得出，或者直接令其等于 $k_j$），而要送入线性分类层用来预测第 $i$ 个字的向量就是用注意力权重 $a_{ij}$ 对该组向量做线性叠加 $A_i = \sum_j a_{ij} v_j$，这就是查询 $q_i$ 所对应的注意力向量。

我们把上述理念推广，当我们同时有若干个查询 $q_i$，$i = 1, \cdots, N$ 时，这些查询可以用一个矩阵来表示：$\boldsymbol{Q} = [q_1, q_2, \cdots, q_N]$，同理我们也可以有 $\boldsymbol{K}$、$\boldsymbol{V}$ 矩阵，那么上述的注意力机制计算就可以被表示为：

$$\boldsymbol{A} = \mathrm{Softmax}(\mathrm{similarity}(\boldsymbol{K}, \boldsymbol{Q})) \cdot \boldsymbol{V}$$

那么，现在的问题在于，这个相似性函数应该采取何种具体形式？在该篇论文中对相似性采用了一个最简单常用的选项，即内积，因而提出了缩放点积注意力：

$$\mathrm{Attention} = \mathrm{Softmax}\left(\frac{\boldsymbol{Q}\boldsymbol{K}^T}{\sqrt{d_k}}\right)$$

读者可扫码查看该神经网络的表示，[二维码2-1]。我们采用 Softmax 函数是为了确保相似性函数所得出结果的和为1，以满足我们对权重的定义，而 $\sqrt{d_k}$ 则是尺度因子，其中 $d_k$ 表示 $K$ 的维度，引入这个量是因为当 $Q$ 与 $K$ 的维度很高时，内积得出的向量中的元素的差异就会变得很大，这会导致 Softmax 函数输出的结果会非常接近于热编码，这不是我们所希望看到的情况。因此，我们需要除以一个与维度有关的量去降低这些差异性。我们知道，两个维度为 $d$ 的向量做内积的时候，内积的期望值的大小往往与维度 $d$ 成正比。假设每个元素都是独立的，且均值为0，那么内积的期望值就是0，但是标准差会是 $\sqrt{d}$，所以在这里我们除以 $\sqrt{d}$，目的就是使内积的结果的标准差总是等于1，从而限制元素之间的差异性，使之收敛在合理的范围内。

### 2.6.3 自注意力

在现代的语言模型中，注意力机制主要应用于词层面，而非句子层面。以句子："How are you today?"为例，该句子中的每个单词首先通过某种简单的编码模型生成词向量，记为 $x_i$，$i = 1, \cdots, 4$，在上述的注意力机制里面，这四个向量可以组合成一个矩阵，我们记为 $X$。那么，如何从 $X$ 得到 $Q$、$K$ 和 $V$ 呢？这里有两种最直观的做法：一种是把 $X$ 分别送进三个不同的线性变换层去产生 $Q$、$K$ 和 $V$；另一种更简单直接的方法，就是令 $X = Q = K = V$，这也正是"Attention is All You Need"论文中所采用的选择。

如何理解这种选择呢？现在让我们暂时抛开关于 Query、Key、Value 的叙述，回到缩放点积的定义来看。当我们令 $Q$、$K$、$V$ 三者相等时，Softmax 函数内的操作实际上是计算一个句子中任意两个词之间的相似性，然后，用这些相似性权重去对原本的词向量做线性叠加，产生注意力向量所组成的矩阵 $A$。这一整个过程实际上可以理解为对每个词的词编码进行了调整，调整的方式是通过与同一个文本序列中的其他字的词向量做线性叠加来重构词向量。

该计算的独特之处在于，它计算的是同一个序列中的不同元素之间相互的注意力权重，因此这种机制被称为自注意力（Self-attention），"自"（Self）就是强调这是存在于同一个序列内的注意力。那么，自注意力机制能带来哪些效果呢？图 2.4 提供了一个很好的范例。研究人员发现，在训练好一个带有自注意力机制的编码器后，当我们把图中的这个句子"The monkey ate that banana because it was too hungry"送进模型，会发现对于"it"这个单词，注意力权重最高的字就是"the mon-

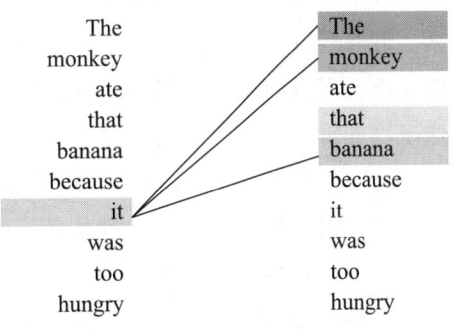

图 2.4 一个自注意力的例子

key",这个结果不难理解,虽然英文上"it"这个字可以指代任何东西,但从上下文来看,这里的"it"很明显指的是"monkey"而非其他事物,这就是自注意机制的体现。

### 2.6.4 多头注意力机制

在上一节中,我们介绍了自注意力机制。然而,这种机制往往过于简单,因此在论文中,作者进一步地提出了多头注意力(Multi-head Attention)机制的方法。我们首先将 $Q$、$K$、$V$(虽然实际上我们通常会把它们设为相同,但在讨论更一般性的理论时,我们先假设它们是三个不同的矩阵)送进若干的线性变换层,然后,将变换后的结果分别送进不同的缩放点积去产生新的自注意力向量。最后,再把这些自注意力向量给连接起来。这样做的目的是增加模型的表示能力,让模型能够产生更多样的结果。

在这里,我们先暂停一下,分析每一步计算的维度。

假设我们有 $N$ 个词,每个词都被编码成了 $d$ 维向量。如果假设 $Q$、$K$、$V$ 的维度都相同,那么这三个矩阵的大小都会是 $N \times d$。在多头注意力机制中,我们设计了 $h$ 个"头"(head),"头"指的就是一个线性变换搭配上一个缩放点积注意力,因为每个"头"都会产生出一个新的 $N \times d$ 维矩阵,所以在经过 $h$ 个"头"之后将得到一个新的 $h \times N \times d$ 维张量,这个新增的 $h$ 维是我们所不乐见的,因为我们希望经过一个多头注意力操作后仍得到同样大小的矩阵,所以在输出之前,我们再对这个张量乘上一个 $1 \times h$ 维的全连结层去降低维度,而后得到最终的输出,仍是一个 $N \times d$ 维的矩阵。我们不妨将这个新的矩阵命名为 $X'$,因为这可以被视为一种经过注意力机制调整后的词向量。至此,一个多头注意力机制就结束了。该部分的操作并不涉及复杂的学术知识,主要就是效仿了 CNN 中的多渠道(Multi-channel),目的是增加注意力的多样性。

### 2.6.5 Forward Feeding

在前文中,我们解释了多头注意力机制的概念,并得到了由新的词向量所构成的矩阵 $X'$,然而,这并不足以构成完整的 Transformer 架构,因为其中还缺少一个关键元素,即非线性变换。细心的读者可能会注意到,注意力机制的操作主要依赖于各种线性变换,而没有引入任何非线性激励函数。因此,为了在模型中引入一些非线性的操作来增加模型的表示能力,我们可以将多头注意力机制的输出先送去一个全连结网络层。通常,该全连接层的维度会高于输入向量的维度,随后通过 ReLU 激活函数进行处理,最终再将维度降低至原始大小。

这种先升维,在高维空间中经过一次 ReLU 处理之后再降回原始维度的操作被称作 Bottleneck(瓶颈)操作,这在众多 CNN 模型中很常见,且研究普遍认为这样做有助于提升模型的表示能力。

我们重新审视 Transformer 架构,初始输入 $X$ 是一个 $N \times d$ 维的矩阵,经过分化成为 $Q$、$K$、$V$,并通过一系列注意力机制的操作后,输出仍是一个 $N \times d$ 维的矩阵,因此，我们可以把这个新的 $N \times d$ 维矩阵再视为一组新的词向量，然后送入下一个 Transformer 里去进行同样的操作，通过这种方式反复叠加，增加深度。

### 2.6.6 最终架构

经过之前对注意力机制概念的详细阐述，我们现在终于能够全面了解 Transformer 的结构了！所谓的 Transformer 架构，主要由两个部分组成。第一个部分是多头注意力层（或称自注意力层），第二个部分是 Forward Feeding 层，这两个部分的结合构成了 Transformer 架构。

当然，这其中还包含了一些细节操作，例如，类似于 ResNet 的 Skip Connection 操作，用于解决梯度消失问题；又如，先相加，后取 Layer Norm 的特征归一化操作等，这些都是在神经网络架构中很常见的操作，但它们并不是整个架构的核心部分，读者只需了解这些操作的存在及其作用即可。

此外，我们尚未提及的是关于 Position Embedding（位置嵌入）的部分。如果读者回顾 Transformer 的各种操作，不难发现，它所有的操作都没有保留任何关于序列中的单词出现顺序的信息。然而，在序列数据中，顺序往往是至关重要的。例如，如果一个句子中每个单词的顺序都被打乱，那么句子的语义在很大程度上就消失了。一个专门设计来处理序列信息的模型，如果没有保留任何关于序列顺序的信息，就会退化成一个词袋模型，这显然是不合理的。

在传统方法中，我们通常引入 RNN 来解决序列数据的问题，因为 RNN 本质上是一个序列化的模型。然而，矛盾的是，当初提出 Transformer 架构的动机之一就是为了避开 RNN 计算难以平行化的缺点，因此不可能重新引入 RNN。那么，应该采取什么策略呢？在"Attention is All You Need"这篇论文中，作者提出了一个关键的观点：处理序列化的数据不一定需要序列化的模型，我们只需要在编码中引入序列信息即可。因此，作者建议在模型的初始阶段，对文中的单词进行编码时，根据单词在文本中的位置，设计一个正弦或余弦函数的信号添加到词向量中。这样，即使后续的神经网络并不是如 RNN 那样的序列化模型，模型依然可以学到关于位置的信息。由于篇幅限制，并且这部分内容与我们的主题没有直接关系，对于希望深入了解的读者，建议自行上网查阅更多相关资料。

## 2.7 大语言模型的先锋：BERT 与 GPT

BERT 与 GPT 是由 Google 和 OpenAI 在 2018 年先后提出的预训练模型架构，它们均基于 Transformer 架构构建。自这两个模型问世以来，NLP 领域进入了一个新的发展阶段。众多基于这些架构构建的模型在多样化的任务上持续刷新纪录，许多以往难以解决的 NLP 任务纷纷迎刃而解，尤其是 GPT，它进一步推动了生成式人工智能的发展。

那么，这两个模型究竟有何独特之处呢？在本节中，我们将简要介绍这两个模型的特点。

### 2.7.1 BERT

BERT 的全名是 Bidirectional Encoder Representations from Transformers（来自变换器的双向编码器表示），顾名思义，它是利用 Transformer 对文本数据做双向编码的一种模型。其架构如图 2.5 所示，简而言之，BERT 通过不断堆叠 Transformer（Trm）层，增加模型的深度和参数数量，以处理更大规模的数据。例如，在与 BERT 相关的论文中，研究人员尝试了不同规模的模型，包括堆栈 12 层和 24 层，以比较它们的表现差异。

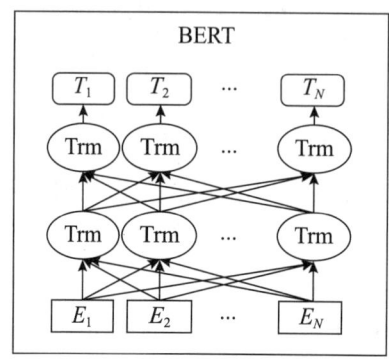
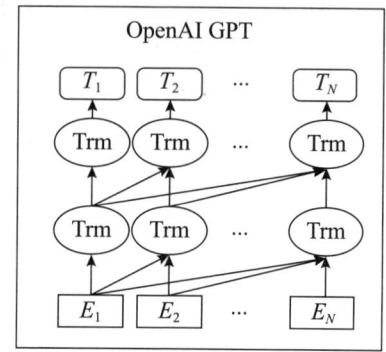

**图 2.5　BERT 与 GPT 示意**

读者可能会对图中的箭头感到困惑，因为 Transformer 并非像 LSTM 那样的序列模型，似乎不应存在双向箭头。实际上，这里的双向箭头，以及 BERT 名字中的 Bidirectional，指的是每次我们输入 BERT 的数据都是整个序列，因此模型在输出每一个词向量时，都是可以看到所有的上下文的，并非像 BiLSTM 那样有两个方向相反的 LSTM 在序列化地接收数据。此处，我们刻意画成类似 BiLSTM 的图，主要目的还是为了方便与后续介绍的 GPT 的训练方式做对比。

在训练的过程中，BERT 分别设计了两种不同的任务，第一种任务称 Masked Language Model（掩码语言模型），是随机地把句子中的一些字给遮蔽掉——用［Mask］这个符号取代，或者替换成另一个不符合要求的字，然后要求模型去预测这个被遮蔽或是替换掉的字应该是什么。第二种任务称 Next Sentence Prediction（下一句预测任务）。这个任务是随机挑选两个句子，然后要求模型预测它们是否是上下句的关系。

然而，Transformer 的输入是一个文本，那么该如何设计输入来完成上述任务呢？在训练 BERT 时，我们会统一让每个输入的序列数据都以［CLS］符号作为开始，这个符号告诉模型这是一个句子或是一个文本的起点。因此，对于"How are you today"这句话，如果我们打算遮蔽单词"are"，那么送入模型的文本就是"［CLS］How［Mask］you today"，模型最终的输出就是五个对应的词向量。随后，我们将［Mask］这个符号所对应的词向量送入一个线性分类层中，要求在"are"这个字上有最大的输出概率。

对于 Next Sentence Prediction 任务，由于每次要输入两个句子来判断它们是否是上下文关系，研究人员采用了这样的格式："［CLS］How are you today［SEP］I am fine, thank you"，也就是利用一个［SEP］符号来告诉模型这是两个句子。随后，我们要求［CLS］这个符号所对应的输出送入一阶逻辑回归分类层之后必须给出 0（不是上下句）或是 1（是上下句）的结果。

通过在输入文本中插入不同的符号，BERT 就可以解决两种不同任务了。这种设计展示了 BERT 的灵活性，它不仅能够针对一个词输出一个词向量，还能够针对一个句子输出一个句子向量——通常使用［CLS］所对应的词向量，或者是对每一个输出的词向量取 Average Pooling（平均池化）。此外，BERT 还能够针对一个句子对，产生其对应的向量，即利用［CLS］符号对应的向量来表示整个句子对。

BERT 最初采用了超过 33 亿个 Token 的数据集来进行上述训练，在模型训练完成后，针对不同的下游任务再进一步微调（Fine-tuning）。实验结果表明，使用预训练并经过微调后的 BERT 模型，不仅完成了 11 个 NLP 任务，而且均取得了当时的最先进水平，这充分证明了 BERT 在解决 NLP 问题上的强大！

### 2.7.2 GPT

当提及 GPT 时，许多人可能会立即想到 ChatGPT。然而，本书此处讨论的是 GPT-1，这是由 OpenAI 在 2018 年推出的模型，其发布时间稍早于 BERT 几个月。GPT-1 的开发初衷与 BERT 类似，均旨在通过预训练提升模型在特定下游任务中的表现。尽管 GPT-1 与当前广泛使用的 ChatGPT 在技术上采用了相似的原理，但两者在实际应用方面存在较大差异。

GPT-1 的模型架构与 BERT 在本质上具有相似之处，均通过堆叠 Transformer 层来对大量文本数据进行预训练。然而，两者在训练方法上存在显著差异。观察图 2.5 可以发现，GPT 的箭头是单向的，而 BERT 的箭头是双向的。这种差异源于它们各自的训练机制。

BERT 的训练侧重于填空和理解上下文的任务，而 GPT 则专注于 Next Token Prediction，即在给定前 $N$ 个词的情况下预测第 $N+1$ 个词。因此，GPT 模型在处理时只能观察到文本的前文，而无法预见后续内容，这在图示中以单向箭头来表示。

在将 GPT 应用于特定下游任务时，可以借鉴 BERT 的方法，在训练数据中引入特殊符号以标识句子的开始、结束和分隔。然而，与 BERT 在训练阶段就明确定义了这些特殊字符不同，GTP 在训练阶段并不涉及填空或上下句判断任务，因此这些特殊字符在预训练时是不必要的。GPT 的使用方式是在进行微调时，在数据中添加所需的特殊字符来定义特定的操作。尽管这些特殊字符是在微调阶段才被引入的，但由于 GPT 已经具备了强大的学习能力，研究表明，即使在只有少量训练数据的情况下，GPT 模型也能够理解这些字符的含义。

### 2.7.3　BERT 与 GPT 的比较

虽然 BERT 与 GPT 提出的时间相近，但在过去相当长的一段时间里，BERT 在 NLP 领域占据了主导地位，基于 BERT 的模型在各种 NLP 任务上不断刷新纪录，大有一统江山的气势。然而，为何 BERT 在近两年生成式模型大爆发之后，却显得力不从心了呢？

根据本章前面所述，我们可以将 NLP 问题大致分成 NLU 和 NLG 两大类。从训练的方式来看，BERT 的训练是一次看完整个文本，然后去处理填空以及判断上下文的问题，因此可以推断，在这样的训练方式下，BERT 主要被赋予了理解文本的能力，而非创造文本的能力。这也就是为什么虽然 BERT 可以大杀四方，但这些任务多数还是属于 NLU 的问题。

与此相对，GPT 的训练方式则有所不同。GPT 的训练过程是不断地预测下一个字应该是什么，类似于文字接龙游戏，GPT 必须持续生成合理的下一个字符。因此，在理解类任务上，尽管 GPT 的表现通常不如 BERT，但一旦进入生成类任务的领域，GPT 则显示出巨大的优势。随着生成模型突飞猛进地发展，人们逐渐认识到，通过少样本学习（Few-shot Learning）、思维链（Chain-of-Thought，简称 CoT）等与以往截然不同的新技术和新观念，生成模型在 NLU 问题上也能有出色的表现，且方法更为巧妙和直观。因此，尽管 BERT 和 GPT 最初选择了不同的专攻方向，但现在越来越有将所有 NLP 任务统一在 NLG 的架构下发展的趋势。

从人工智能的角度来看，最终极的解决方案应该是使人类能够与机器自然地交互以解决问题。过去将与自然语言有关的各种问题划分为具有特定输入与输出格式的 NLU 任务，只是一种受限于技术条件的过渡性做法。随着 ChatGPT 等模型的成功，像过去那样区分各种 NLU 任务已经不再适用。一方面，这样的任务是无穷尽的，不可能全部区分清楚；另一方面，这也不是人工智能应有的互动方式。因此，近年来，人们的关注点从专注于处理 NLU 问题的 BERT 上转移到了处理 NLG 问题的 GPT 上，这实际上是时代进步的体现。关于这方面的内容，我们将在后续章节中进一步探讨。

结语：在本章中，我们通过概述各种编码模型，对 NLP 领域进行了初步回顾，从早期的 TF-IDF 技术到当前备受瞩目的 GPT 模型。阅读完本章后，相信读者对 NLP 领域的诸多基本概念都有了一定的了解。既然本章已经涵盖了对编码和 NLU 的讨论，那么在接下来的章节中，我们很自然地可以转向对译码的探讨，进而深入讨论本书的核心主题——NLG 与生成式大语言模型。

### 章节小结

- 实践建议

1. 尝试实现简单的 TF-IDF 模型，体会基本的文本表示方法。

2. 使用预训练的 Word2Vec 模型,探索词向量的语义特性。

3. 在实践中使用 Transformer 架构,搭建一个简单的文本分类模型。

4. 比较 BERT 和 GPT 在特定 NLP 任务上的表现差异。

5. 思考如何将本章学到的技术应用到实际的 NLP 项目中。

● 延伸阅读

1. 深入学习 Word2Vec 的原理和优化方法。

2. 了解 ELMo、ULMFiT 等过渡时期的预训练模型。

3. 研究 Transformer 架构在其他领域(如计算机视觉)的应用。

4. 了解 BERT 和 GPT 之后的模型发展,如 GPT-3 等。

5. 关注 NLP 中的新兴研究方向,如少样本学习、提示学习等。

● 总结

本章全面梳理了 NLP 技术的发展历程,从早期的统计方法到现代的神经网络模型,展示了这一领域的快速进步。通过学习本章内容,读者将能够理解 NLP 的核心概念和关键技术,特别是 Transformer 架构及其衍生的 BERT 和 GPT 模型。这些知识为理解和应用现代大语言模型奠定了坚实的基础。本章强调了技术演进的连续性,帮助读者建立起对 NLP 发展的整体认识。掌握本章内容将使读者能够更好地理解后续章节中更高级的 NLP 应用,并为进一步探索 NLP 领域做好准备。

# 第 3 章
# 生成式大语言模型

- 章节概述

本章深入探讨了生成式大语言模型的发展历程,从 GPT-1 到 InstructGPT,详细介绍了各个版本的创新点和技术突破。同时,本章还探讨了大语言模型中的涌现现象,为读者提供了全面的理论基础。

- 学习重点

1. 理解 GPT 系列模型的演进过程和各版本的核心创新。
2. 掌握零样本学习和少样本学习的概念及应用。
3. 理解 InstructGPT 的训练流程及其意义。
4. 理解涌现现象及其在大语言模型中的表现。
5. 认识从 NLU 到 NLG 的范式转移及其重要性。

- 素养目标

理解模型涌现现象的科学意义,掌握评估指标的重要性,培养思辨能力。

● **本章思维导图**

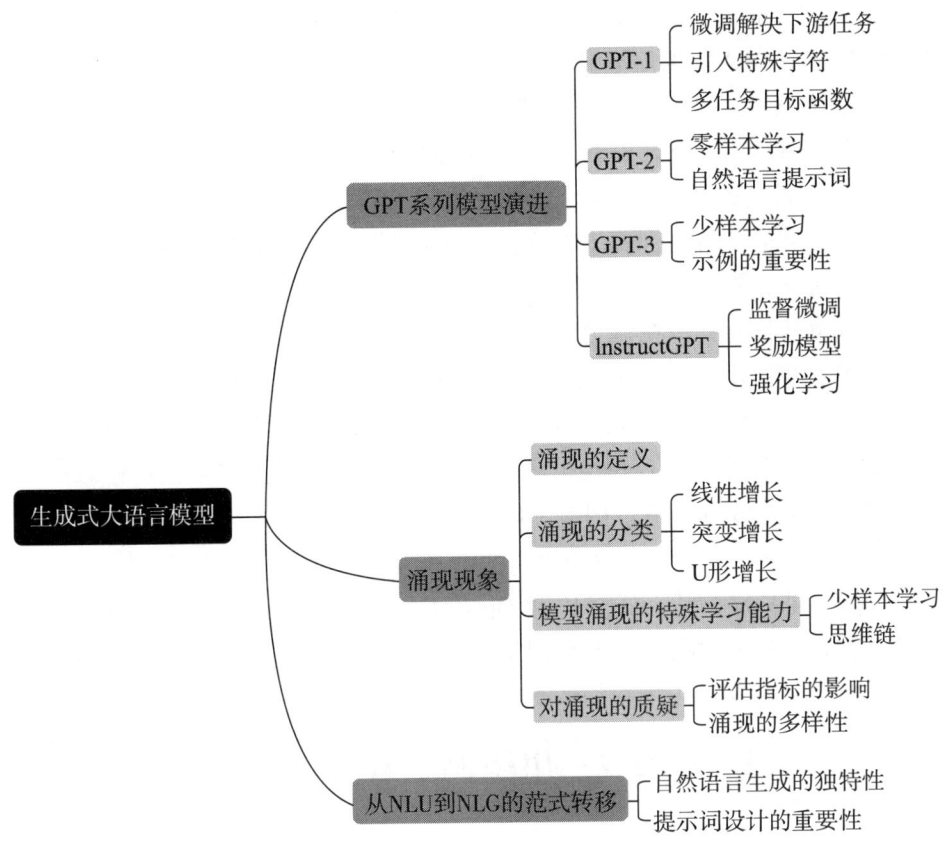

在上一章中，我们深入探讨了自然语言理解（NLU）的相关知识，其核心目标是生成具有语义的文本表示。在该章的最后，我们对 GPT 与 BERT 进行了比较分析。

尽管 GPT 与 BERT 在上一章中均被归类为文本编码模型，但它们在解决问题的方法上存在本质的差异。BERT 模型在处理文本时，会综合考虑整个输入文本的上下文信息，以执行填字或判断上下文关系的任务，因此 BERT 主要学习的是文本理解。相比之下，GPT 模型仅能观察到上文，无法看到下文，它需要在完全未知下文的情况下进行文字预测，这意味着 GPT 和 BERT 有着根本性的不同，GPT 有创造性，其对文字的预测是在对下文完全未知的状态下进行的。

GPT 最初被提出时，旨在自然语言生成，但其最终目标是解决自然语言理解的问题，即为下游任务提供编码。然而，随着研究的深入，人们逐渐认识到几乎所有任务都可以在 NLG 的框架下统一处理。我们可以通过训练分类器来处理文本分类问题，同样也可以通过输入提示让 NLG 模型生成标签。因此，NLG 几乎能够处理任何任务，而 NLU 模型则难以进行文本生成。因此，研究者们开始越来越多地将注意力集中在生成模型上。

这一转变并非一蹴而就。从 2018 年 OpenAI 首次提出 GPT-1，到 2022 年年底 ChatGPT 的横空出世，这一过程经历了整整四年的探索。本章将详细介绍这一探索过程。

## 3.1　GPT-1：用微调来解决下游任务

在第 2 章中，我们对 GPT-1 进行了简要介绍，但为了使理解更深入，有必要对其进行更详尽的讨论。

GPT-1 由 OpenAI 在 2018 年提出，其架构与 BERT 基本相似，都是通过不断堆叠 Transformer 层来进行预测。GPT 与 BERT 的主要区别在于，GPT-1 输入的是文本的上文部分，模型的任务是预测下一个字符（Next-Token Prediction），本质上是在进行一种文字接龙的游戏。然而，在实际应用中，模型能够处理的 Token 数量是有限的。因此，在实际操作中，我们通常会选择一个大小为 $K$ 的滑动窗口，将该窗口在文本上逐字滑动，利用这 $K$ 个字预测第 $K+1$ 个字。模型最终的目标是最大化正确预测字符的概率，这就是 GPT-1 的训练方式。

如前所述，GPT-1 的目标是解决 NLU 的问题，为下游任务提供编码。BERT 通过引入［CLS］和［SEP］等特殊字符来解决这一问题，但 GPT-1 在训练时仅学习预测下一个字符，并未见过这些特殊字符，也没有机制告知模型输入是一个句子还是一个句子对。因此，GPT-1 不能直接用于下游任务，必须引入特殊字符来告知模型如何理解输入文本的结构。

为了解决这一问题，论文"Attention is All You Need"建议在微调阶段引入特殊字符。例如，在下游任务中引入［Start］表示句子的开始，［Extract］表示句子的结束，当输入的文本是句子对时,可以引入［Delim］进行区分。例如,如果我们想判断两个句子是否为上下文关系,可以这样标记:［Start］句子 1［Delim］句子 2［Extract］。将整个数据集进行这样的处理后,再送入模型进行微调。

可能会有人对此感到疑惑,因为这些特殊字符是在微调阶段才引入的,而通常用于微调的数据量远低于用于训练基础模型的自监督数据。这样的数据量真的足以让模型理解这些字符的意义吗?事实上,实验结果表明,即使训练数据量远低于自监督数据量,也足以让许多下游任务达到最优结果。这间接说明了当模型足够大,见过的数据足够多的时候,模型的泛化能力已经得到了足够的提升,即使是少量的数据也足以让模型快速掌握这些特殊字符的意义。

另外,GPT-1 在训练阶段追求的是最大化下一个正确字符的预测概率,而在微调阶段,目标通常是正确预测分类模型的标签。这导致 GPT-1 在预训练与微调阶段的目标差异较大,模型不易收敛。因此,论文"Attention is All You Need"建议同时要求模型对下一个字符和数据标签的预测都能做出准确的判断,即优化以下多任务目标函数:

$$\zeta(c) = \zeta_{cls}(c) + \lambda \zeta_{ntp}(c)$$

其中 $\zeta_{cls}$ 是针对分类任务的目标函数,$\zeta_{ntp}$ 则是针对预训练任务的目标函数的损失函数,$\lambda$ 是一个超参数,通常可以选择 0.5 左右作为起始尝试值。感兴趣的读者可扫码查看 GPT-1 微调的相关配置,［二维码 3-1］。

## 3.2 GPT-2:用零样本学习来解决下游任务

在前文的讨论中,我们对 GPT-1 进行了概述,尽管 GPT-1 的初衷在于自然语言生成,但其解决问题的途径依旧是基于自然语言理解的框架。

这种方法存在一些固有的问题。第一,为了适应特定的下游任务,我们仍然需要对模型进行微调;第二,为了这些任务,我们还需收集大量的标注数据。这些需求都显著降低了模型的可扩展性。特别是随着算力的提高,模型规模往往呈指数级增长,导致微调的成本也日益增加。例如,GPT-2 的参数量已达到 15 亿个,是 GPT-1 的 1.17 亿参数的 10 倍以上。

为了应对这些挑战,GPT-2 提出了一种全新的方法:利用 NLG 来处理 NLU 的问题。这一尝试标志着一种真正的"范式转移"(Paradigm Shift),即我们完全摒弃了传统的 NLU 处理方法——先预训练,然后对下游任务进行微调,转而采用一种更自然直观、更贴近人类思考方式的解决方案。

GPT-2 的核心理念在于,鉴于模型的规模已经非常庞大,继续进行微调变得不再实际可行。因此,在不进行微调的情况下,如果模型在处理下游任务时输入中包含了一些不自然的字符,如［Start］、［Delim］、［Extract］等,可能会引起模型的困惑。基于此，当使用 GPT-2 处理下游任务时，应尽可能使输入文本接近模型在预训练阶段所接触的内容，越自然越好。基于这一理念，研究人员提出了"零样本学习"（Zero-shot Learning）的方法。

所谓零样本学习，指的是在不提供任何下游任务的标签或额外信息的情况下，仅通过将任务描述以自然语言的形式输入给模型，让模型生成自然语言作为问题的答案。

例如，如果我们希望模型将一个英文句子翻译成中文，可以这样输入："Translate to Chinese: How are you today"。同样，对于情感分析任务，可以这样输入："Predict the sentiment: I'm so happy that you can attend my birthday party"。这些输入方式并没有固定的规则，但总体原则是越接近人类自然产生的文本越好。通过使用提示词（Prompt）来执行下游任务是一种创新的尝试，而实践证明这种方法的效果是显著的，这是最令人惊讶的成果之一。

至于为什么仅通过输入提示词就能完成下游任务，一个可能的解释是 GPT-2 的训练数据集包含多达 800 万个文本，这些训练数据中可能已经包含了类似的任务和提示词，因此模型能够正确地执行下游任务。

## 3.3　GPT-3：用少样本学习来解决下游任务

GPT-3 是 GPT-2 的进阶版本，其改进主要体现在两个方面：第一，模型规模显著扩大。GPT-1 的参数量为 1.17 亿，GPT-2 为 15 亿，而 GPT-3 的参数量激增至 1750 亿，训练数据量也比 GPT-2 增加了 14 倍以上。可以想象，训练此类模型的成本将极为昂贵，除了拥有丰富算力资源的大型企业，普通个体很难承担对此类模型的训练或调整。GPT-3 的另一个重要改进是引入了"少样本学习"（Few-shot Learning）的概念。

在 GPT-2 时代，我们讨论了零样本学习的概念，即仅将任务描述输入模型而不提供任何额外信息，然后要求模型给出回答。然而，这种方法在很大程度上依赖于模型自身的知识储备。如果任务所需的知识完全未包含在训练数据中，模型就无法作出适当的回答。这意味着，面对新领域的特定问题时，我们可能仍需回归到微调的传统方法，将新领域的知识传授给模型。但对于已经拥有 1750 亿个参数的 GPT-3 而言，这将是一项沉重的负担。

为了解决这一问题，我们可以思考人类是如何处理类似问题的。人类经常遇到一些从未接触过的问题，但通常可以通过观察一些示例来学习如何回答。例如，假设我们要参加一场面试，但对面试可能提出的问题及如何回答一无所知。此时，最简单的方法是参考以往面试中提出的问题及相应的回答方式。通常，只需观察几个示例，我们就能大致掌握面试的技巧，这就是所谓的类比推理能力。

同样的逻辑是否可以应用于模型的提示词设计？例如，当我们向模型输入提示词时，除具体的任务描述外，再添加几个示例供模型参考，这样模型就可以通过观察这些示例来回答许多它自身未曾处理过的问题。以翻译为例，如果是零样本学习，一个提示词可以设计为："Translate to Chinese：How are you today？"，如果我们额外添加一个示例，形成单样本学习（One-shot Learning），那么一个提示词可以设计为："Translate to Chinese：I'm so happy to see you again ＝＞我很高兴能再次见到你，How are you today ＝＞？"。结果发现，提供至少一个示例后，不仅模型的表现会提升，模型输出的结果也会模仿示例中的格式。当然，我们可以添加两个、三个甚至更多示例。实验的结果也表明，随着示例数量的增加，模型的表现通常也会随之提升。读者可扫码查看 GPT-3 在不同模型规模下，使用零样本、单样本以及少样本学习在 TrivaQA 数据集上的表现，[二维码 3－2]。可以发现，在大部分条件下，提供的参考样本越多，模型的表现就越好。值得注意的是，哪怕只提供一个样本，也足以让模型的表现有显著的提升。由此可见，示例在提示词中扮演着至关重要的角色。

## 3.4 InstructGPT

　　大语言模型发展至 GPT-3 阶段，其基本架构已相当成熟。此时，我们也已大致认识到，随着模型规模的逐步扩大和数据量的不断增加，模型的性能将持续提升，同时也会展现出更多智能特征。然而，仍有一个问题尚未得到解决，即我们尚未明确如何向模型传授价值判断。

　　模型的生成能力主要基于学习文字接龙，这种训练方式确保了生成文本的流畅性和语法接近人类。但对于一个问题，模型可以生成无数种语法正确的回复，其中一些可能具有冒犯性，一些可能不相关，一些可能带有戏谑意味，一些可能含有讽刺甚至歧视色彩。为解决这一问题，一种可能的方法是从数据入手，通过人工检查所有训练数据，删除所有不符合人类价值观的内容。但在实际操作中，这几乎是不可能的任务，而且刻意删除这些数据也可能限制模型的创造力。

　　因此，为了更有效地解决这一问题，OpenAI 提出了另一种解决方案：教会模型学习人类的价值观。也就是说，与其删除所有有害的训练数据，不如设计算法，教会模型进行价值判断，使其能够识别哪些言论是有害的，哪些是有益的。这里的有害与有益不仅指道德层面，也包括回复是否含糊不清、是否未能满足对话场景需求等，简而言之，即低质量的输出。正所谓，向模型传授价值判断。

　　他们的理念是，模型之所以会生成有害言论，是因为在训练过程中，我们设计的目标函数是尽可能满足人类的语法要求，但在现实生活中，人类追求的不仅是语法正确，而是尽可能生成有益的、高质量的言论。换言之，模型在训练阶段的目标函数与人类生成语言的目标函数并不一致。因此，使模型的目标函数与人类的目标函数保持一致，这类问题在学术上被称为"对齐"（Alignment，意指使某件事情与其他事情保持一致)。为了解决这一对齐问题,OpenAI 提出的解决方案是"指令微调"(Instruction Tuning),并推出了 InstructGPT。

具体而言,该流程由三个步骤组成。下面我们逐一介绍每个步骤的具体内容。

- 监督微调(Supervised Fine Tuning,简称 SFT):这一步骤本质上与传统的微调过程无异。我们设计一系列提示词,然后由人工为每个提示词生成答案。这些问答数据随后用于对模型进行微调,目的是让模型了解对于特定问题,人类可能如何作出回答。
- 奖励模型(Reward Model):通过上一步人工准备的数据对模型进行微调,但这种方法所获得的数据量毕竟有限。我们的目标是使模型能够自主学习一套价值判断体系。因此,接下来的步骤是训练一个奖励模型,该模型的作用是评估模型输出的好坏。具体做法是,对于给定的输入提示词,让模型生成多个可能的输出,然后由人工根据输出的质量进行评分和排序,利用这些数据来训练一个排序学习模型(Learning-to-Rank Model)。
- 强化学习(Reinforcement Learning):既然已经拥有了奖励模型,接下来的步骤便是设计一个强化学习训练流程,使模型能够逐步调整其输出,直至获得奖励模型的高分评价。但在此过程中,需要特别强调的是,我们的目标是对答案进行微调,而非让生成的答案为了迎合奖励模型而产生剧烈改变。实际上,我们也不能保证奖励模型的判断一定是可靠的。所以在进行强化学习时,训练的目标函数除了要求模型的输出能让奖励模型尽可能输出高分,同时也要求输出的答案不能过度偏离原始的 GPT-3 的输出,以实现我们仅对输出进行微调的期待,这种做法被称为近端策略优化(Proximal Policy Optimization,简称 PPO)。

关于 InstructGPT 的训练方法的讨论到此为止。实验表明,经过指令微调后的模型在各方面的表现都有显著提升,不仅在许多任务上的表现更佳,而且幻觉(见第 5 章)和有害言论等方面的指标也显著下降。总而言之,模型输出的整体质量得到了提高。

值得一提的是,尽管 OpenAI 从未正式发表过关于初代 ChatGPT 的相关论文,但由于他们对 ChatGPT 训练方式的描述与 InstructGPT 非常相似。我们可以推断最初上线的 ChatGPT 实际上是基于 InstructGPT 的训练方法开发的。

## 3.5 涌现现象

在之前的内容中,我们已经依次介绍了从 GPT-1 到 GPT-3 的基本概念,在这些模型之后,我们必须探讨一个关键现象:涌现(Emergence)。这可能是大语言模型与众不同的最根本原因。

从 GPT-1 到 GPT-3 的发展过程中,最显著的变化是模型规模的增长,从 GPT-1 的 1.17 亿参数,到 GPT-2 的 15 亿参数,再到 GPT-3 的 1750 亿参数,参数数量几乎呈指数级增长,训练数据量也相应增加。在 NLU 问题的讨论中,通常模型规模越大,在分类或回归任务上的表现越好。然而，在 NLG 的讨论时，随着模型规模的增加，一些以往未观察到的现象也开始出现，其中最引人注目的就是涌现现象。

涌现现象最初在物理复杂系统中被发现。它描述的是，当大量独立个体聚集在一起时，虽然最初看似无序，但当个体数量达到一定程度后，会突然在某个临界点展现出某种整体的规律性，仿佛个体之间达成了某种共识，形成了一种整体的协调运动。每个个体不再是孤立的，而是构成了一个整体。例如，沙子本身是独立的，但当它们聚集成沙漠时，会形成类似波浪的棱线。同样，单独的候鸟看不出规律，但当它们聚集成群时，会自发地排列成特定的图案飞行。这一概念也适用于大语言模型，当模型的参数较少时，它们之间并未表现出整体特性，但当参数数量足够多时，这些参数之间的关系会仿佛表现出某种智慧，因此我们将这种大语言模型中突然出现的智能现象描述为涌现。

读者可扫码查看不同规模模型在处理不同位数的数字加减乘除上的表现，[二维码 3-3]。可以观察到，在大约 13B 参数规模时，模型表现有一个明显的跳跃。在 13B 参数规模之前，增加模型规模对于模型表现的提升非常有限，几乎没有显著改善，但一旦超过 13B 参数规模，增加模型参数几乎可以线性提升模型表现。这种在某个临界值之后模型在特定任务上的表现突然显著提升，增长趋势发生变化的现象，是一种典型的涌现现象。

### 3.5.1 涌现的分类

在探讨模型性能如何随着规模变化时，通常可以观察到三种主要的变化模式。

- 线性增长：这种模式表明，随着模型参数的增加，其性能以一种平滑且逐渐的方式提升，呈现出类似线性的趋势，没有出现任何突然的跳跃。这类任务通常要求模型具备连续的知识处理能力。例如，对于翻译和摘要写作等任务，随着模型存储的数据量的增大，处理的句子量的增多，理论上其性能也会相应地提高。在这些任务中，模型不会突然从完全无法翻译的状态转变为能够翻译的状态。
- 突变增长：这种模式描述的是一种涌现现象，即当模型规模较小时，增加模型规模对提升任务性能的效果并不明显。然而，一旦模型规模超过某个临界值，性能就会突然显著提升，并随后呈现线性增长的趋势。这类任务通常涉及多步骤的逻辑推理，如解决数学问题和阅读理解等。这些任务要求模型必须在积累一定的知识，具备基本的处理能力后，模型的性能才会随着规模的增加而线性提升。
- U 形增长：这种模式是涌现现象的一种变体，与突变增长不同，U 形增长在模型规模较小时，性能可能会随着规模的增加而下降。只有当模型规模超过某个临界点后，性能才会突然上升，并最终进入线性增长阶段。这类任务比较罕见，其先降后升的原因尚不完全清楚，可能与模型在训练过程中受到数据噪声的干扰有关。尽管如此，U 形增长仍然是一种涌现现象。

### 3.5.2 模型涌现的特殊学习能力

目前,有两项被广泛认为具有涌现特性的技术可用于提升大语言模型的性能,即少样本学习和思维链(下一章将进行详细介绍)。

研究表明,在大多数的任务中,不调整模型参数而仅通过少样本学习和思维链技术来提升模型表现通常只在模型规模较大时才显著有效,而对于规模较小的模型,其效果则相对有限。由于在多数实验中观察到,模型仅在达到一定规模后,才突然具备了通过少样本学习和思维链进行学习的能力,因此,这两种能力可以被视为涌现现象,即它们是模型在规模足够大时才具备的学习能力。

当然,除了这两种技术,还有一些其他用于提升模型性能的方法后来也被发现具有涌现特性,感兴趣的读者可以扫码查看,[二维码3-4]。但其中一些方法可能涉及对模型参数的重新调整,或者应用范围较为有限,因此较少被提及。

然而,需要特别指出的是,上述关于涌现现象的描述并非绝对。涌现是一个复杂的现象,受多种因素共同影响。一个模型在特定任务上是否会出现涌现现象,并没有固定的答案,这取决于任务的性质、模型的结构、训练的方式等因素。一个模型可能在一个任务上表现出线性增长的特性,而在另一个任务上则表现出涌现特性。此外,即便存在涌现现象,具体在何种规模下会出现涌现也是不可预测的。最后,少样本学习和思维链是否一定属于涌现现象,是否仅在大模型中才会出现,也并非绝对的。我们只能说,在大多数情况下,确实如此。

因此,在未来讨论涌现现象时,读者不应仅局限于过去的结论。一个模型在特定任务上是否会产生涌现现象,往往需要通过实验来确定。

### 3.5.3 对涌现的一些质疑

在先前的讨论中,我们深入分析了涌现现象,这可能给人一种印象,即涌现是模型处理问题能力的一种类似相变①的反应。然而,这种理解并不完全准确。

一些研究指出,所谓的涌现现象可能仅仅是因为我们选择了不恰当的评估指标来衡量模型的性能。如果我们仅关注模型对预测出的 Token 的错误率,我们可能会观察到模型的性能呈现出线性增长的趋势。为了阐释这一点,我们可以通过一个简单的示例进行说明。

假设我们训练了一个模型来处理数字之间的加法运算。由于该模型尚未学会进位,因此它只能正确处理两个个位数的加法,即总和小于 20 的加法。当遇到涉及进位的问

---

① 在物理学中,"相变"是指物质在一定条件下,从一种相态(如固态、液态、气态)转变为另一种相态的过程。这个过程通常伴随着能量的交换,比如吸热或放热,并且物质的某些性质会发生突变。此处借用这个概念用以描述模型在处理问题时能力上的突变或显著提升。

题，如 18 + 13 时，我们会发现结果的第一位数字总是错误的，因为模型还未掌握进位的处理。在这种情况下，如果我们以答对或答错作为评估标准，我们会发现在模型学会进位之前，其答案总是错误的。而一旦模型学会了进位，其正确率会突然显著提高。

然而，如果我们改变评估指标，观察模型能够正确处理多少位数，我们可能会发现模型的表现从一开始只能正确处理一位数，逐渐进步到可以处理两位数、三位数、四位数等。这时，如果我们关注模型正确处理的位数，可能会发现模型的表现实际上是线性的。这就是前面提到的，由于选择了不恰当的评估指标而导致的问题。

这样的质疑是否合理？这取决于我们如何理解这个问题。当模型的应用不针对特定的任务时，我们确实可以通过观察每个 Token 的错误率来得出模型表现总是线性增长的结论。但是，当模型应用涉及特定任务时，通过观察和衡量该任务的特定指标，我们确实能够观察到涌现的特性，这是一个不可否认的事实。在评估模型处理加法问题的能力时，如果我们不关注最终结果的正确性，而是逐个检查 Token 以判断其正确计算的数字数量，这种做法似乎并不合理。

我们在此处提出这一质疑，并非旨在否定涌现现象的存在，因为涌现现象是一个客观存在的现象。我们在此提出这一点，主要是为了让读者明白，涌现现象的表现是多样化的。当具体任务是正确执行加法运算时，可以观察到涌现存在；然而，当具体任务转变为要求模型处理尽可能多的加法位数时，涌现现象则可能不再显现。即便在这两种情况下，输入和输出保持一致，但由于任务具体要求和衡量标准不同，对涌现现象的理解和评价也会截然不同。

结语：在本章中，我们从早期的 GPT-1 一直讨论到最新的 InstructGPT，以及涌现现象，相信读者们会有豁然开朗的感觉。实际上确实如此，自然语言生成模型虽然最初是为了解决自然语言理解问题而开发的，但随着技术的不断进步，人们的视野也不断拓宽，逐渐认识到自然语言生成拥有其独特的话题和知识体系，这与自然语言理解有着显著的不同。在自然语言生成的知识体系中，最希望读者牢记的是，解决下游任务的方法并非调整参数，而是在不改变模型任何参数的前提下，通过设计有效的提示词来提升模型的表现。这一点在生成式模型日益盛行的时代尤为重要，只有理解了这一点，我们的思维从能 NLU 顺利转换到 NLG。

基于这一原因，下一章我们将系统探讨如何通过精心设计的提示词来提高模型在下游任务中的表现，这也是当前非常热门的研究主题——"提示工程"！

## 章节小结

- **实践建议**
1. 尝试使用不同版本的 GPT 模型，体验其性能差异。
2. 实践零样本学习和少样本学习，观察模型表现。
3. 设计简单的指令微调实验，理解其工作原理。

4. 探索不同规模模型的涌现现象，总结规律。

● 延伸阅读

1. 深入学习 GPT 系列模型的原始论文。
2. 研究 InstructGPT 的训练方法和实现细节。
3. 探索涌现现象在其他 AI 领域的应用。
4. 关注最新的大语言模型研究进展。

● 总结

本章全面介绍了生成式大语言模型的发展历程和核心技术。通过学习本章内容，读者将能够理解从 GPT-1 到 InstructGPT 的技术演进，认识到涌现现象在大语言模型中的重要性，以及理解从 NLU 到 NLG 的范式转移。这些知识为后续学习提示工程和应用大语言模型奠定了坚实的基础。本章强调了提示词设计的重要性，为读者理解和应用生成式 AI 技术提供了关键洞见。

# 第 4 章
# 提示工程

● 章节概述

本章深入探讨了提示工程（Prompt Engineering）这一新兴领域。随着大语言模型的发展，有效地设计提示词以提升模型性能变得越来越重要。本章详细介绍了三种主要的提示工程技术：上下文学习（ICL）、思维链（CoT）和检索增强生成（RAG），并讨论了它们的原理、应用和评估方法。

● 学习重点

1. 理解提示工程的本质和在大语言模型应用中的重要性。
2. 掌握 ICL、CoT 和 RAG 三种主要提示工程技术的原理和应用方法。
3. 了解如何选择和排序示例以提升 ICL 效果。
4. 理解自动生成示例和思维链的方法：Auto-ICL 和 Auto-CoT。
5. 掌握 RAG 的基本架构和实现流程。
6. 了解如何评估 RAG 系统的性能。

● 素养目标

掌握提示工程，提升跨领域应用大语言模型的效率与创新能力。

● 本章思维导图

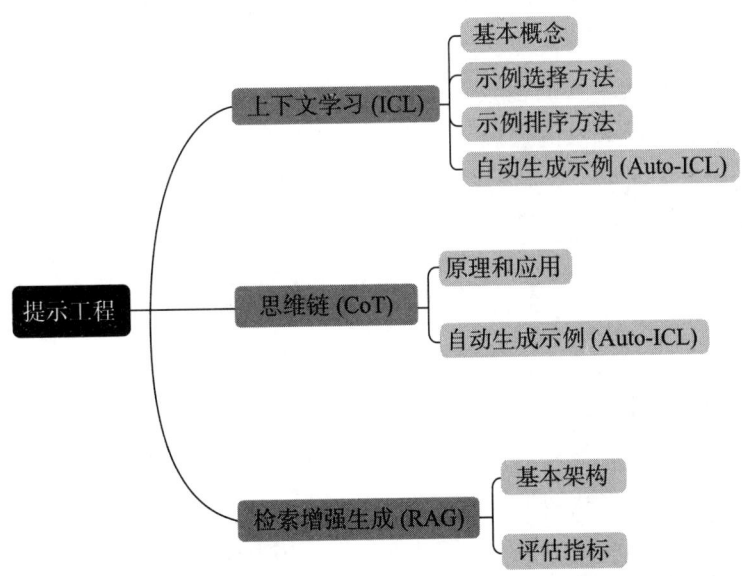

## 4.1 什么是提示工程

在上一章中,我们对大语言模型的发展历程进行了简要回顾。从最初的 GPT-1(该模型主要通过微调参数来适应特定的下游任务);到引入了零样本学习的 GPT-2,模型开始能够在没有参数微调的情况下,通过提示词直接执行下游任务;再到 GPT-3 时代,模型的生成能力得到了显著提升,出现了所谓的"涌现现象",使得我们能够通过更高级的提示词来进一步提升模型的性能。从这一发展脉络中,我们可以清晰地看到,大语言模型的演进过程实际上是一个逐步减少参数微调,转而依靠更复杂、更多样的人机自然语言交互来完成下游任务的发展过程。

由此,一个全新领域——提示工程,应运而生。

在 NLU 的时代,研究者们主要关注开发多样的训练和微调方法,以调整大语言模型的参数,使其能够完成待定的下游任务。而在 NLG 的时代,研究的焦点自然转向了如何发展更多样的人机自然语言交互模式以完成这些任务。由于这种人机交互是通过编写提示词来实现的,因此,研究如何通过提示词来使大语言模型完成下游任务的领域就被称为提示工程。

在此,笔者不得不指出,许多人对提示工程存在误解。自从大语言模型问世以来,许多宣传资料都在强调"提示工程师"这一职位,并声称这一职位非常适合文学、社会学或商学背景的人士,因为他们更擅长撰写符合商业需求的优质提示词。然而,这种观点实际上是一种误解。事实上,编写有效的提示词并不是一个文学创作或商业文案编写的过程,在后续的讨论中,读者将了解到,大多数有效的提示词都是通过机器学习方法生成的,这一过程涉及信息检索、聚类分析、语义相似度计算、统计抽样甚至图论等知识,与文学创作或商业文案编写并没有直接联系。因此,读者不应将提示工程视为一个独立于机器学习的领域。实际上,它是机器学习的一个分支,其中所涉及的概念主要是机器学习方法的扩展。因此,如果真有"提示工程师"这样的职位,那么这一职位的首要要求应当是熟悉各种机器学习的方法。

## 4.2 魔法咒语与超能力

在上一章的结尾部分,我们特别探讨了"涌现"这一概念。涌现现象指的是当大语言模型的规模足够庞大、参数数量足够多时,模型会突然获得某些特殊能力。这些能力使得模型对某些特定形式的提示词变得异常敏感。一旦这些提示词出现,模型的表现就会实现质的飞跃,从而在处理下游任务时展现出远超零样本学习的能力。

为了形象地解释涌现现象,我们可以借用《哈利·波特》中的魔法世界进行类比。

我们可以将每一个模型想象成一个魔法学院的巫师，随着学习的魔法知识越来越多，其魔力也随之增强。这里的魔力可以理解为模型的规模，魔法的强度象征着数据的丰富度。那么，巫师是如何施展魔法的呢？关键在于魔法咒语。魔法咒语一经念出，巫师就能展现出超乎寻常的能力。在这里，魔法咒语相当于特定形式的提示词，而所谓"超乎寻常的能力"则是指模型在处理下游任务时的表现显著优于零样本学习。在讨论提示工程时，我们通常将"正常表现"定义为零样本学习的水平。由于这种超乎寻常的能力难以用其他词汇描述，我们将其称为涌现能力。在本章中，我们将探讨在不同的场景下应如何选择合适的"魔法咒语"来激发不同的"魔法"。

然而，在深入讨论具体的"魔法咒语"之前，我们有必要先了解涌现能力通常具备的特性。一般来说，涌现能力具有以下特点。

- 涌现能力有最低门槛：正如我们之前所讨论的，当模型的规模较小时，通常难以观察到涌现能力。只有当模型的规模超过某个特定阈值后，我们才能突然注意到模型展现出的涌现能力。
- 越大的模型涌现能力越显著：一般而言，模型的规模越大，其对特定形式提示词的反应越强烈，其在处理下游任务时的表现与零样本学习的差异也越大。例如，一个具有500亿参数的模型与一个100亿参数的模型相比，在执行相同任务并使用相同提示词时，前者的表现往往更为优异。
- 对于越困难的任务涌现能力越显著：对于同一个模型，观察使用相同提示词在不同任务上的表现，我们通常会发现，对于那些在零样本学习中表现不佳的任务，通过使用特定提示词，其改进更为明显。换句话说，如果某些任务在零样本学习中已经能够表现得很好，即使采用特定提示词，所能获得的改进也往往不大。因此，这也意味着，如果一个任务在零样本学习中已经表现得很好，那么投入资源进行提示工程可能只是徒劳，甚至是一种资源的浪费。

尽管这些特性看起来多样，但从学习"魔法"的角度来看，它们并不难理解，因为人们在学习新知识时往往也会表现出类似的特性。其中，人们最常讨论的是：如果涌现能力存在一个最低门槛，那么这个最低门槛是多少？

这个问题没有确切的答案。目前普遍认为，大约100B参数是涌现能力开始显著的规模。也就是说，如果模型的参数少于100B，在大多数的实验中，模型的涌现能力并不明显。但需要特别指出的是，这个100B参数的数字是针对从头开始训练的基础模型而言。近年来，科学家们开发了越来越多的模型压缩方法，如知识蒸馏（Knowledge Distillation）、剪枝（Parameter Pruning）以及量化（Quantization）等，这些方法使得即使是规模远小于100B参数的模型也能展现出能与大模型相媲美的表现。因此，随着技术的进步，究竟模型需要多大的规模才能展现出涌现能力，这个问题的答案可能会变得越来越模糊。

在讨论了"魔法""超乎寻常的能力"的特性之后，接下来我们探讨的问题是，存在哪些类型的"魔法咒语"，以及它们分别适用于解决哪些问题。

目前,学术界对于"魔法咒语"的分类尚无统一标准。然而,一些综述文献根据"魔法咒语"的功能,大致将其分为十类。但由于篇幅限制,在本章节中,我们将仅讨论三种最常见的"魔法咒语"类型以及其基本扩展,分别是上下文学习(In-Context Learning,简称 ICL)、思维链(CoT)以及检索增强生成(Retrieval Augmented Generation,简称 RAG)。相信在阅读完本章内容后,读者能够理解并进而阅读其他关于提示工程的文献,学习不同形式的提示词生成方法。

## 4.3 上下文学习

### 4.3.1 上下文学习的基本理念

上下文学习通常是指通过在提示词中加入示例(Demonstration),使模型学习如何完成待定下游任务的方法。因此,理论上,我们在提示词中加入任何示例以辅助模型学习下游任务,都可以被视为一种上下文学习方法。无论是之前提到的少样本学习,还是后续将讨论的思维链,或是检索增强生成,都可以归类为上下文学习。但由于 CoT 和 RAG 各自拥有独特的知识体系,有必要单独进行讨论。因此,在本章中,当我们提及 ICL 时,通常指的是最简单的 ICL 形式,即少样本学习,而对于其他的范式,则使用它们特有的名称,如 CoT、RAG。

ICL 的概念相当直观。例如,如果我们希望大语言模型解决一个数学问题,可以这样构造提示词:"5 + 5 = ?"。这是一个典型的零样本学习的示例。实际上,我们也可以在提示词中加入几个示例:

$$3 + 2 = 5$$
$$7 + 8 = 15$$
$$5 + 5 = ?$$

大量实验证据表明,在提示词中适当添加一些示例有助于提升模型对于下游任务的表现。这一点在上文已有介绍,此处不再赘述。简而言之,ICL 的基本做法是在提示词中附加下游任务的样本及其标签,其格式大致如下:

$Demo_1$,$Label_1$

$Demo_2$,$Label_2$

$Test$,?

其中,"Demo"代表示例;"Label"表示标签;"Test"代表测试样本,即我们希望大语言模型进行预测的样本。因此,对于情感分析问题,Demo 可以是一个句子,Label 可以是"Positive"(正面)或"Negative"(负面);对于分类问题,Demo 可以是一个句子,Label 可以是该句子的主题等。

读者可扫码查看模型在附加不同数量示例时的表现，[二维码 4 - 1]。其中有两个值得关注的现象：第一，正如我们之前所述，涌现能力仅在模型达到一定规模时才会显现，因此在这些图中，我们都观察到了在某个规模之后模型表现的突然提升。但由于这些任务相对简单，我们发现在大约 13B 参数规模时就能观察到涌现能力。第二，我们注意到，增加更多示例并不总意味着模型表现会更好。在某些情况下，单样本学习甚至比少样本学习表现更佳。这可能是由多种原因造成的，例如少样本学习的样本选择不当、样本排列顺序未优化，或者太多的示例导致提示词过长，使得模型无法集中注意力在最关键的样本上等。

然而，读者可能会认为 ICL 的概念相当简单，不过是添加一些示例而已，似乎没有深入讨论的必要。但实际上，这个问题比想象中要复杂得多。因为在许多实验中，人们发现 ICL 的表现并不稳定。对于同样的任务和数据集，由于采样的示例不同、示例排列的顺序不同，以及对示例的描述不同，结果可能会有极大的差异，某些任务上的表现差异甚至可能达到 10% ~ 30%。因此，就像在传统的微调中需要不断尝试超参数一样，在 ICL 中，我们同样需要适当调整示例，以期在下游任务中获得更好的表现。在接下来的部分，我们将讨论如何选择示例、如何排列示例，以及如何描述示例。

### 4.3.2　如何选择示例

在考虑一个由数据集构成的下游任务时，如果该数据集包含部分带有标签的数据，那么称之为训练数据。与传统的训练数据用于训练模型参数不同，大语言模型的训练数据仅作为示例使用，因此样本数量可以非常少，有时仅需几个样本即可。除了训练数据，数据集中还有部分未带标签的数据，称测试数据。我们的目标是利用大语言模型对测试数据进行标签预测，这涉及从训练数据中选择若干带有标签的数据作为 ICL 的示例。

一个直观的想法是将整个训练数据集作为示例，但这并不现实。一方面，大语言模型通常有输入字数的限制；另一方面，大量的实验表明，向模型输入过多数据不仅不能提升模型表现，反而可能使模型感到困惑，导致性能下降。实际上，在大多数实验中，一到数十个示例通常是最佳的数量。因此，对于给定的测试数据，我们需要考虑选择哪些训练数据作为示例，以便对给定的测试数据最有帮助。

最简单的挑选方式是挑选与测试数据最相似的训练数据作为示例。这种选择方式不难理解，因为 ICL 的核心在于让模型从示例中学习特定的模式以回答当前问题，因此，与测试数据越相似的示例对模型来说自然越有参考价值。

例如，在 Liu 等（2024）的研究中，他们尝试使用 KNN 算法搜索测试数据最邻近的数据来执行 ICL。具体的步骤是先使用一个编码模型，如 Sentence-BERT 对文本进行编码，然后将编码后的向量用于 KNN 模型以搜索最邻近的数据作为示例。感兴趣的读者可扫码查看更多细节，[二维码 4 - 2]。

我们可以看到，与单纯使用 KNN 分类器进行预测相比，无论是随机采样还是通过 KNN 采样，结合 ICL 都能显著改善下游任务的表现。与随机选择样本相比，挑选最邻近的样本作为示例，下游任务的表现可以进一步提高。

这个例子也说明了，提示工程并不仅仅是编写提示词那么简单。实际上，在这项实验中，并没有依赖任何人工编写的提示词来提升模型表现，而是通过机器学习模型选择好的示例来实现这一目标。

除使用简单的 KNN 算法外，我们也可以尝试其他不同的广义距离度量来定义最相似的样本，例如有些研究采用了图论方法来搜索既相似又多样的样本，还有的研究尝试使用 Mutual Information（互信息）或 Perplexity（困惑度）作为距离度量。总的来说，不同的方法就会有不同的侧重点，从而选择不同的数据作为示例，但总体原则是相似的，即从训练数据中挑选与当前测试样本关联度最高的样本作为示例。

### 4.3.3 自动产生示例

在先前的讨论中，我们考虑了存在一个标注好的训练集的情况。然而，在许多情况下，我们可能并没有这样的数据集，或者我们只希望预测少量的测试样本。为了几个测试样本去创建一个人工标注的数据集可能并不经济。因此，我们希望模型能够自动生成示例，而不是依赖人工。这类问题被称为 Auto-ICL（Auto-In-Context Learning，自动上下文学习），即让大语言模型自行生成示例，然后利用这些自动生成的示例将一个零样本学习的问题转化为少样本学习的问题。

模型以自身生成的样本反哺自己且不依赖任何外部知识，这样的 Auto-ICL 真的能提升模型表现吗？答案是肯定的。例如，在 Kim 等（2022）的研究中，他们尝试了一种两阶段的方法。首先，他们要求大语言模型生成一个与测试样本类似的示例，然后将这个示例与当前的测试样本一起作为 ICL 的输入。具体来说，研究者先将测试样本输入模型，并要求模型输出一个相似但带有不同描述性标签的样本（这里的标签应该是具有语义的描述性标签，而非无意义的数字等）。然后，将这个样本作为示例用于 ICL。在这个过程中，我们完全没有依赖任何人工提供的外部知识作为示例，而是通过大语言模型自行生成一个示例，将原本零样本学习的问题转换为 ICL 的问题。实验结果表明，尽管这种作法不如使用人工标注的若干示例进行 ICL，但模型的表现仍然明显优于零样本学习。

Yang 等（2023）探索了一种更复杂的 Auto-ICL 方法。他们不仅生成了示例，还生成了指令（Instruction），即明确指示模型所需执行的任务。具体的操作如下：首先，使用测试样本生成 $N$ 个示例及其相应的标签。特别之处在于，他们在生成标签时要求以思维链的形式进行。思维链的具体概念将在下一节中解释，这里读者可以将其理解为要求模型在生成标签的同时，再提供一个支持该标签的理由，从而构成示例；其次，是生成指令，即将前面生成的 $N$ 个示例及其理由标签输入大语言模型中，要求大语言模型基于这些理由生成一个思考步骤，并要求模型根据这些步骤回答问题。最后，在预测测试样本时，将第一步生成的带有理由的示例作为上下文，要求模型根据第二步生成的思考步骤来预测答案。这样，从示例到指令的全过程都可以自动生成，无须依赖人工。感兴趣的读者可以扫码查看具体流程示意图，［二维码 4-3］。

值得一提的是，尽管上述流程的目标是实现 Auto-ICL，即通过大语言模型自动生成示例，但实际上即使我们已经拥有一批训练数据，我们仍然可以采用这种方法让大语言模型生成思维链和指令，以提升模型的表现。

### 4.3.4 如何排列示例

我们已经讨论了如何选择示例以及如何自动生成示例，但可能出乎许多人意料的是，示例的排列顺序实际上对模型的表现有着决定性的影响。例如，Lu 等（2024）在进行包含四个示例的 ICL 实验时，比较了 24 种不同的排列组合对模型表现的影响。在图 4.1 中，作者比较了在 SST-2 以及 Subj 两个数据集上不同规模模型的表现差异，可以观察到，在某些情况下，改变示例的顺序可能导致模型表现相差 20% 以上，这是一个非常显著的差异。尽管随着模型规模的增加，模型对于示例顺序的敏感度会降低，但即使对于 175B 规模的模型，在 Subj 数据集上仍有 10% 左右的表现差异，这表明了示例的顺序是一个普遍存在且不可忽略的重要因素。

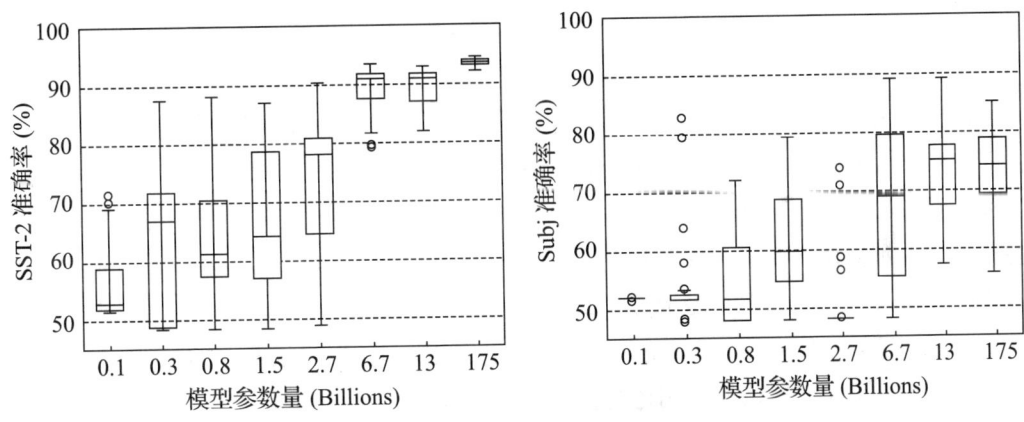

**图 4.1　不同排列下对不同规模的模型所造成的影响**

为了解决这一问题，Liu 等（2024）提出了基于相似性的排序方法，即如前所述，根据示例与测试样本之间的相似性进行排序。此外，Lu 等（2024）引入了全域熵与局域熵的概念，通过熵值来对样本进行排序。还有一些研究提出了根据示例的难度进行排序的方法，难度可以通过人类专家的评估确定，或者通过计算大语言模型生成的困惑度等量化指标来确定。

## 4.4 思维链

### 4.4.1 什么是思维链

思维链是由 Google 科学家的 Jason Wei 等人于 2022 年首次提出的概念。CoT 的核心思想相对简单：在 ICL 中，我们在提示词中加入示例及其相应的标签。而 CoT 则进一步建议，在示例与标签之间添加一段解释，阐述为何该示例与该标签相对应。实验结果表明，这种做法能够显著提升模型在下游任务中的表现。因此，如果我们将少样本学习的格式表示为：

$$Demo_1, Label_1$$
$$Demo_2, Label_2$$
$$Test, ?$$

那么 CoT 的格式则可以表示为：

$$Demo_1, Reason_1, Label_1$$
$$Demo_2, Reason_2, Label_2$$
$$\cdots\cdots (Explanation)$$
$$Test, ?$$

可以看出，CoT 与少样本学习的主要区别在于，CoT 在样本与标签之间增加了一段解释（Explanation），阐明样本与标签之间的关系，这部分解释被称为思维链。例如，假设我们有如下叙述："小明拿了 30 元出门，买面包花了 15 元，买汽水花了 10 元，去超市买东西又抽奖得了 5 元，请问小明还剩多少钱？"，在少样本学习中，如果我们将这段叙述作为示例，那么表示方式如下：

- "问题：小明拿了 30 元出门，买面包花了 15 元，买汽水花了 10 元，去超市买东西又抽奖得了 5 元，请问小明还剩多少钱？

  答案：10 元！"

而在 CoT 中，这个示例应该表示为：

- "问题：小明拿了 30 元出门，买面包花了 15 元，买汽水花了 10 元，去超市买东西又抽奖得了 5 元，请问小明还剩多少钱？

  解释：小明拿了 30 元，买面包 15 元，所以剩下 30 − 15 = 15（元），又买汽水花了 10 元，所以剩下 15 − 10 = 5（元），最后抽奖抽中 5 元，所以总共剩下 5 + 5 = 10（元）。

  答案：10 元！"

可以看到，CoT 与少样本学习的最大区别在于，CoT 详细描述了得出答案的思考过程，而少样本学习则没有这一过程。

可能会有人觉得 CoT 只是 ICL 的一种扩展，实际上确实如此。因此，之前提到的关于 ICL 的所有结论在很大程度上也适用于 CoT，包括如何选择示例、如何生成示例以及如何排列示例等。

### 4.4.2 思维链的实际应用

在探讨思维链在实际应用中的表现时，我们需要详细讨论 Wei 等（2022）在 CoT 领域的多项实验。在关于 CoT 的论文中，作者进行了三大类的实验，包括数学推理、常识推理和符号推理。所谓推理，指的是模型完成特定任务时，不能仅依赖记忆数据和模式间的关系，而必须依赖对文本的理解，识别变量间的关系，并通过归纳、演绎、类比、因果等逻辑关系来得出答案。在这三大类实验中，Wei 等（2022）分别选取了 2 至 5 个不同的数据集，并比较了 CoT 在这些数据集上的表现。这些数据集的示例可以扫码查看，[二维码 4-4]。图中展示了九种数据集，其中绿色代表数学推理，橘色代表常识推理，蓝色代表符号推理。在每个示例中，Wei 等（2022）特别用颜色标记出的句子是通过人工编写的 CoT 提示（读者应仔细体会 Wei 等（2022）是如何针对每个任务编写思维链的）。由于涉及的实验众多，我们将重点讨论 Math Word Problem（数学文字题）部分的实验，其他部分的实验由于方法相似，不再展开讨论。

在 Math Word Problem 的实验中，Wei 等（2022）人工编写了 8 个带有 CoT 的示例，并比较了这些示例在不同的 Math Word Problem 数据集上的表现。实验结果如图 4.2 所示。图中的纵轴表示准确率；横轴表示模型规模（以对数尺度表示）；黑点实线条代表

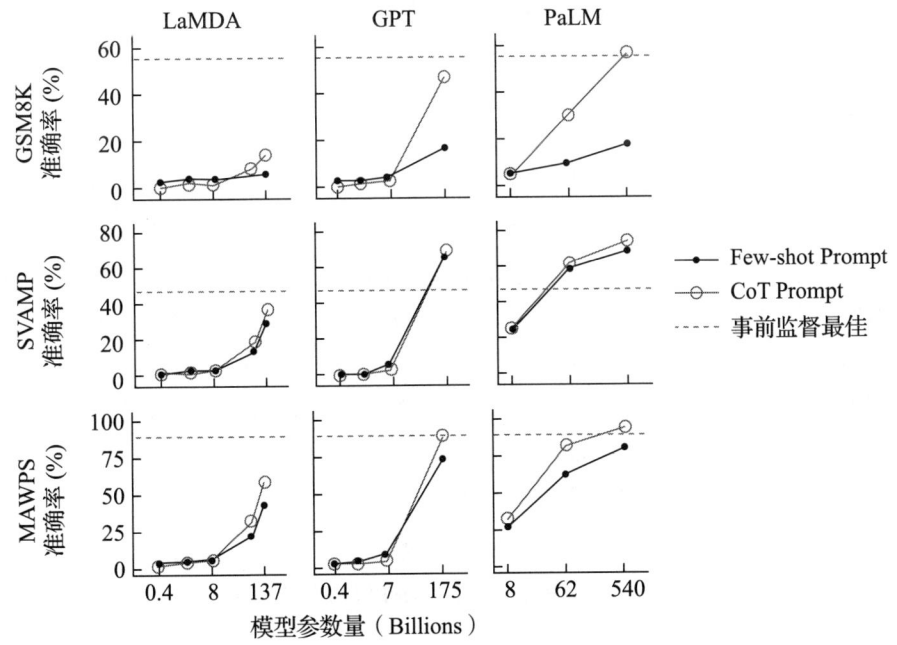

图 4.2 CoT 在不同的 Math Word Problem 数据集上的表现

使用标准的 Few-shot Prompt（示例仅包含答案，不包含思维链）；空点虚线条则代表使用 CoT Prompt 的结果。我们可以得出以下结论：

（1）对于规模较小的模型，无论是使用少样本学习还是 CoT，都难以实现显著提升，这表明两者都属于涌现能力的一种表现。

（2）大多数模型在达到 100B 参数规模后才开始展现出明显的涌现能力。

（3）在几乎所有的情况下，使用 CoT 的表现都明显优于少样本学习。

（4）对于较困难的数据集，即模型初始表现较差的数据集，如 GSM8K，采用 CoT 带来的改进更为显著。

在多项实验中，CoT 的表现已经超越了使用有监督训练的最佳结果，这表明大语言模型确实可以在不改变任何参数的情况下，仅通过提示工程实现超越有监督训练的最佳表现。在大多数场景下，通过微调来解决下游任务是不必要的。

### 4.4.3 Auto-CoT

在前述的 CoT 实验中，研究人员人工编写了一些带有 CoT 的示例进行实验，并取得了出人意料的结果。然而，在实际应用中，人工编写每个示例的成本往往非常高。此外，人工编写的示例质量参差不齐，一些实验也发现，优质示例与劣质示例可能导致模型表现的巨大差异。因此，与之前提到的 Auto-ICL 类似，Auto-CoT 也是一个值得探讨的问题：我们是否有可能不通过人工编写 CoT 呢？答案是肯定的。

实际上，我们在讨论 ICL 时已经介绍了类似的概念，即尝试让大语言模型自行生成示例。因此，按照同样的逻辑，我们也应该尝试让大语言模型自行生成 CoT。

在这方面，Kojima 等（2022）提出了零样本 CoT 的早期尝试。他们的想法是，与其人工编写 CoT，不如让模型自行编写，具体做法见图 4.3。考虑到我们有一个测试样本，我们希望为这个样本提供一些带有 CoT 的示例以辅助预测。因此，我们先挑选一些其他样本，输入大语言模型，要求大语言模型为这些样本编写 CoT。这样，我们就得到了带有 CoT 的示例，然后我们利用这些示例对测试样本进行 CoT Prompt。实验表明，虽然大语言模型自行生成的 CoT 质量不如人工编写的 CoT 质量，导致模型对下游任务的表现不如人工 CoT，但与零样本学习或少样本学习相比仍有显著提升。这也说明，使 CoT 完全自动化是一种可行的方法。值得一提的是，Kojima 等（2022）比较了使用不同指令让大语言模型自行产生 CoT 叙述的差异，发现 "Let's think step by step" 表现最佳，而其他如要求大语言模型逐条分析的 "First," 或 "Let's think about this logically." 以及 "Let's solve this problem by splitting it into steps." 也有不错的表现。当然，这些指令的具体内容并不重要，关键是其内涵，即让大语言模型自行生成带有 CoT 的示例以对测试样本进行 CoT Prompt。后来，Zhang 等（2022）对上述方法进行了进一步的推广。他们分析了 Zero-shot CoT 的结果，发现大多数错误的 CoT 叙述都出现在类似的问题上。

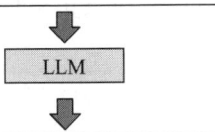
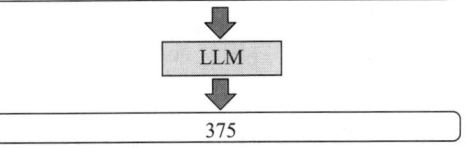

图 4.3  Zero-shot CoT 的流程

这意味着，每个大语言模型可能在基础模型的训练阶段就因为对某些问题接触较少而显得不擅长。因此，如果一个测试样本恰好是大语言模型不擅长的问题，而我们又按照前述方法采用相似性检索类似的样本作为示例供大语言模型编写 CoT，这些样本往往会产生错误的、不合理的 CoT 叙述。如果我们再把这些 CoT 叙述作为示例的一部分供大语言模型进行 CoT Prompt，最终就会像滚雪球一样，错误不断累积，即错误的示例导致错误的预测。

那么，如何解决这个问题呢？Zhang 等（2022）认为，既然做错的问题都是类似的，不妨先用 K-means 对数据进行聚类，然后从每个类中选取最靠近聚类中心的样本去执行 Zero-shot CoT，整个过程可扫码查看，[二维码 4-5]。这样做是基于一个假设，即模型不擅长的样本大多属于聚类中的同一簇。因此，我们尽可能选择不同簇的问题，等于在选择上引入了多样性，避免所有的问题都选择同一簇的现象。这样既保证了模型至少会选择几个与测试问题相似的问题（同一簇或相邻簇），又引入了多样性，避免了所有示例都是错误示例这种现象的发生。实验表明，这样做之后，模型对下游任务的表现不仅优于 Zero-shot CoT，甚至比人工编写的 CoT 更好。这个例子也从侧面说明了，在选择示例时，相似性固然是一个重要因素，但多样性也是有益的。

## 4.5 检索增强生成

### 4.5.1 什么是检索增强生成？

在之前的内容中，我们讨论了多种利用提示工程提升大语言模型性能的方法。然而，无论这些方法多么高效，它们仍然面临着一些难以克服的挑战。挑战主要集中在两个方面：第一，用于训练大语言模型的数据总是局限于特定的时间段，这意味着模型无法了解训练完成后发生的事件。第二，训练数据的知识总是有限的，特别是一些专业且冷门的知识往往超出了模型的能力范围。这两个因素结合意味着当与模型讨论过于新颖或过于专业的知识时，模型可能无法提供答案。在无法回答这些问题的情况下，模型通常不会选择表示不知道，而是可能会生成一系列看似连贯的文本，但这些文本往往包含错误的信息。这种现象在学术上被称为"幻觉"（Hallucination）。关于幻觉的问题将在下一章中详细讨论，目前我们专注于讨论解决大语言模型知识不足问题的一种常用方法：检索增强生成。

检索增强生成，顾名思义，是一种通过检索与输入问题相关的文档来增强模型生成能力的方法。当用户提出一个问题，我们首先通过一个检索模型搜索与该问题相关的文本，这些文本可以是通过网络搜索直接获得的，也可以是我们事先准备好的文本库中的内容。找到相关文本后，我们将这些文本作为补充知识附加到提示中，以辅助模型进行回答，这就是 RAG 的基本理念。

RAG 是一种现在工业界广泛应用的技术，几乎所有的商业化的大语言模型背后都配备了相当复杂的 RAG 架构，以提高模型应对各种问题的能力。此外，还有许多专门用于构建 RAG 的开源或商业套件（如 LlamaIndex、LangChain 等）支持此类服务。可以说，在提示工程的各种领域中，RAG 是工业化程度最高的子领域之一。在接下来的内容中，我们将讨论 RAG 的基本架构。

### 4.5.2 基本的 RAG 架构

如前所述，RAG 通过在一个文本库中搜索相关文本并将其附加到提示词中，以辅助模型生成适当的内容。这一整个过程可以用一个例子来表示。感兴趣的读者可以扫

码查看英文流程图，[二维码 4-6]。在这个例子中，用户要求大语言模型就 2023 年年底 OpenAI 的 CEO Sam Altman 被董事会意外解职的新闻撰写一段评论。由于这一事件不在模型的训练数据中，模型无法直接回答。但是，通过 RAG，我们可以利用检索模型将相关的新闻文档整合到输入中，从而使模型能够很好地生成一篇评论。

在这个流程中，RAG 主要包含三个步骤：

（1）建立数据库与索引；

（2）进行检索；

（3）将结果整合到输入提示词中。

下面我们将逐一讨论这三个步骤的具体实现方式。为了使讨论更具体，我们假设现在我们想要建立一个专门回答医学相关问题的大语言模型的服务，进而探讨如何搭建一个 RAG 的服务。

#### 4.5.2.1 建立数据库与索引

要使用 RAG 回答医学相关问题，首先需要建立一个由医学文献组成的数据库。这可以包括维基百科上与医学有关的条目、各种医学电子教科书，甚至是网络上的医学

常识与教育相关新闻等。收集完这些文本后，我们需要将它们存储起来。

然而，存储这些文本也有一定的技巧。我们不能简单地将这些文本原封不动地存储，因为这可能导致每个文档过于庞大。如果同一个文档中包含多个主题，不仅会降低检索精度，而且当这些文本作为输入添加进大语言模型中时，也会成为噪声，降低RAG 的效果。此外，大语言模型存在输入字符数量的上限，一次性输入大量文本也会占用过多字符。

因此，在实际操作中，我们会将每个文本切割成大小相近的片段（Chunk，又称"文本块"），并以片段的形式存储。但如果我们粗暴地对文本进行切割，可能会导致连续信息被切断。因此，较好的做法是使用滑动窗口，例如以十句话作为窗口大小，然后每次移动七句话，使相邻的两个窗口之间的句子有部分重叠，以确保连续信息不会被生硬地切断。通过滑动窗口，生成的文本片段将被存入数据库。这样，数据库部分就准备好了。

#### 4.5.2.2 进行检索

有了数据库之后，下一步是建立索引（Index）。建立索引意味着我们需要从每个文本片段中提取有用信息，并将这些信息转换成易于查找的格式。当用户的问题出现时，我们可以根据这些索引快速判断哪些片段是相关的。这个过程被称为检索（Retrieval）。

进行检索最简单的方法是使用关键字模型（如 KeyBERT、Gensim 等）为每个片段提取关键字，将这些关键字作为索引。或者，我们可以使用 LSA 模型或更复杂的模型（如 Sentence-BERT）对文本片段进行编码，将这些编码作为索引。当用户输入后，我们使用相同的模型为输入生成关键词或编码，通常称为查询（Query）。有了查询和索引，我们就可以定义一个函数，对一个（查询，索引）的相关性进行评分，从而挑选出相关性较高的文本片段。对于关键字，我们可以利用关键词的重叠度进行评分；对于文本编码，我们可以利用余弦距离或欧几里得距离进行评分。

#### 4.5.2.3 整合检索结果到输入中

我们从数据库中检索到与问题相关的文本片段后，接下来的任务是将这些片段整合到大语言模型的输入中。最简单的整合方式，是在问题之后添加一句指示词，要求模型根据所附的文本片段回答问题，然后将这些片段逐一列出。

然而，在实际情况中，我们可能拥有多个数据库。以上述医学问答为例，用户提出了一个与皮肤病相关的问题，如皮肤出现疹子。出现疹子的原因多种多样，回答这个问题可能需要多方面的信息。我们可能需要调用用户过往病历，同时可能需要获取卫生单位发布的统计数据，以确认当前是否有流行性皮肤病。此外，我们还需要参考以往类似症状的诊断和治疗记录，以及查询与疹子相关的医学文献。

这些来源不同的文献最终需要被整合到输入中，这涉及许多考虑因素。例如，如果信息过于繁杂，我们可能需要通过一个模型提炼出重点信息。如果检索到的文本过多，我们可能需要一个机制来判断哪些信息是最重要、最相关的，并保留这些信息，舍弃次要信息。如果数据包括表格和文本，我们还需要设计一个方式将这些信息整合成流畅的自然语言文本。正如在 ICL 部分所述，信息的排列顺序也很重要，通常来说，越重要、越相关的信息应尽可能地紧接在问题后面，或者放在提示词的末尾（研究表明，输入的中间部分往往是大语言模型最不易把握的部分），以提高模型对这些文本的注意力。

总之，如何将检索到的信息有效融合到输入中是一个涉及多方面考量的问题。这部分内容涉及太多细节，此处不再展开。读者只需了解，将信息良好地融合进去往往并不只是简单地附加，还涉及许多工程优化问题。

读者可以扫码查看三种常见的 RAG 架构，[二维码 4-7]。

### 4.5.3　如何评估 RAG 的表现

为何我们需要特别讨论如何评估 RAG 的性能？因为 RAG 涉及多个不同方面的评估。如果我们能够掌握评估 RAG 性能的方法，那么评估其他大语言模型架构的性能也就相对容易了。

首先，RAG 中包含了检索步骤，因此检索质量本身就是一个需要评估的要素。其次，RAG 会关联到一个下游任务，这个任务可能是算术问题、摘要任务或对话任务等，不同的任务会涉及不同的评估指标。最后，RAG 的生成内容是基于检索出的文本，这涉及检索出来的参考文本是否与输入的问题是相关的（Context Relevance），也涉及生成出来的答案是否跟输入的问题是相关的（Answer Relevance），当然还有生成出来的答案是不是忠实地基于参考文本产生的（Faithfulness），是否确实将大量附加在提示词中的相关文本整合进答案（Information Integration）。在某些情况下，检索出的结果可能与用户的问题相关性不高，这就涉及评估 RAG 模型是否具备忽略与问题无关的内容的抗噪能力（Noise Robustness）。当检索出的文本根本不包含问题的答案时，模型是否具备拒绝回答，表示"不知道"的能力（Negative Rejection）；以及当文本中存在明显违背事实的内容时，模型是否具备识别并忽略这些内容的能力（Counterfactual Robustness）等。

表 4.1 列出了一些常用于评估 RAG 性能的统计指标及其适用的评估能力。这些指标不一定适用于所有下游任务，研究者在选择指标时应根据具体任务选择一个或多个，以对模型性能进行客观评估。需要说明的是，这些评估模型性能的统计指标都基于一个用于验证的数据集，该数据集包含输入和人工标注的答案，然后通过比较模型输出结果和人工标注答案来计算这些指标，而不应将这些指标用于计算输出与检索文本或输入的比较。

上述指标都是一些基本的统计指标，难以反映输出句子的语义是否真正正确。除上述的指标外，还有许多更高阶的评估方法，如信息提取法或模型评估法等。

表 4.1　常见用来评估 RAG 表现的统计指标

| | Context Relevance | Faithfulness | Answer Relevance | Noise Robustness | Negative Rejection | Information Integration | Counterfactual Robustness |
|---|---|---|---|---|---|---|---|
| Accuracy | ✓ | ✓ | ✓ | ✓ | ✓ | ✓ | ✓ |
| EM | | | | | ✓ | | |
| Recall | ✓ | | | | | | |
| Precision | ✓ | | | ✓ | | | |
| R-Rate | | | | | | | ✓ |
| Cosine Similarity | | | ✓ | | | | |
| Hit Rate | ✓ | | | | | | |
| MRR | ✓ | | | | | | |
| NDCG | ✓ | | | | | | |
| BLEU | ✓ | ✓ | ✓ | | | | |
| ROUGE/ROUGE-L | ✓ | ✓ | ✓ | | | | |

注：Accuracy（准确率）、EM（精确匹配，Exact Match）、Recall（召回率）、Precision（精度）、R-Rate（R值）、Cosine Similarity（余弦相似度）、Hit Rate（命中率）、MRR（平均倒数排名，Mean Reciprocal Rank）、NDCG（归一化折损累积增益，Normalized Discounted Cumulative Gain）、BLEU（双语评估替补，Bilingual Evaluation Understudy）、ROUGE/ROUGE-L（召回导向的替补评估，Recall-Oriented Understudy for Gisting Evaluation）。

结语：在本章中，我们介绍了三种常见的提示工程技术，这些技术多种多样，若要详尽阐述，其内容丰富到足以撰写成册。然而，它们的核心理念是一致的：在大语言模型的时代，我们应优先考虑通过提示工程来使模型执行下游任务，而非通过修改参数。至于应选择哪些具体方法、不同方法之间的优劣，以及应选用何种评估指标，这些问题相对次要。随着模型规模的不断扩大和性能的逐步提升，可能会有越来越多的问题仅通过零样本学习就可以得到很好的解决，到那时，这些提示工程的知识或许很快就会变得过时。

然而，无论这些提示工程技术的效果如何显著，我们最终还是需要面对一些现实的问题：人类会犯错，模型也会犯错。这意味着，无论我们如何努力使模型的表现接近人类，模型最终仍有一定的出错概率，仍可能会产生一些表面流畅、通顺，但实际上完全违背事实的答案。这涉及大语言模型在实际应用中面临的一个重大挑战：幻觉问题。

因此，在将大语言模型应用于实际问题之前，我们必须深入了解大语言模型的幻觉问题。只有充分理解幻觉问题，我们才能在使用过程中提前评估这些风险并制定应对措施。关于幻觉问题，我们将在下一章中进行详细讨论。

## 章节小结

- **实践建议**

1. 尝试设计不同的 ICL 提示词，观察模型表现的变化。
2. 实践 CoT 方法，比较人工编写和自动生成的 CoT 效果。
3. 构建一个简单的 RAG 系统，体验 RAG 的过程。

4. 使用不同的评估指标来衡量 RAG 系统的性能。

- **延伸阅读**

1. 深入学习 ICL、CoT 和 RAG 的原始论文。
2. 探索更多提示工程技术，如提示模板、提示调优等。
3. 研究提示工程在特定领域（如医疗、法律）的应用。
4. 关注最新的提示工程研究进展和工具。

- **总结**

本章全面介绍了提示工程的核心技术和应用方法。通过学习 ICL、CoT 和 RAG，读者将能够更有效地设计提示词，提升大语言模型在各种任务中的表现。本章强调了提示工程不仅仅是简单的文本编写，而是涉及机器学习、信息检索等多个领域的复杂技术。同时，本章也指出了提示工程面临的挑战，如幻觉问题，为读者进一步深入学习奠定了基础。

# 第 5 章
# 大语言模型中的幻觉问题

● 章节概述

本章深入探讨了大语言模型中的幻觉问题。幻觉问题是大语言模型应用中最紧迫的挑战之一，直接影响了用户对模型输出的信任度。本章全面介绍了幻觉的定义、类型、成因、评估方法、检测技术以及减少幻觉的策略。

● 学习重点

1. 理解幻觉的定义及其在大语言模型中的重要性。
2. 掌握不同类型的幻觉及其特征。
3. 了解幻觉产生的多种原因。
4. 熟悉评估幻觉程度的不同方法。
5. 掌握在黑箱情况下检测幻觉的技术。
6. 理解并能应用减少幻觉的各种策略。

● 素养目标

能够识别并有效应对大语言模型的幻觉问题，同时在工作和学习中合理运用大语言模型，提升任务效率与创新性，确保输出内容的可靠性与实用性。

- **本章思维导图**

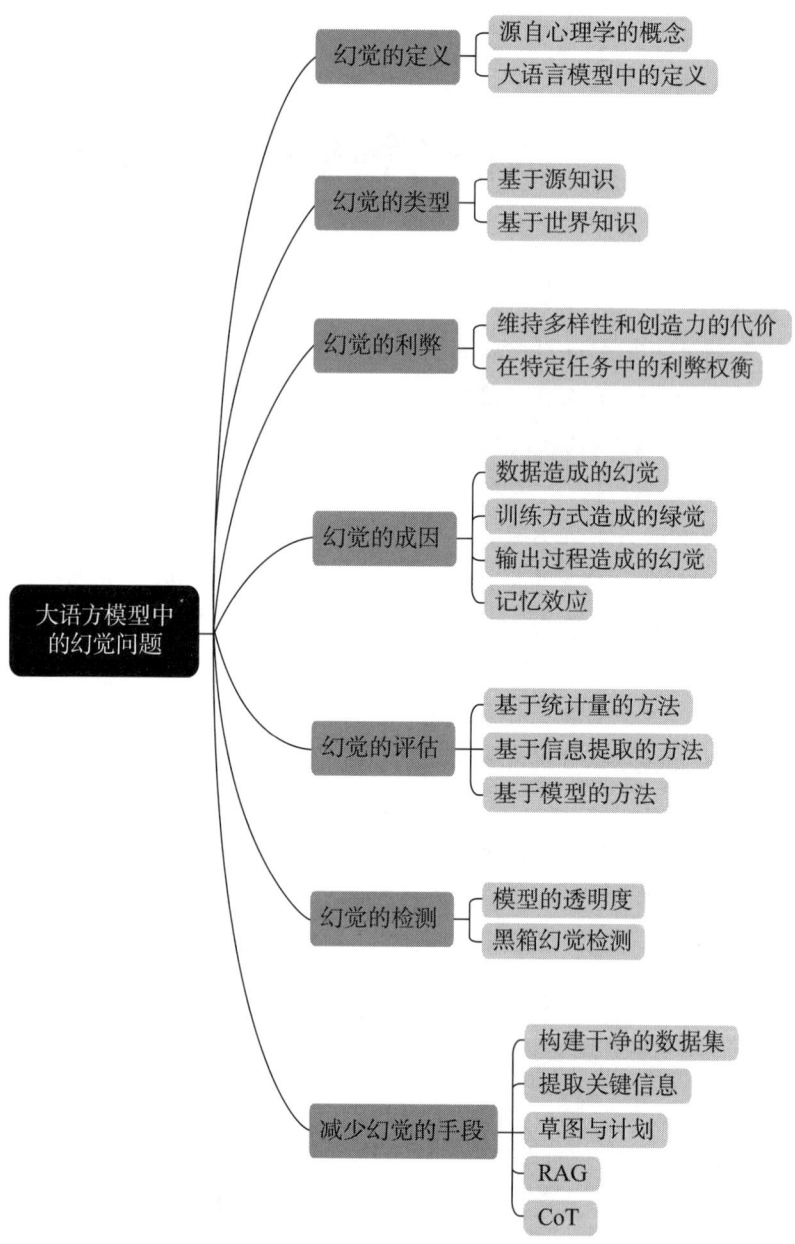

在前面章节中，我们已经详细介绍了有关大语言模型的基础知识，它们似乎具有巨大的潜力和优势。然而，实际情况远比表面所见更为复杂。实际上，大语言模型仍然面临着众多严峻的风险，包括对抗性攻击（Adversarial Attack）、提示注入（Prompt Injection）、偏见（Bias）等问题。在这些挑战中，最为紧迫的当属幻觉问题。

所谓幻觉，是指大语言模型生成的内容不真实，缺乏事实依据，是虚构的结果。这种情况导致用户在使用大语言模型时感到严重的不信任，不确定是否应该相信模型提供的答案。鉴于这种现象的普遍存在，我们有必要在本章中深入探讨幻觉问题。无论是对于用户还是开发者，只有充分理解了幻觉问题，才能真正认识到大语言模型的潜在风险。

此外，需要指出的是，本章内容属于较为前沿的知识领域，涉及许多最新的研究成果。在这一领域中，许多术语尚未形成精确定义和普遍共识。因此，读者可能会发现，同一术语在不同的论文中可能有不同的描述，甚至有些结论是本书作者自己归纳出来的。然而，这种现象在新兴领域中是常见的。建议读者在阅读本书时，重点关注具体知识的掌握，对于术语的定义和分类，如果发现不同文献中存在着差异，不必感到惊讶。

## 5.1　什么是幻觉

"幻觉"这一术语源自心理学领域，它描述的是个体在清醒状态下，未受到任何外部刺激而产生的一种感知体验。简而言之，幻觉指的是一个清醒的人听到、看到、嗅到或感受到实际上并不存在的事物。与之相对的是"错觉"（Illusion），错觉是指个体对实际存在的事物作出错误的解释。例如，由光线折射而产生的海市蜃楼，或者魔术师利用手法制造的魔术效果等，都属于错觉。幻觉与错觉的共同之处在于，它们都给人以"真实"的体验感，但区别在于幻觉是对不存在事物的错误感知，而错觉则是对存在事物的错误感知。

在大语言模型的背景下，幻觉的概念被用来描述模型生成的文本。科学家们发现，大语言模型有时会生成流畅而逼真的句子，但这些句子描述的内容却是虚构的，这与幻觉的定义非常相似。因此，在学术领域，将大语言模型生成的这种看似真实却与事实不符的回答称为幻觉。

一个大语言模型的回答若要被定义为幻觉，必须满足两个关键特征：第一，生成的文本必须通顺流畅；第二，文本内容必须是错误的，并且与已知事实相违背。因此，如果一个大语言模型生成的句子不连贯或难以理解，通常不会将其归类为幻觉。这类情况更多地指向模型性能不佳的问题，而非幻觉。幻觉特指那些看起来真实流畅，但实际上却违背事实的回答。

## 5.2 幻觉的类型

在探讨了幻觉的概念之后，我们接下来将对幻觉进行分类讨论。为了能够系统地分析不同类型的幻觉，我们首先需要定义一些术语。

在大语言模型的应用中，我们通常将输入模型的信息称为"源信息"（Source），而模型生成的回应则称为"输出信息"（Output）。在某些情况下，我们可能还会拥有一个人工生成的正确答案，用以评估模型的输出信息的正确性，这个答案被称为"参考答案"（Reference），有时也被称作"目标答案"（Target）。

关于源信息，它可能包含知识，也可能仅仅是一个提问。例如，如果我们输入一篇文章并要求大语言模型生成摘要，那么源信息就包含了知识，模型的输出信息是否正确将取决于其是否与源信息中的知识一致。然而，在某些情况下，源信息可能不包含任何知识，仅仅是一个单纯的提问（Zero-shot Query），例如询问"iPhone 13 与 iPhone 14 的规格差异在哪里"。在这种情况下，源信息本身并不包含知识，模型的输出信息正确与否无法仅通过源信息中的知识来验证，而需要借助外部知识（例如在网络上搜索）来确认。

从上述讨论中我们可以得出，用于验证大语言模型输出的知识可以分为两个部分："源知识"（Source Knowledge）与"世界知识"（World Knowledge）。源知识是在输入时提供的知识，而世界知识则是现实世界中的知识。需要注意的是，源知识并不总是与世界知识一致。例如，如果我们输入的文章是一篇科幻小说，而大语言模型需要根据这篇科幻小说提供答案，那么小说中的虚构宇宙与现实世界的事实显然是相冲突的。

基于知识领域（Domain）以及该知识是否足以检验模型的输出，我们可以得出表 5.1 中所示的六种可能的组合。如果大语言模型的输出与源知识相符，我们称这种输出为"忠实的"（Faithful），意味着大语言模型确实根据源知识的内容生成了叙述，没有添加额外信息或遗漏重要内容。如果大语言模型的输出包含了超出源知识范围的信息，而这些信息无法通过源知识来判断其真实性，我们称之为"不忠实的外部幻觉"（Unfaithful Extrinsic Hallucination）。这里使用"外部"（Extrinsic）一词，指的是这些幻觉源于源知识之外。如果大语言模型的输出内容明显与源知识相冲突，我们则称之为"不忠实的内部幻觉"（Unfaithful Intrinsic Hallucination）。

表 5.1  六种不同组合

| 知识域 | 相符 | 无法验证 | 违反 |
| --- | --- | --- | --- |
| 源知识 | 忠实的 | 不忠实的外部幻觉 | 不忠实的内部幻觉 |
| 世界知识 | 真实的 | 不真实的外部幻觉 | 不真实的内部幻觉 |

在讨论不依赖于源知识的大语言模型任务时，幻觉的定义需要依赖于世界知识。

如果大语言模型的输出完全符合世界知识，我们则称这种输出为"真实的"（Factual）。对于无法用世界知识验证的叙述，我们称之为"不真实的外部幻觉"（Non-Factual Extrinsic Hallucination）。至于可以用外部知识验证为错误的叙述，则称为"不真实的内部幻觉"（Non-Factual Intrinsic Hallucination）。

例如，如果我们输入以下内容："特斯拉的 CEO 是 Elon Musk，他出生于 1971 年，今年是 2024 年，请问他现在多大岁数？"。在这个输入中，"特斯拉的 CEO 是 Elon Musk，他出生于 1971 年"是我们的源知识，而"请问他多大岁数"是我们的问题。众所周知，2024 − 1971 = 53，所以 Elon Musk 应该是 53 岁。但如果大语言模型的输出是"Elon Musk 出生于南非，现年 53 岁"，在这个输出中，"出生于南非"虽然是真实存在的事实，但我们无法从源知识中验证其正确性。这种无法被源知识验证的信息被称为"不忠实的外部幻觉"。然而，如果大语言模型的输出是"Elon Musk，现年 54 岁"，我们可以通过源知识知道这是错误的，这就称为"不忠实的内部幻觉"。

对"不真实"（Non-Factual）的情况，我们也可以通过类似的输入来理解。例如，这次我们不提供任何背景知识，而是直接问："特斯拉的 CEO Elon Musk 现年几岁？"，在这种情况下，由于输入没有提供任何相关知识，模型的回答只能与世界知识进行比较。如果模型的回答是"Elon Musk 是一个真诚的人，他现年 53 岁"，虽然"现年 53 岁"是一个正确的回答，但"Elon Musk 是一个真诚的人"这件事情即使通过世界知识也无法得知，而且一个人是否真诚也没有标准答案，模型不应武断地给出这样的陈述。因此，这种世界知识也无法验证的信息被称为"不真实的外部幻觉"。而如果模型的回答是"Elon Musk 现年 54 岁"，则是一个可以用世界知识验证为错误的信息，所以这就是"不真实的内部幻觉"。

通过上述例子，我们简要介绍了幻觉的一些分类。读者应该很快意识到，在讨论幻觉时，需要先明确知识领域和任务的定义。有些幻觉可能不忠实，但并不意味着它不真实；相反，一个叙述可能不真实，但不意味着它不忠实。因此，如果在讨论幻觉时不先定义清楚，常常会陷入混乱，在任何关于幻觉的讨论中，我们都必须明确问题的定义，这样的讨论才有意义。

## 5.3 幻觉的利弊

有必要指出一个常见的偏见，即人们普遍认为幻觉是一种负面现象，应当尽可能消除。然而，这种观点并不完全正确。实际上，幻觉是维持多样性和创造力所必须付出的代价，在许多情况下，幻觉是有益的。

例如，在将大语言模型应用于聊天机器人的场景中，用户可能希望大语言模型是一个有趣、有个性、能够愉快交流的对象，而不是一个单调的机器人。在这种情况下，自然需要允许模型产生一些有益的幻觉。例如，模型可能会说："我认为爬山是这世界上最好的运动了！"从聊天的角度来看，这种表述并无不妥，它只是一个人表达自己的兴趣。但从幻觉的角度来看，这却是一个典型的"不真实的外部幻觉"，因为从世界知识的角度来看，爬山这项运动既有优点也有缺点，我们无法断言爬山就是最好的运动。然而，如果总是要求大语言模型不能产生任何幻觉，总是回答"我无法判断什么运动是最好的"，对任何问题都保持绝对的中立和客观，那么这样的大语言模型可能无法吸引用户进行长时间的交流。

上述讨论涉及的是世界知识上的幻觉带来的好处，但即使是源知识上的幻觉也可能带来益处。例如，在前文提到的"Elon Musk 出生于南非，现年 53 岁"的例子中，"出生于南非"这个信息虽然是一个不忠实的外部幻觉，但它确实是一个真实的信息，用户在与大语言模型的互动中获得了额外的有用信息，这样的幻觉很难被视为负面的。

因此，我们应该从不同的角度来理解幻觉。在教育孩子时，我们是否希望他们在聊天、写作、讲故事、讲笑话、发表评论等活动中表现出创造力和多样性？这时，我们不可避免地需要接受他们的表现可能会超出常规框架，这在大语言模型中就体现为幻觉。相反，在某些活动中，如数学考试中，我们希望孩子的答案完全正确，没有任何错误，这时我们就希望大语言模型的幻觉尽可能被消除。

综上所述，幻觉并没有绝对的好与坏，关键在于创造性和答案的多样性在特定的任务中是否扮演了有意义的角色。如果创造性和多样性是重要的，我们就必然需要容忍模型存在的各种幻觉。相反，对于那些完全不需要创造性和多样性的任务，我们就希望模型的幻觉能够尽可能地被消除。

## 5.4　幻觉的成因

在之前的内容中，我们已经对幻觉的定义和分类进行了初步的阐述。在进一步深入探讨之前，我们有必要探讨幻觉现象产生的原因。只有深入了解幻觉的成因，我们才能针对性地解决问题，寻找有效的解决方案。那么，为什么大语言模型会产生幻觉呢？一般认为，幻觉的产生有以下几个原因：由数据造成的幻觉、由训练方式造成的幻觉、由输出过程造成的幻觉以及记忆效应。接下来，我们将逐一讨论这些原因。

### 5.4.1　数据造成的幻觉

数据造成的幻觉是指用于训练模型的数据本身含有幻觉成分而造成的幻觉。在训练大语言模型时，我们通常会提供输入数据或源信息，称 Source，并为模型的输出准备一个参考答案，称 Reference。在训练过程中，我们的目标是尽可能地让模型学会使输出与参考答案相一致。

然而，这些"源–参考对"（Source-Reference Pair）是如何生成的呢？在许多情况下，生成这些对的过程并不复杂，通常是通过网络爬虫获取数据，然后基于一些简单的规则来创建。例如，一个常用的数据集 WikiBio 就是从维基百科上提取了 72 万条关于名人的数据，并将每个维基百科页面的第一段内容作为参考答案。虽然这种简单规则能够方便地生成大量的训练数据，但研究发现，这些词条的第一段中，有 62% 包含了与人物生平无关的额外信息。因此，当使用这样的数据训练大语言模型时，模型自然也学会提供额外的、属于幻觉的信息，这种现象，即参考答案与源信息不符，我们称之为"源 – 参考发散"（Source-Reference Divergence）。

源 – 参考发散指的是，在理论上，一个不包含幻觉的参考答案应该是存在的，但由于情况的复杂性，这很难实现，因为在某些情况下，参考答案本身就必然包含幻觉。例如，两个人之间的对话，讨论对某件事情的看法之类，这种对话本身就不可能有一个标准答案，甚至同一主题由不同的人发表就可能产生完全不同的观点。因此，一个完全不包含幻觉的参考答案在这种情况下是不存在的，我们称这种现象为"固有发散"（Innate Divergence），即参考答案在本质上就是发散的。

无论是源 – 参考发散还是固有发散，我们都难以避免在训练数据中存在幻觉。这是因为现实世界中的数据本身就充满了各种幻觉，模型学习到幻觉也是自然的事情，因为这反映了世界的本质。

### 5.4.2 训练方式造成的幻觉

在上一小节中，我们讨论了训练数据本身可能包含幻觉的问题，这自然引出了一个思想实验：如果我们能够准备一个完全干净、无瑕疵、没有任何幻觉的数据集来训练大语言模型，是否就能够消除幻觉呢？

实际上，这个问题已经被研究过。一群以 Google 科学家为主的科学家构建了一个名为 ToTTo 的数据集，该数据集主要收集维基百科的表格，并针对表格中的特定部分生成描述。在这个数据集中，科学家已经消除了所有幻觉，每一段描述与相应的表格之间都是完全一致的，没有任何错误。但有趣的是，研究人员发现，即使是使用这样一个完全干净的数据集，模型在回答问题时，仍然会产生幻觉。这表明幻觉并不仅仅是由训练数据引起的，其背后有更深层次的原因，那么，这个原因是什么呢？训练方式就是其中的重要原因之一。

正如我们在前文所描述的，整个大语言模型的训练过程涉及的是输入文本的编码和译码过程，但这些编码和译码过程并不总是完美的，而这种不完美往往会导致幻觉的产生。

例如，有研究表明，如果在模型中添加额外的注意力机制层，以改善对输入文本的编码，幻觉现象就可以得到一定程度的改善。此外，还有一些研究表明，改善译码方式也有助于减少幻觉的产生。

这些尝试并不是基于提高数据质量，而是基于改善模型的编码与译码方式，实际上说明了训练方式本身不可避免地引入了一些噪声，导致模型产生了幻觉。

### 5.4.3 输出过程造成的幻觉

除数据和训练方式可能导致幻觉外,模型在输出过程中也不可避免地会产生幻觉。

之前讨论的训练方式导致的幻觉主要是指不完美的训练方法会导致模型参数不够完善,从而产生幻觉的输出。然而,即使训练过程已经尽可能优化,研究显示在模型参数固定的情况下,模型仍然可能因为输出过程而产生幻觉。

例如,当模型预测每个要输出的字符时,会对所有可能的候选字进行概率预测。通常,我们会通过调整温度参数和 Top-K 采样方法来增加输出的多样性。但这种操作本质上是在引入随机性,因此,即使模型的参数已经训练得非常精确,增加随机性仍然会不可避免地提高产生幻觉的可能性。

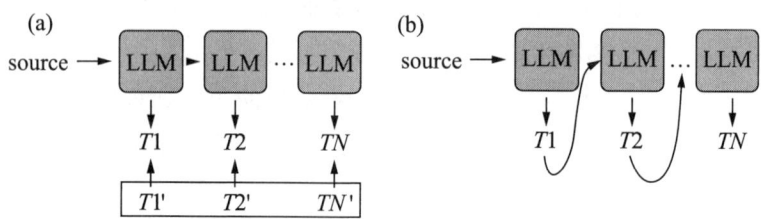

注:(a) 训练阶段会提供给模型一个正确的答案 $\{T1', T2', \cdots, TN'\}$ 来帮助模型输出正确的答案,叫作 Teacher-Forcing 训练。(b) 不再提供正确的答案。

**图 5.1　Teacher-Forcing 训练**

此外,在训练模型时,我们通常采用如图 5.1 所示的 Teacher-Forcing 训练这个技术,即对于每个要输出的字符,我们都提供一个标准答案,鼓励模型给出相同的输出。但在推理阶段,当大语言模型与用户进行真实互动时,不可能预先准备一个标准答案,而是不断将前一个预测出的字符用于预测下一个字符。这导致一旦前面的输出字符出现错误,错误就会不断累积和放大,增加了产生幻觉的可能性。这种训练阶段与推理阶段的不一致性,导致错误会不断累积的现象被称为"暴露偏差"(Exposure Bias),这也是模型不可避免地产生幻觉的原因之一。

### 5.4.4 记忆效应

记忆效应是指模型倾向于利用其阅读过的知识来回答问题。这一现象不难理解。例如,一个人可能是物理学领域的专家,当他遇到一个不熟悉的化学问题时,他可能会尝试使用他在物理学中所学的知识来解释化学现象,从而不可避免地产生了许多错误信息,即所谓的幻觉。由于这些幻觉往往是因为模型的参数记住了训练数据中的某些知识并输出了与训练数据相似但错误的信息,因此这种现象也被称为参数化的知识偏差(Parametric Knowledge Bias)。这也是导致模型不可避免地存在幻觉的原因之一。

## 5.5 如何评估幻觉

在之前的内容中，我们已经介绍了许多关于幻觉的相关知识。然而，对于幻觉的研究不能仅仅停留在讨论现象的层面，我们还必须尝试对幻觉的程度进行量化。只有通过量化，我们才能对不同策略的有效性进行比较和评估。

现在，假设我们已经有了一个大语言模型的输出以及一个预先准备好的参考答案。我们该如何将这个输出与参考答案进行比较，以量化一个输出文本的幻觉程序呢？关于这个问题，目前还没有统一的标准。常见的方法包括：基于统计量的方法、基于知识提取的方法以及基于模型的方法。通常，我们需要同时考虑多个指标，才能对一个文本的幻觉程度进行较为准确的评估。

### 5.5.1 基于统计量的方法

基于统计量的方法是指我们希望构建一个函数 $f(x_{out}, x_{ref})$，该函数的目的是，当我们将大语言模型输出的文本 $x_{out}$ 和参考答案 $x_{ref}$ 作为输入时，该函数能够告诉我们这两个文本的相似度。相似度越高，我们认为幻觉的程度越低。

然而，构建这样一个函数并没有统一的标准。一些常见的选择包括 ROGUE-N Score、BLEU Score，以及其他如 PARENT Score、Knowledge F1 Score、BVSS Score 等。这些统计指标虽然各不相同，但总体上都是在衡量两个文本之间 N-gram 字符之间的某种重叠程度。不同的场景和任务可能会在指标设计上有不同的侧重点，因此数学定义会有所调整，但其核心思想是一致的。由于这些指标种类繁多，建议读者在线搜索不同指标的定义和应用场景，这些定义通常并不复杂，由于篇幅限制，这里不再详细讨论。

### 5.5.2 基于信息提取的方法

基于信息提取（Information Extraction）的方法是指利用已知的 NLP 技术，从参考答案和模型输出的文本中抽取关键信息，然后通过比较这些信息的正确性来衡量幻觉程度。

例如，假设我们有一个模型输出："Elon Musk 于 1974 年出生于美国"，而参考答案是："Elon Musk 于 1971 年出生于南非"，这种情况下，如果我们采用信息提取方法，如名词识别，那么对于上述两个句子，我们将分别提取出（Elon Musk，美国，1974）和（Elon Musk，南非，1971）。通过对比这些信息，我们可以发现输出答案与参考答案之间只有一个词是相同的，其他信息均不一致。通过这种方式，我们可以评估出幻觉的程度。

### 5.5.3 基于模型的方法

上文讨论的基于统计量的方法和基于信息提取的方法都是相对简单的，并且有许多现成的模型可供使用，以快速评估幻觉的程度。然而，这两种方法都高度依赖于关键词，这意味着即使两个文本在语义上描述的是同一件事情，只要使用的词汇不同，这些指标就可能导致错误的结论。因此，在某些场景下，采用基于模型的方法进行评估就显得尤为重要。

所谓基于模型的方法，是指将大语言模型的输出和参考答案分别输入执行特定任务的语言模型中，然后通过观察这些语言模型的反应来评估幻觉的程度。由于这些语言模型通常能更好地捕捉语义信息，因此可以在很大程度上弥补基于关键词指标的不足。以下是一些在不同文献中提及的方法，供读者参考。

QA 模型法：首先，将参考答案输入一个问题生成器中，问题生成器基于输入文本产生一系列问题，其答案可以在输入文本中找到。然后，准备一个 QA 模型，将（参考答案，生成的问题）作为一组输入，而（大语言模型的输出，生成的问题）作为另一组输入分别送入 QA 模型中。QA 模型尝试从参考答案和大语言模型的输出中寻找问题的答案。如果大语言模型的输出能够忠实反映出参考答案的内容，那么基于参考答案设计的问题应该既能从参考答案中找到答案，也能从大语言模型的输出中找到答案。通过比较 QA 模型使用参考答案和大语言模型的输出作为源知识时找到答案的程度，可以定量评估大语言模型中幻觉的程度。

自然语言推理法：自然语言推理（Natural Language Inference，简称 NLI）是 NLP 中的一个特定任务，其核心在于评估两个文本片段——前提句（Premise）和假设句（Hypothesis）之间的逻辑联系。这种联系可以是蕴含（Entailment）、中性（Neutral）或矛盾（Contradiction）。具体来说，蕴含关系意味着假设句能够从前提句中直接推导出来；中性关系则指假设句既不能由前提句推导，也不与前提句相冲突；矛盾关系则表明假设句与前提句存在直接的逻辑冲突。例如，若前提句为"一位男士在餐厅等待他点的三明治"，那么假设句"一位男士在等待他的食物"与前提句之间存在蕴含关系；而"一位男士在等待与他的朋友共享餐点"则与前提句是中性关系，因为前提句并未提供足够的信息来确认或否认假设句；相对地，"一位女士正在等待她的餐点"与前提句构成矛盾关系，因为性别从"男士"变为了"女士"。理解了自然语言推理的基本概念后，我们可以将其应用于幻觉判断。一种常见的方法是将参考答案视为前提句，而将大语言模型的输出作为假设句。如果两者之间存在蕴含关系，则表示模型输出与参考答案相符；若为中性关系，则意味着模型输出包含了一些无法由参考答案确认的信息；若为矛盾关系，则表示模型输出存在明显错误。反之，若将大语言模型输出视为前提句，参考答案作为假设句，可能会发现原本的蕴含关系转变为中性关系，这暗示参考答案中包含了大语言模型输出未涵盖的信息，从而反映出模型输出的不完整性。因此，即使在将模型输出作为假设句时能够得出蕴含关系，一旦将其作为前提句，关系可能变为中性。自然语言推理提供了一种巧妙的方法，即能够在语义层面而非基于关键词层面判断幻觉。

训练分类模型法：当然，还有一种直接而简单的方法，即直接训练一个分类器来判断是否存在幻觉。然而，这种方法需要解决数据收集的问题，因为这意味着我们需要构建一个包含参考答案的数据集。对于每个参考答案，我们可以准备一些没有幻觉的输出和有一些有幻觉的输出，并对其进行人工标注。这样，我们确实可以训练一个分类器，使其学会判断一个输出是否与参考答案一致。尽管这样的工作并不容易，但如果在我们要处理的业务场景中构建这样的数据集是可行的，那么采用分类器也是一个直观的方法。此外，分类器不一定要通过训练来构建。例如，我们可以直接使用一个大语言模型作为分类器，并采用零样本学习或少样本学习的方式要求模型判断输出与参考答案是否一致，但模型的可信度可能会因为缺乏标注数据而难以量化。此外，在实际应用场景中，使用一个大语言模型来担任这样的角色可能会在成本上带来挑战。

在前文中，我们介绍了几种利用模型来评估幻觉程度的方法。实际上，存在许多其他不同的方法，这些方法留给读者自行探索。然而，需要强调的是，基于模型的评估方法与基于统计或信息提取的方法相比，最大的区别在于，基于模型的方法通常能够更有效地从语义角度评估幻觉的程度，而不仅仅是从关键字的角度进行评估。然而，如何设计这样的评估方式往往充满挑战，这就需要读者根据具体的使用场景来设计一个合适的评估指标，或者同时采用多个评估指标。

## 5.6 幻觉的检测

在上一节中，我们讨论了如何评估一个大语言模型输出中幻觉程度的方法。这些方法均基于我们拥有一个参考答案，并希望验证模型的表现。然而，在现实应用场景中，我们更经常遇到的问题是没有参考答案，只有模型的输出，我们想要判断这些输出中是否含有幻觉。换句话说，我们面临的是一个幻觉检测问题。因此，如何检测一段输出文本中是否含有幻觉，将是本节讨论的主题。

### 5.6.1 模型的透明度

在探讨如何检测幻觉之前，我们必须先讨论模型透明度的问题。只有明确了透明度的定义，我们才能理解如何进行检测。那么，何为透明度？透明度指的是对模型内部信息的了解程度。通常，根据对模型了解的程度，我们将检测问题分为白箱（White Box）问题、灰箱（Gray Box）问题和黑箱（Black Box）问题。

所谓白箱问题，指的是我们对大语言模型的所有模型信息都有完整的掌握。我们了解模型的神经网络架构，知晓神经网络中每一个参数的具体数值，能够获取模型内部的所有信息。在这种情况下，我们称之为白箱问题。通常情况下，用户自行调用一些开源模型,并在自己的设备上运行大语言模型,就属于这种情形。在白箱问题中,判断幻觉的手段相对较多,因为我们能够深入理解每一层神经网络的输出、每一个注意力机制的权重、每一个字符的概率输出,甚至是模型向前传播的梯度等。

所谓的灰箱问题,是指我们对大语言模型的神经网络架构一无所知,我们唯一掌握的信息是模型在预测每个字符时的概率分布。这种情况通常发生在我们调用商用模型的 API(Application Programming Interface,应用程序编程接口)时,例如调用 OpenAI 的 API,我们可以获取到每个字符预测结果的概率分布。在这种情况下,判断幻觉的手段相对较少,但并非没有。一种常见的做法是计算每个预测字符的熵。熵值较高的字符通常意味着模型对该输出的不确定性较高。实验表明,这些字符更有可能是幻觉。例如,在句子"Elon Musk 于 1974 年出生"中,数字 1974 是错误的。如果我们计算 1974 的熵,可能会发现其熵值偏高,因此我们可以推断 1974 可能是幻觉字符。

最后是黑箱问题,即我们对模型的所有内部信息一无所知,唯一知道的是模型输出的文本内容。这种情况应该是大多数用户会遇到的场景。鉴于这是最常见的情况,我们将特别针对这一场景进行讨论,这将有助于读者在使用大语言模型时自行判断输出结果的可信度。

### 5.6.2 黑箱幻觉检测

如前文所述,黑箱问题指的是我们只能知晓模型对于一个输入会输出什么文本,而对于模型的其他信息则一无所知。在这种情境下,我们依然可以采用一些方法来检测幻觉,常见的做法大致可以分为三类:采样法、引导法和交互诘问法。

采样法:采样法是指将同样的问题多次输入模型中(每次输入应为一个新的会话,确保模型无法看到之前的回答),以采集多个不同的答案。然后,我们检验这些答案之间是否一致。如果对于同一个问题,模型每次的回答都大相径庭,那么它们很可能是不可靠的答案。

引导法:过去的一些研究发现,大语言模型往往倾向于表现出极高的自信度,即便是对于它不了解的事物,也会以非常确定的语气进行回答。这种现象的成因颇为复杂,但其这种特性许多人都深有体会。因此,一个缓解此问题的方法是在提问时设计一些提示词,以引导模型不要过于自信,鼓励它面对不清楚、不确定或不知道的问题时,不要勉强回答。例如,有研究表明,如果在提问中加入特定的叙述,可以使模型对 50%~70% 实际上并不清楚的问题回答"我不知道"。

交互诘问法:交互诘问法是指对模型给出的答案进行反复提问,以检验答案是否自相矛盾。例如,我们请求模型推荐十篇关于机器学习领域的论文,包括论文的标题和作者。然后,我们重新启动一个会话,使模型忘记之前的回答。此时,我们再将这些论文的标题和作者信息提交给模型,询问模型这些论文是否存在,以及论文的大致内容。如果我们发现,模型刚刚推荐给我们的论文,现在却回答说这些论文不存在,那么这种通过交互诘问来检验模型是否会输出自相矛盾结果的方法,就是所谓的交互诘问法。一般来说，无法通过交互诘问的叙述很可能是幻觉性的叙述。

上述三种常见的黑箱幻觉检测方法，非常适合大多数大语言模型用户在对模型输出感到怀疑时采用。读者可以选择单独使用一种方法，或者多种方法并用，相信许多幻觉都可以通过这些方法被有效排除。

## 5.7 减少幻觉的手段

讨论了众多关于幻觉的问题后，接下来我们应当探讨如何减少幻觉。对于大多数的读者而言，这可能并非一个紧迫的问题，除非是模型的开发者，否则我们很难直接对模型进行调整以减少幻觉。然而，即便如此，了解减少幻觉的策略也有助于我们更深入地理解幻觉现象。因此，即便您仅是大语言模型的用户，我们仍然建议投入一些时间来研究这方面的技术。

### 5.7.1 构建干净的数据集

如前所述，数据集中存在的幻觉是导致幻觉现象的原因之一。因此，一个直观的方法是构建一个尽可能纯净的数据集，这将在一定程度上减少幻觉。一个常见的做法是尽可能地将数据表格化。例如，以前面提到的名人生平为例，我们可以为每位名人构建包括出生日期、国籍、出生地、职业等特征的表格，将每个人的生平信息尽可能地标准化。这样做有助于建立一个较为清洁的数据集。

### 5.7.2 提取关键信息

提取关键信息是指，在将数据输入模型之前，我们首先利用某些知识提取模型来提取关键信息，然后可以选择将这些信息提取模型与大语言模型的神经网络合并进行训练，或者将提取出的信息放入提示中，以强调这些信息的重要性，避免模型忽视它们。例如，在处理句子"我昨天在市中心那间最大的苹果商店买了一只最新的手机"时，如果我们拥有一个知识提取模型，就可以从中提取出如下信息：时间——昨天、地点——市中心苹果商店、动作——购买手机。接着，我们可以通过神经网络或提示的方法，让模型注意到这些信息，这在一定程度上可以减少幻觉的产生。

### 5.7.3 草图与计划

草图（Sketching）与计划（Planning）是两种常用于减少幻觉的方法。其基本假设是，通过降低大语言模型在回答问题时的自由度，并限制其回答方式，可以在一定程度上减少幻觉，同时减少模型产生不规范回答的可能性。为此，我们可以先将用户的输入送入一个小型模型中，该模型将生成一个大纲，然后要求模型基于这个大纲来填充内容。例如，当用户提出问题："我想去纽约进行为期一周的旅行，你可以为我建议一个行程吗？"，我们可以先将这个问题送入一个大语言模型以生成一个大纲，例如：

（1）介绍纽约的地理位置。

（2）介绍纽约的气候。

（3）介绍纽约的交通。

（4）介绍纽约一定要参观的景点。

（5）介绍纽约必吃的餐厅。

有了这个大纲之后，我们再要求大语言模型基于这个大纲填充具体内容。这样，我们就可以尽可能地避免大语言模型过度自由发挥而生成意想不到的内容。

### 5.7.4　检索增强生成

检索增强生成（RAG）是目前非常流行的一种大语言模型应用方法。该方法适用于拥有庞大数据库且数据库中包含大量资料以辅助大语言模型回答问题的场景。在大语言模型生成回答之前，我们首先在数据库中检索相关文本，然后将这些文本与问题一起作为输入提供给模型。通过这种方式，我们可以在一定程度上将一个零样本学习问题转化为阅读理解问题，这也是减少幻觉的有效方法之一。

### 5.7.5　思维链

思维链（CoT）是一种提示工程技巧，其核心理念在于，对于复杂问题，如果直接要求大语言模型提供答案，模型往往难以准确回答。然而，如果我们能够将复杂问题分解为一系列简单的步骤，并逐步引导模型进行解答，模型的表现通常会有显著提升。这一思想后来衍生出多种变体，如 ReAct Prompting、Chain-of-Verification、Chain-of-Note、Chain-of-Knowledge 等，尽管它们的侧重点各有不同，但都秉承着由浅入深、逐步解决问题的精神。在多项实验中发现，采用这种方法在特定问题上可以显著降低发生幻觉的概率。

结语：大语言模型作为一种极为强大的工具，其能力几乎无人质疑。然而，在将大语言模型应用于解决实际问题的过程中，风险是不可避免的。在众多潜在风险中，幻觉无疑是最为严重且难以避免的一种。正因为这种风险的存在，许多大语言模型用户在利用大语言模型解决实际问题时，难免会感到恐惧。在本章中，我们对幻觉进行了详尽的探讨，从幻觉的定义、评估、检测，到减少幻觉的方法，都进行了深入的讨论。实际上，幻觉本就是大语言模型创造性与多样性的源泉之一。只要我们充分理解幻觉，掌握其特性，并知晓在何种情境下应更加关注这一问题，便无须过分担忧。希望本章内容能够为那些被"幻觉焦虑"困扰的读者提供一些帮助。

## 章节小结

- **实践建议**

1. 尝试使用不同的大语言模型,观察和比较它们产生幻觉的情况。
2. 实践黑箱幻觉检测方法,如采样法、引导法和交互诘问法。
3. 尝试实现一些减少幻觉的策略,如 RAG 或 CoT 方法。
4. 设计实验来评估不同幻觉减少策略的效果。

- **延伸阅读**

1. 深入研究幻觉评估的统计方法,如 ROUGE-N、BLEU 等。
2. 探索更多关于模型透明度和可解释性的研究。
3. 关注最新的幻觉检测和减少技术的研究进展。
4. 研究幻觉问题在特定领域(如医疗、法律)应用中的影响和解决方案。

- **总结**

本章全面介绍了大语言模型中的幻觉问题,从定义到评估,从检测到解决策略,为读者提供了深入理解这一关键问题的框架。通过学习本章内容,读者将能够更好地识别和处理大语言模型输出中的幻觉问题,提高模型应用的可靠性和安全性。本章强调了理解幻觉的重要性,同时也指出幻觉并非完全负面的,它也是模型创造性和多样性的来源之一。掌握本章内容将有助于读者在实际应用中更好地权衡模型的创造性和准确性。

# 第6章
# 大语言模型在金融领域的应用

• **章节概述**

在当前金融理论不断发展和市场复杂性日益增加的背景下,大语言模型的应用正在改变金融分析和投资决策的方式。本章围绕大语言模型在金融领域的前沿应用展开讨论,深入剖析其在财报分析、社交媒体情绪解读、智能选股以及分析师报告解析等方面的应用和局限性。

本章通过实例研究,展示了两种先进的大语言模型——Claude 3.7 Sonnet 和 DeepSeek R1 在金融数据分析中的实际表现,并探讨了它们如何优化投资决策。此外,本章还探讨了大语言模型如何帮助投资者理解社交媒体的"群智"效应,并提出基于大语言模型的选股策略,为未来的智能化投资提供参考。

• **学习重点**

1. 了解大语言模型如何优化金融投资决策。
2. 应用大语言模型进行财报分析与投资决策。
3. 理解社交媒体情绪分析。
4. 掌握大语言模型在选股策略及解读分析师报告中的应用。

• **素养目标**

通过理论、技术、伦理的多维训练,培养兼具数据洞察力、工具驾驭力与风险审慎意识的复合型金融分析能力。

● **本章思维导图**

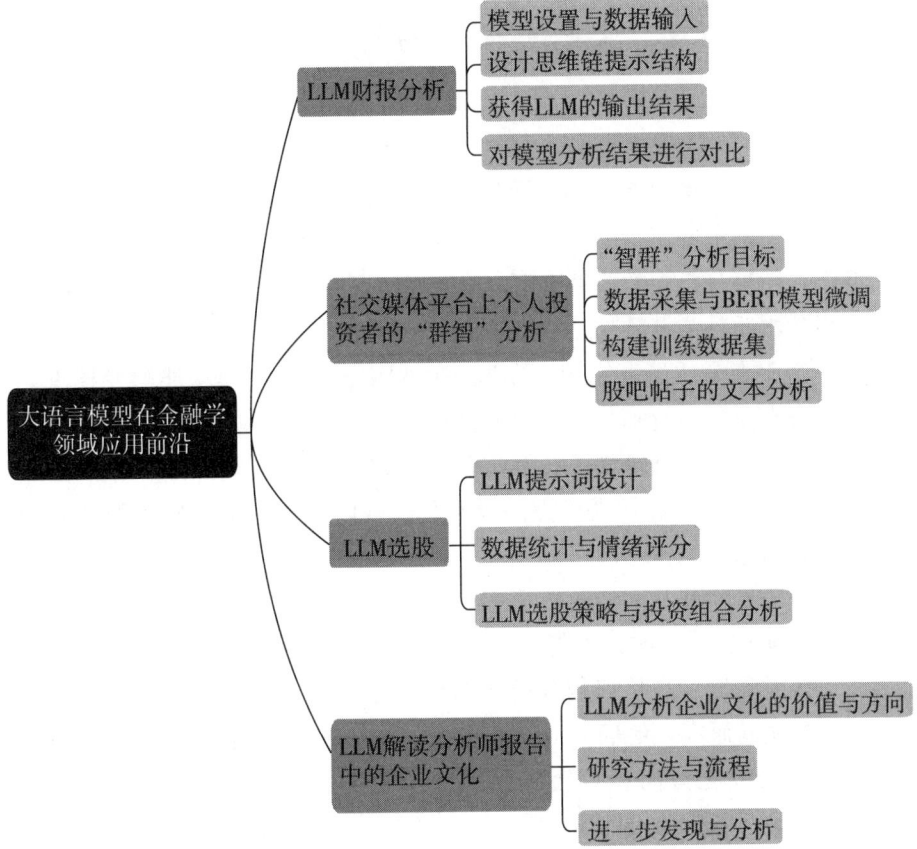

# 6.1 大语言模型财务报告分析

财务报告（简称"财报"）分析是投资决策的重要基础，传统上依赖分析师人工研读财务数据、计算各类财务比率，并结合行业知识进行判断。利用大语言模型进行财报分析，不仅大幅提升了分析效率，还增强了分析的深度与准确性。本节将系统探讨大语言模型在财报分析中的前沿应用，以期为读者提供创新的财务分析视角与工具。

财报分析的本质是信息处理与推理，其核心目标在于从财务数据中提取有价值的信息，以预测企业未来的经营表现。在这一过程中，大语言模型能够发挥重要作用。传统金融分析通常需要分析师投入大量时间阅读公司报告、财务数据及市场新闻。据CFA协会统计，投资分析师每周平均需处理超过1000页的文本材料。相较之下，大语言模型凭借强大的自然语言处理能力，能够在数秒内完成对大量财报及公告的分析，并自动提取关键信息。

相关研究进一步验证了大语言模型在财务分析中的应用价值。Cao等（2023）发现，GPT-4在处理金融文本时，可将分析师75%的例行性信息提取工作自动化，使分析师能够将更多时间投入高价值的分析与判断。此外，Kim等（2024）开展了一项具有广泛影响力的实验研究。他们向GPT-4提供匿名化的标准财务报表，并要求其预测企业下一期盈利的变化方向。实验结果表明，GPT-4在盈利预测方面的准确率达到60%，不仅显著高于随机预测的50%基准，也优于人类分析师的中位数表现（53%~57%）。这些研究表明，大语言模型在财务分析中不仅能够辅助人类分析师，在某些情况下甚至能超越专业人士的判断。

此外，Bernard等（2023）研究了大语言模型在财务分析中的质量表现。他们邀请专业分析师对大语言模型生成的财务分析报告进行评估，并将其与人类撰写的报告进行对比。研究结果显示，在逻辑连贯性方面，大语言模型略逊于人类分析师；在事实准确性方面，二者表现相当；在分析全面性方面，大语言模型甚至超越了人类分析师，能够更好地识别多个财务指标之间的相互关系，并提供整体性分析。人类分析师在前瞻性判断及战略层面的分析方面仍具有优势。

为了更直观地展示大语言模型在财务分析中的应用，本节将以科技公司亚马逊（Amazon）2024年第四季度（Q4）的财务业绩为例，利用通用大模型Claude 3.7 Sonnet进行分析，并使用DeepSeek R1进行校验，以进一步理解大语言模型在财报分析中的潜力与局限性。

## 6.1.1 模型设置与数据输入

在本实例研究中，我们采用以下方法及数据。

- 数据来源：亚马逊公司2024年第四季度公开的财务报告。

·数据处理：提取关键财务指标，包括收入、营业利润、净利润、现金流等。我们使用大模型自带的数据处理程序①。

·提示设计词：使用思维链技术，要求模型分析收入趋势、盈利能力、成本管理、现金流状况与未来展望。

·评估方法：比较 LLM 分析结果与实际财务数据的一致性，并分析深度与洞察力。同时，为了对比研究效果，我们也使用 DeepSeek R1 模型进行校验。

具体实施的步骤如下。

## 6.1.2　设计思维链提示词结构

这是具体实施的第一步，我们需要设计一个结构化的提示词，引导 LLM 按照专业分析师的思路进行财务分析。提示词如下。

请你作为一名经验丰富的财务分析师，对亚马逊 2024 年第四季度财报进行深入分析。请按照以下步骤逐步思考。

（1）收入分析：本季度总收入数据及同比增长、主要业务部门收入表现（北美零售、国际、AWS 等）、收入变化的主要驱动因素。

（2）盈利能力分析：营业利润率、净利润率变化，与上一季度及去年同期对比，影响盈利能力变化的主要因素。

（3）现金流分析：经营现金流及自由现金流情况、资本支出分析、现金流改善或恶化的关键因素。

（4）费用控制分析：主要成本项目变化（销售成本、研发、营销等）、费用控制措施的有效性、费用比率的趋势。

（5）前景展望：公司对下一季度的收入和利润预期、管理层提到的主要风险因素、战略重点及长期发展方向。

请在每个步骤中提供具体数据支持，尤其注意数据的单位换算，并解释这些数据反映的业务趋势。

## 6.1.3　获得 LLM 的输出结果

这是具体实施的第二步，下面是 Claude 3.7 Sonnet 的输出结果。

亚马逊 2024 年第四季度财报深度分析

（1）收入分析。

本季度总收入及增长：2024 年 Q4 总净销售额达到 1877.9 亿美元，同比增长 10%（2023 年 Q4 为 1699.6 亿美元）。剔除汇率影响后，实际增长率为 11%。全年总收入达

---

① Claude 公司并没有公开其处理 PDF 文件的细节过程。一般而言，PDF 处理通常需要专门的库和工具，如 PDF.js、PyPDF2、PDFMiner 等，这些工具可以执行文本提取、元数据分析、结构识别等操作。

到 6379.6 亿美元，同比增长 11%（2023 年为 5747.9 亿美元）。

主要业务部门表现：北美地区，销售额为 1155.9 亿美元，增长 10%。国际业务，销售额为 434.2 亿美元，增长 8%（剔除汇率影响后为 9%）。AWS（云服务），销售额为 287.9 亿美元，增长 19%。

收入驱动因素：AWS 继续保持强劲增长，成为关键增长引擎，全年收入达 1075.6 亿美元，增长 19%。电商业务维持稳健增长，其中第三方卖家服务收入达 474.9 亿美元，增长 9%。广告服务表现亮眼，收入 172.9 亿美元，同比增长 18%。Prime 会员服务（订阅业务）收入 115.1 亿美元，增长 10%。

（2）盈利能力分析。

利润率变化：营业利润为 212.0 亿美元，同比大幅上升 61%（2023 年 Q4 为 132.1 亿美元）

营业利润率提升至 11.3%（2023 年 Q4 为 7.8%）。净利润为 200.0 亿美元，同比增长 88%（2023 年 Q4 为 106.2 亿美元）。每股收益为 1.86 美元，同比增长 85%（2023 年 Q4 为 1.00 美元）。

分部盈利能力：北美业务中，营业利润为 92.6 亿美元，同比增长 43%。国际业务中，营业利润为 13.2 亿美元（2023 年 Q4 为亏损 4.2 亿美元）。AWS 方面，营业利润为 106.3 亿美元，同比增长 48%，营业利润率高达 36.9%。

盈利能力改善因素：规模效应带来的成本分摊优势；费用控制措施的有效实施，特别是技术和基础设施成本的优化；AWS 业务利润率保持高位，拉动整体利润增长；国际业务扭亏为盈，显示海外市场效率提升。

（3）现金流分析。

经营现金流：过去 12 个月经营现金流达 1158.8 亿美元，同比增长 36%（2023 年同期为 849.5 亿美元）。Q4 单季度经营现金流为 456.4 亿美元，环比改善。

自由现金流：过去 12 个月自由现金流为 382.2 亿美元，较 2023 年同期的 368.1 亿美元有所增长。扣除融资租赁和其他融资负债的自由现金流为 355.1 亿美元。

资本支出：购置设备和房产的资本支出大幅增加，达到 278.3 亿美元（2023 年 Q4 为 145.9 亿美元）。全年资本支出达 830.0 亿美元，反映了公司在物流和云计算基础设施的持续投资。

现金流改善因素：盈利能力提升推动经营现金流增长；存货管理优化（存货增长率仅为 2.7%，低于收入增长率）；供应商付款及应收账款管理的改善。

（4）费用控制分析。

主要成本项目：销售成本为 988.9 亿美元，占收入比率降至 52.7%（2023 年 Q4 为 54.5%）。履行成本为 279.6 亿美元，同比增长 7.2%，低于收入增长率。技术和基础设施成本为 235.7 亿美元，同比增长 6.9%，增速放缓。销售和营销费用为 131.2 亿美元，同比增长 1.7%，显著低于收入增长率。

费用控制效果：股权激励费用大幅下降 21% 至 50.0 亿美元，反映人力成本优化；

全公司员工人数仅增长 2%，达到 156 万人，持续优化人员效率；技术和基础设施成本与收入比率持续改善，表明规模效应带来的效率提升。

费用比率趋势：总运营费用率下降至 88.7%（2023 年 Q4 为 92.2%），反映运营效率提升。AWS 利润率继续保持高位，全年平均为 37.0%，较 2023 年的 27.1% 有显著提升。国际业务费用率显著改善，扭亏为盈是一个重要里程碑。

（5）前景展望。

2025 年第一季度预期：预计净销售额在 1510 亿美元至 1555 亿美元之间，同比增长 5%~9%。预计营业利润在 140 亿美元至 180 亿美元之间，与 2024 年 Q1 的 153 亿美元相比可能略有波动。预警汇率波动将产生约 21 亿美元（150 个基点）的不利影响。

风险因素：全球经济和地缘政治环境的不确定性；通货膨胀、利率变化和区域劳动力市场限制；可能的消费需求波动，尤其是受到经济衰退担忧的影响；云计算竞争加剧和企业 IT 支出波动的风险。

战略重点：持续加强 AWS 业务，特别是在 AI 领域的创新，如推出 Trainium2 AI 芯片、Amazon Nova 基础模型；强化 Prime 会员价值，提升配送速度和效率（2024 年配送速度创历史最高）；扩展广告业务和第三方卖家服务，作为高利润率业务线；通过 Amazon Haul 等新计划推动价格竞争力（被 Profitero 评为美国最低价零售商）；推进媒体内容投资，如 Prime Video 的喜剧新片 Red One 在首映四天吸引 5000 万名观众。

总体而言，亚马逊 2024 年第四季度展现了全面的业绩改善，特别是在盈利能力方面取得显著进展，AWS 业务继续成为利润增长的主要动力，而电商业务的运营效率也有所提升。尽管面临一些宏观经济挑战，公司仍保持强劲增长，并在 AI 等关键领域继续投资以维持长期竞争力。

下面是 DeepSeek R1 模型的输出。

亚马逊 2024 年第四季度财报深度分析

（1）收入分析。

本季度总收入：2024 年 Q4 净销售额为 1878 亿美元，同比增长 10%（2023 年 Q4 为 1700 亿美元）。排除汇率负面影响后，同比增长 11%。

核心驱动：AWS（+19%）、北美零售（+10%）及国际业务（+8% ex-FX）的稳定增长。

主要业务部门表现：北美零售方面，销售额为 1156 亿美元（+10%），占比 62%，仍是收入支柱。国际业务方面，销售额为 434 亿美元（+8% ex-FX），但基数较低，运营利润扭亏为盈（从亏损 4 亿美元转为盈利 13 亿美元）。AWS 方面，销售额为 288 亿美元（+19%），增速远超其他部门，贡献营业利润 106 亿美元，是盈利能力的关键引擎。

收入增长驱动：AWS 技术创新，Trainium2 芯片、Amazon Nova 模型等推动客户采用率提升。Prime 会员服务优化，当日达订单量增长 65%，创造"黑五"及"网一"销售纪录。

广告业务增长：广告收入同比增长 18%（174 亿美元），受益于 AI 驱动的精准投放。

(2) 盈利能力分析。

利润率提升：营业利润率 Q4 为 11.3%（21.2/187.8），显著高于去年同期的 7.8%（13.2/170）。净利润率 Q4 为 10.6%（20.0/187.8），去年同期为 6.2%（10.6/170）。

对比分析：环比 2024 年 Q3，营业利润从 174 亿增至 212 亿美元（+22%），主要因 AWS 季节性需求及成本优化。同比 2023 年 Q4，AWS 营业利润增长 48%（72 亿美元→106 亿美元），国际业务扭亏为盈，共同拉动整体利润。

驱动因素：一是 AWS 高毛利，AWS 营业利润率为 36.9%，贡献超 50% 总利润。二是规模效应，履约费用增速（+7%）低于收入增速（+10%），单位成本下降。三是汇率正向影响，F/X（外汇）对营业利润的负面影响减少（Q4 影响仅 1.4 亿美元）。

(3) 现金流分析。

经营现金流：TTM（滚动 12 个月）经营现金流为 1159 亿美元（+36%），反映核心业务造血能力强劲。

自由现金流：TTM 自由现金流为 382 亿美元（+4%），但资本支出大幅增加（TTM 资本支出 776 亿美元，+61%）。

关键因素：一是 AWS 投资，Trainium2 芯片集群（Project Rainier）等基础设施投入拉高资本支出。二是运营效率变化，应收账款周转加快（Q4 应收款增 3.2%，低于收入增速），库存管理优化（库存仅增 3%）。

(4) 费用控制分析。

主要费用项目：销售成本为 988.9 亿美元（+6.8%），增速低于收入增速（10%），毛利率提升至 47.3%。技术与基础设施费用为 235.7 亿美元（+7%），AWS 研发投入持续但效率提升。股权激励费用为 49.9 亿美元（-21%），反映薪酬结构优化。

费用比率趋势：销售费用率为 7.0%（2023 年 Q4 为 7.6%），广告投放效率提高。管理费用率为 1.5%（2023 年 Q4 为 1.8%），数字化流程降低行政成本。

(5) 前景展望。

下一季度指引：收入预计在 1510 亿～1555 亿美元（+5%～9%），汇率负面影响约 21 亿美元。营业利润预计在 140 亿～180 亿美元（同比 -8%～+18%），因季节性资本支出及 AI 投资前置。

风险因素：汇率波动方面，2025 年 Q1 汇率预计拖累收入 150bps。宏观经济方面，通胀、地缘政治及衰退担忧可能抑制消费需求。

战略重点：AWS 主导创新，包括持续投入 AI 芯片、大模型（Nova）及混合云解决方案。全球物流网络，包括扩大当日达覆盖网络、降低履约成本。可持续发展，包括可再生能源采购（全球 600+ 项目）、提升 ESG 评级。

结论：亚马逊 2024 年 Q4 表现强劲，收入增长稳健，盈利能力显著提升，AWS 成为利润核心。尽管资本支出高企，但经营现金流健康支撑长期投资。未来需关注 AWS 技术创新能否持续领跑，以及宏观经济压力对零售业务的潜在冲击。管理层对成本控制的重视和 AI 战略的深化，为长期增长奠定基础。

## 6.1.4 对模型分析结果进行对比

这是具体实施的第三步。下面是 Claude 与 DeepSeek 对亚马逊 Q4 财报分析的比较评估。通过这个比较，我们可以看出不同模型对同一问题的处理，往往是各有优劣，这提醒我们在真正的财务分析中，数据解析、模型、提示词工程等都非常重要，会直接影响分析质量。

两个模型的相同点如下。

（1）核心数据准确性：Claude 和 DeepSeek 都准确提取了关键财务数据，包括 Q4 净销售额为 1878 亿美元，同比增长 10%；三大业务部门的收入和增长率（北美 +10%，国际 +8%，AWS +19%）；营业利润为 212 亿美元。

（2）分析框架：两份分析都采用了类似的结构，包括收入分析、盈利能力分析、现金流分析、费用控制分析和前景展望。

（3）主要亮点识别：Claude 和 DeepSeek 都强调的关键点包括，AWS 为利润增长的主要引擎；国际业务扭亏为盈的重要性；费用增长率低于收入增长率，显示运营效率提升；2025 年 Q1 的收入预期（1510 亿～1555 亿美元）和营业利润预期（140 亿～180 亿美元）。

两个模型的差异部分如表 6.1 所示。

表 6.1　Claude 与 DeepSeek 财报分析差异

| 项目 | Claude | DeepSeek |
| --- | --- | --- |
| 数据详尽度 | 对 AWS 营业利润和北美业务营业利润进行了计算和比较；<br>提供了更精确的资本支出增长数据（购置设备和房产的资本支出达到 278.3 亿美元，2023 年 Q4 为 145.9 亿美元），员工数据（全公司员工人数仅增长 2%，达到 156 万人），和更多细分业务的收入数据（第三方卖家服务收入达 474.9 亿美元，广告服务收入为 172.9 亿美元） | 提供了更直观的营业利润率计算（Q4 为 11.3%（21.2/187.8），显著高于去年同期的 7.8%（13.2/170）），并且加入了计算过程，使得读者更易理解；<br>提供了季节性变化的视角（环比 2024 年 Q3，营业利润从 174 亿增至 212 亿美元（+22%）） |
| 分析深度和细节 | 在费用控制部分提供了更全面的分类数据（销售成本为 988.9 亿美元，履行成本为 279.6 亿美元等） | 提供了更详细的毛利率计算和同比分析；更清晰地指出 AWS 贡献了超过 50% 的总利润 |
| 前景和战略分析 | 更强调了 Amazon Haul 等新服务和 Prime Video 内容投资 | 更侧重 ESG 议题（可再生能源采购）和当日达物流网络扩展的战略意义 |

(续表)

| 项目 | Claude | DeepSeek |
|---|---|---|
| 数据处理方法 | 更侧重于直接引用原始财报数据（销售成本为988.9亿美元） | 更注重计算比率和变化 |
| 数据来源侧重点 | 对财报第1~2页的核心财务数据关注较多 | 更多关注了财报第8~12页的细分数据和管理层讨论部分 |
| 分析框架 | 更系统全面，但有些点可能缺乏深度 | 在某些领域（如AWS对总利润的贡献）挖掘更深入 |

综合上面的具体分析，我们容易看到，Claude 和 DeepSeek 的分析各有优势：Claude 在数据完整性和结构清晰度上表现较好，而 DeepSeek 在比率计算、趋势分析和战略重点分析方面更有优势。理想的财报分析应结合两者优点——既有全面的数据基础，又有深度的趋势分析和战略洞察。这种差异更深层的来源是大模型的训练方法差异。DeepSeek R1 模型侧重在后训练阶段通过强化学习方法提升推理能力，从而提供了更多的计算和数学能力。

## 6.2 社交媒体平台上个人投资者的"群智"分析

### 6.2.1 "群智"分析目标

在当今金融市场，社交媒体已成为投资者获取信息的重要渠道，尤其对于散户投资者而言，其影响力愈发显著。然而，社交媒体的匿名性究竟会如何塑造市场动态？它是否会导致信息泛滥、助长市场操纵，抑或能促进信息流通、提升市场效率？本节将围绕这一核心问题展开讨论，并借助 LLM 对中国股票市场的实证研究，为读者揭示社交媒体对个人投资者"群智"决策的深远影响。

现代金融理论的核心假设之一是，信息在股票市场的资产定价中扮演着至关重要的角色。然而，在传统的市场实践中，散户投资者往往受限于有限的专业知识和时间，难以全面收集、整理和分析信息。而社交媒体的兴起，深刻改变了个人投资者所能获取的公开信息的数量和质量。

传播理论指出，投资者在互联网股票论坛上发布和阅读信息的动机多种多样，主要可归纳为以下几个方面。

首先，一些投资者试图通过分享自己的观点、分析和私人信息来影响他人的交易决策，进而对股票价格产生影响。他们可能基于自身的市场认知和研究结果，希望借助社交媒体塑造市场预期，甚至推动市场情绪。

其次，部分投资者利用社交媒体来验证私人信号。拥有独特信息的投资者未必能够完全确认其信息的真实性或市场价值。通过在社交媒体上发布自己的观点，他们可以观察其他投资者的反应，借此判断是否有人持有类似的看法，从而帮助自己做出更为理性的交易决策。

此外，社交媒体平台还可能成为举报负面信息的重要渠道。一些投资者会主动披露不良公司行为，希望借此纠正可能损害自身或市场公平性的行为。这类信息的传播，在一定程度上增强了市场透明度，也促使投资者对潜在风险保持警惕。

最后，社交媒体的互动属性也激发了投资者的心理需求，使他们更积极地参与投资讨论。这些心理因素包括对社群归属感的渴望、对个人观点获得认可的期待、助人为乐的满足感、互惠心理、对分享投资见解的自信，以及因获得积极反馈而增强的自信心。这些因素共同推动了投资者在社交媒体上的活跃度，使其不仅成为信息交流的平台，也逐渐演变为投资者行为和市场情绪的风向标。

总体而言，社交媒体的匿名性既带来了信息的广泛传播，也伴随着市场行为的复杂化。理解这一现象对于洞察现代金融市场的运作机制至关重要，而本章的研究正是对这一议题的深入探索。

### 6.2.2 数据采集与 BERT 模型微调

本节研究的数据来源于中国首个，也是最受欢迎的股票论坛——东方财富股吧。在该平台上，每家上市公司均设有专属讨论区，投资者可以在其中交流观点、分享信息。股吧的界面与美国的 Stocktwits 相似，但不同之处在于股吧对帖子长度没有限制。

为了获取研究数据，我们开发了一款网络爬虫程序，并在 2022 年 11 月下载了东方财富股吧 2010 年至 2019 年的所有帖子及评论。最终，我们收集到约 1.2336 亿条帖子和 3.5332 亿条评论，为研究社交媒体在股票市场中的作用提供了海量文本数据。

在对数据进行深入分析之前，我们微调了两个由 Google 开发的中文版 BERT 模型（可在 Hugging Face 下载）。

第一个 BERT 模型用于情绪分类，即判断帖子是正面、负面还是中性，并分配相应的二进制值（0 或 1）。

第二个 BERT 模型用于主题分类，即判断帖子是否与公司基本面相关，同样以二进制值（0 或 1）表示。

在正式训练模型之前，我们对原始文本数据进行了预处理，包括以下步骤：

删除标点符号、特殊符号、度量单位及数学运算符（如，．；？ ~！@#￥%等）。

删除所有数字和字母，仅保留包含 10 个以上汉字的帖子，以确保分析文本的完整性和可读性。

经过清洗和筛选，我们最终获得约 7754 万条符合标准的帖子。

### 6.2.3 构建训练数据集

为了创建训练数据集，我们按照0.1%的概率进行随机采样，在每1000条帖子中随机挑选1条，最终获得77536条帖子。然后，我们团队的一名成员对这些帖子进行人工标注，分别按情绪（正面、中性、负面）和主题（是否与公司基本面相关）进行分类。

在这77536条帖子中：45.2%为正面情绪，20.0%为负面情绪，其余为中性；30.8%的帖子涉及公司基本面，69.2%为非基本面相关内容。

由于负面帖子的数量相对较少，为了增强模型的学习能力，我们进行了数据平衡处理：

保留所有已标注的负面帖子（15526条）；

随机抽取1.1倍于负面帖子的正面帖子；

随机抽取1.2倍于负面帖子的中性帖子。

最终，我们构建了一个包含51611条帖子的训练数据集，其中30.08%为负面情绪，33.07%为正面情绪，36.85%为中性情绪；33.84%讨论公司基本面，66.16%为非基本面相关内容。

我们将90%的标注数据（46448条）用于BERT模型微调，剩余10%（5163条）用于模型评估。微调后的情绪分类模型准确率达84.11%，主题分类模型准确率达88.75%。

表6.2展示了模型对不同语气和主题的帖子分类示例。

表 6.2 股吧帖子情绪与主题分类示例

| 股票代码 | 公司名字 | 发帖时间 | 情绪 | 主题 | 发帖原文 |
| --- | --- | --- | --- | --- | --- |
| 6003×× | A公司 | 2010/10/19 | 中性 | 基本面 | 为什么A公司的管理费占据营业额的10%？有高人帮忙解答吗？ |
| 6003×× | B公司 | 2017/12/7 | 正面 | 基本面 | B公司14kW地源热泵机组在河北省沧州市东光县住宅工程中调试运行，B公司地源热泵机组，依靠其高配置、高稳定性得到了业主和安装公司的好评 |
| 6006×× | C公司 | 2019/8/30 | 负面 | 基本面 | 中报营业收入和净利润大幅下降，但相关费用的下降比例都不如营业收入的下降比例，特别是管理费用，只是微微降1个多点，这里管理层需要严重检讨，经营下降这么厉害，管理费还有什么脸面这么高？ |

(续表)

| 股票代码 | 公司名字 | 发帖时间 | 情绪 | 主题 | 发帖原文 |
|---|---|---|---|---|---|
| 6001×× | D公司 | 2017/9/14 | 中性 | 非基本面 | 均线变动的角度反映了股价变动的速度，成交量作用的力度决定了股价升跌的幅度 |
| 6000×× | E公司 | 2015/12/15 | 负面 | 非基本面 | 买了这衰股真是后悔死了，真不知道是什么衰公司 |

### 6.2.4 股吧帖子的文本分析

为了衡量股吧上交流信息的数量和质量，我们采用了多项指标，包括：

**年度发帖量**，衡量某公司在股吧上的信息流通程度。

**每帖评论数**，衡量投资者之间的互动程度。

**每帖字数**，较长的帖子通常包含更深入的分析和更丰富的信息。

**数字比例**，数字比文字更具信息性，能增强文本的客观性、精确性和可验证性。

**负面情绪占比**，散户投资者对负面信息尤为敏感，负面信息的传播速度和影响力通常大于正面信息。

**基本面信息占比**，衡量股吧上对企业盈利、运营、竞争、治理等基本面问题的关注程度。

实名制政策对股吧信息环境的影响如表6.3所示。

表6.3 实名制政策对股吧信息环境的影响

| 变量名 | 均值 | 25%分位数 | 中值 | 75%分位数 | 标准差 |
|---|---|---|---|---|---|
| 年度发帖量 | 5.315 | 1 | 1 | 3 | 28.19 |
| 每帖评论数 | 3.286 | 0.000 | 1.000 | 3.571 | 6.054 |
| 每帖字数 | 132.97 | 17.5 | 28.0 | 71.0 | 398.227 |
| 数字比例 | 3.059% | 0.00% | 1.429% | 4.225% | 4.549% |
| 负面情绪占比 | 18.556% | 0.00% | 0.00% | 25.00% | 33.149% |
| 基本面信息占比 | 39.682% | 0.00% | 25.00% | 100.00% | 42.710% |

自互联网诞生以来，关于网络匿名性的争论从未停止。一方面，匿名性被认为是保护个人隐私、促进言论自由的基石，使投资者能够在不受外界压力干扰的情况下分享观点，甚至揭露企业不当行为。另一方面，匿名环境也可能成为虚假信息和市场操纵的温床，增加投资风险。

2015年2月4日，国家互联网信息办公室发布《互联网用户账号名称管理规定》，并于同年3月1日正式生效。该政策要求社交媒体平台通过手机号码与个人身份证关联进行实名认证，并利用面部识别技术匹配用户身份。未完成实名认证的用户将无法继续使用互联网服务。这项规定的实施，对中国所有互联网平台（包括股票论坛）都产生了深远影响。

实名制后，股吧的发帖特性发生了显著变化。为了评估这一影响，我们对比了 2017 年起新注册用户与政策实施后停止发帖的用户（退出用户）的发帖情况。研究发现：

新用户的发帖数量较少，平均每人每年发 2.6 篇帖子，而退出用户为 4.1 篇；

新用户的帖子长度较短，平均每篇 71 字，而退出用户为 142 字；

新用户收到的评论较少，每帖 1.6 条评论，而退出用户为 3.3 条；

新用户提供的数据信息较少，负面情绪表达和基本面讨论的比例也显著下降。

这些结果表明，在实名政策实施后，股吧的信息环境或许变得不如以往活跃和丰富，匿名性所带来的信息多样性和深度可能在一定程度上受到削弱。

## 6.3 大语言模型选股

本节探讨了如何利用大语言模型进行股票选择，并借鉴了 López-Lira 和 Tang（2023）在研究中提出的方法。

设想这样一种情境：与一家公司相关的新闻突然发布，市场参与者将其视为有关公司基本面信息的信号，并据此调整交易策略。那么，如果投资者依赖大语言模型对新闻的解读进行买卖，其收益表现如何？

为此，我们首先使用网络爬虫技术，根据上市公司的名称或股票代码，收集各家公司相关新闻的完整数据集。该数据涵盖多个新闻来源，并根据发布时间将新闻划分为**隔夜新闻**与**盘中新闻**。

· **隔夜新闻**（占比 81%，共 109206 条）：在交易日上午 9 点之前或下午 4 点之后发布。

· **盘中新闻**（占比 19%）：在交易时间内发布。

这一区分尤为重要，因为在制定交易策略时，不同类型新闻的进场时间会有所不同。

### 6.3.1 大语言模型提示词设计

在数据处理过程中，我们设计了一段高效的提示词，以便 ChatGPT 能够从新闻标题中提取关键信息。提示词如下：

假设你是一位具有股票推荐经验的金融专家。如果这则新闻对公司股价是利好，请在第一行回答"是"；如果是利空，请回答"否"；如果不确定，请回答"不知道"。

然后，在下一行用一句简明扼要的句子解释原因。

为了确保结果的可重复性，我们将 ChatGPT 的 temperature 参数设置为 0，即使其在每次运行时都严格遵循概率最高的词选择，从而消除随机性影响。

举例而言，2025 年 1 月 15 日关于**万科**的一条新闻——"万科总裁祝九胜被公安机关带走"，在 ChatGPT 的解读下，给出的回答如下：

否。高管被调查可能导致市场对公司治理的担忧，影响股价下跌。

### 6.3.2 数据统计与情绪评分

为便于量化分析，我们将 ChatGPT 的回答转化为数值型得分：

- "是" → 1
- "不知道" → 0
- "否" → $-1$

随后，我们统计了以下关键变量：每日股票收益、新闻标题长度、ChatGPT 响应长度、GPT 得分、数据供应商提供的情绪评分。

从统计结果来看，GPT 得分的均值为 0.32，中位数为 0，情绪评分也呈现类似模式。这表明，新闻标题整体上具有一定的**正向倾向**。

### 6.3.3 LLM 选股策略与投资组合分析

为了评估 ChatGPT 预测股票价格走势的能力，我们构建了基于 GPT 评分的**多空交易策略**，并分析其表现。具体而言，我们设立了四种投资组合策略：

（1）**"做多 GPT-4"**——买入 GPT 评分为正的股票。

（2）**"做空 GPT-4"**——卖出 GPT 评分为负的股票。

（3）**"多空 GPT-4"**——买入利好股票，卖出利空股票，自融资操作。

（4）**"大盘 ETF"**——作为基准比较。

为了全面评估 ChatGPT 在预测股票价格走势方面的能力，我们进行了系统性的投资组合分析。这一分析基于 ChatGPT 对新闻标题的情绪评分，构建了一系列多空交易策略（买入得分为正的股票，卖出得分为负的股票），并进一步检验这些策略的市场表现。

在投资组合的构建过程中，我们特别区分了**隔夜新闻**与**盘中新闻**，因为二者的发布时间不同，适用的交易策略亦有所区别。值得注意的是，在我们收集的新闻样本中，超过五分之四（81%）的新闻标题属于隔夜新闻，即在交易日上午 9 点之前或下午 4 点之后发布。因此，在大部分基准分析中，我们主要聚焦于隔夜新闻。

具体而言，针对隔夜新闻，我们制定了以下交易规则：

- **如果新闻在交易日上午 9 点之前发布**，则在当日开盘时建仓，并于当日收盘时平仓。

- 如果新闻在交易日下午 4 点之后发布，则假设在下一个交易日的开盘价建仓，并于当日收盘时平仓。
- 所有交易策略均每日进行再平衡，确保投资组合始终根据最新的新闻信息进行调整。

在此基础上，我们构建了四种不同的交易策略，并在样本期内进行了收益回测（投资 1 美元，未考虑交易成本）。图 6.1 直观展示了这些策略的累计收益情况，具体包括：

（1）**"做多 GPT-4"**——买入 ChatGPT-4 评分为正的股票，并持有至收盘。

（2）**"做空 GPT-4"**——卖出 ChatGPT-4 评分为负的股票，并持有至收盘。

（3）**"多空 GPT-4"**——采用自融资策略，即买入利好新闻对应的股票，同时卖出利空新闻对应的股票。

（4）**"大盘 ETF"**——作为基准比较，持有市场指数 ETF，以衡量 LLM 选股策略的超额收益。

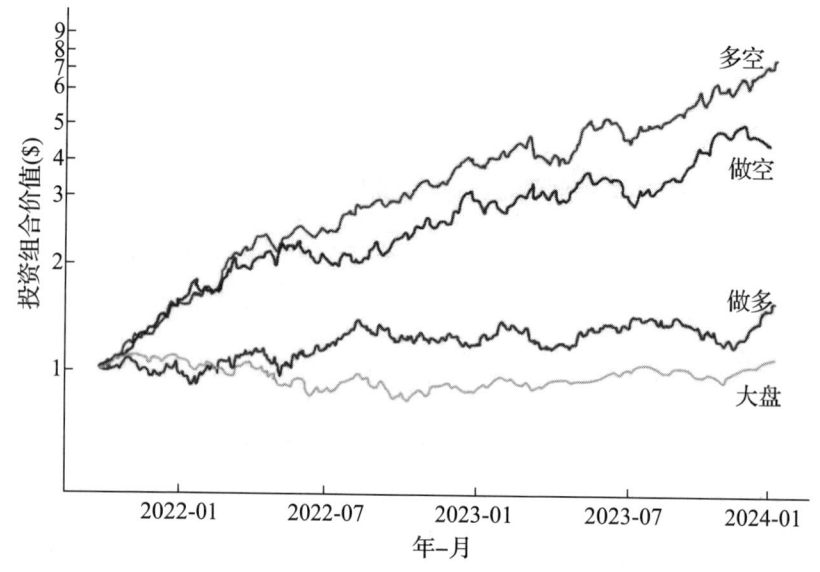

图 6.1　投资 1 美元的累计收益（不计交易成本）

这一分析不仅帮助我们验证了 ChatGPT 预测股价走势的可行性，同时也揭示了 LLM 在金融市场应用中的潜在价值。

（1）交易策略表现。

在构建投资组合时，我们针对不同的新闻发布时间，设定了三种不同的入场时间，并基于此制定相应的交易策略。这三种策略均采用等权重的多空投资组合，即根据 ChatGPT-4 的判断，买入利好消息的公司股票，卖出利空消息的公司股票。

具体而言，三种策略的入场与离场时间安排如下。

**策略一**：在新闻发布后 1 分钟入场，并在 15 分钟后离场。
**策略二**：在新闻发布后 15 分钟入场，并在当日收盘离场。
**策略三**：在新闻发布日当日收盘入场，并在次日收盘离场。

图 6.2 展示了这三种交易策略的累计收益情况。在样本期内，这些策略均取得了显著的收益（未考虑交易成本）。

**策略一（1—15 分钟）**：在短短 15 分钟的交易窗口内，累计收益率达到约 80%。
**策略二（15 分钟—当日收盘）**：收益率表现更为亮眼，累计收益率超过 450%。
**策略三（当日收盘—次日收盘）**：同样获得了超过 350% 的累计收益率。

值得注意的是，如果在新闻发布后 15 分钟入场，并在次日收盘离场，该策略的收益率不仅与图 6.2 所示的隔夜新闻交易策略相当，甚至可能更高。这表明，市场对新闻的短期反应强烈，而在更长时间范围内，情绪和趋势仍然对股价走势产生显著影响。

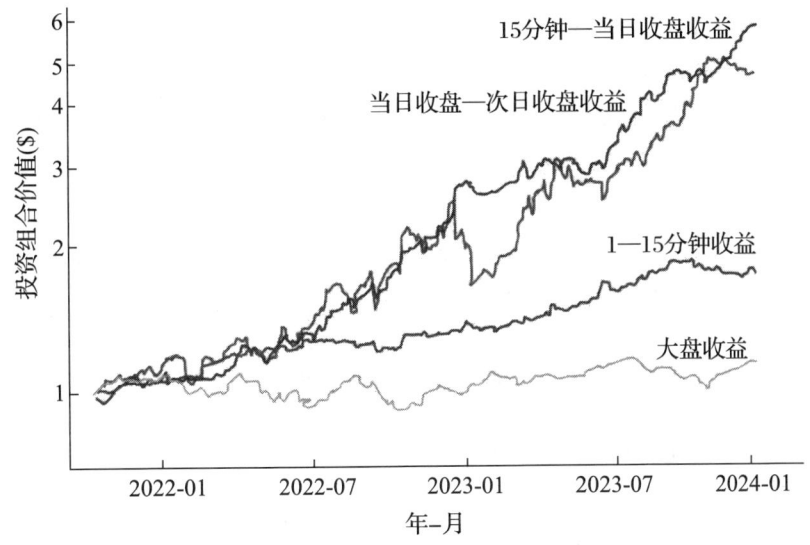

**图 6.2　投资 1 美元在日内新闻多空策略中的累积回报（不计交易成本）**

大语言模型在预测股票市场回报方面展现出显著优势，核心原因在于其卓越的语言理解能力。凭借这一能力，大语言模型能够精准捕捉新闻标题中的细微差别与潜在含义，从而提炼出更具参考价值的市场情绪信号。这种深入的文本解析，使得模型在情绪评分的准确性上优于传统方法，为每日股票回报的预测提供了更为可靠的依据。

值得一提的是，上述分析仅以 ChatGPT 为例，而大语言模型的应用远不止于此。在不同国家和市场环境下，投资者完全可以选择最契合本国语言及市场特点的大语言模型，运用同样的方法来优化交易决策。随着技术的不断进步，大语言模型在金融领域的应用无疑将更加广阔，这将进一步提升投资策略的智能化水平。

## 6.4 大语言模型解读分析师报告中的企业文化

在资本市场中,证券分析师扮演着信息加工、生产与传播的重要角色。他们通过研读财务报表、参与收益电话会议、开展实地调研,以及与公司管理层直接交流,以深入了解所追踪企业的经营状况。这些分析师撰写的研究报告不仅包含详尽的财务数据分析和预测,还蕴含着丰富的定性信息,对企业战略、管理水平及市场地位等方面进行全方位评估。然而,鉴于这些报告数量庞大、内容复杂,传统的人工阅读与分析方法不仅耗时费力,还难以确保分析的一致性。人工智能技术的快速发展,尤其是大语言模型的应用,为这一领域带来了新的可能性。

本节中,我们尝试利用大语言模型分析企业文化这一传统上依赖人工判断的复杂概念,并运用大语言模型提取分析师报告中的因果关系,以辅助建立系统化的企业文化分析模型。本节探讨的核心问题在于:

- 能否利用大语言模型分析企业文化这一传统上依赖人工判断的复杂概念?
- 大语言模型是否能够提取分析师报告中的因果关系,以辅助建立系统化的企业文化分析模型?

解答这些问题不仅有助于检验大语言模型对复杂文本的理解能力,同时也能推动信息提取、分析与建模的自动化进程。

### 6.4.1 大语言模型分析企业文化的价值与方向

企业文化作为一种无形资产,在企业的长期价值创造过程中发挥着重要作用。现代企业管理中存在多种主流文化价值观,而分析师报告往往反映出市场对这些文化特征的认知。通过解析这些报告,投资者可以进一步了解资本市场的投资者是否与企业内部管理层对企业文化持相同看法;企业文化是否会对股票价格产生影响;影响企业文化的关键因素包括哪些事件、人员及制度安排;某种特定文化价值观如何塑造企业的经营成果。此外,企业文化与股价走势之间可能存在某种潜在关联,而人工智能技术的应用将有助于揭示这一关系,并为投资决策提供更加全面的视角。

分析师报告通常以非结构化的自然语言呈现,要将其转化为结构化信息,必须借助信息提取系统。信息提取系统的核心任务之一是关系提取,即从文本中识别实体及其相互关系。例如对于"国泰君安""合并重组""海通证券",在提取过程中,系统可能会生成如下三元组:"国泰君安—合并重组—海通证券",其中"国泰君安"和"海通证券"是实体,"合并重组"则表示二者的关系。

这些提取得出的关系具有广泛的应用价值。它们可以帮助研究者提出新的理论假设,并推动理论发展。同时,它们可以作为精准知识任务的基础,进一步支持金融和经济领域的预测模型。

## 6.4.2 研究方法与流程

下面我们逐步介绍基于生成式人工智能技术，从分析师研究报告中提取企业文化观点的全过程。通过这一过程，我们能够系统化地梳理分析师对企业文化的认知，并将其转化为可视化的知识图谱，为投资者、研究人员以及政策制定者提供更有价值的参考。

**第一步**，我们从通用数据库（比如汤森路透的 Investext 数据库、国泰安 CSMAR 数据库等）下载我们想要分析的分析师报告，并将这些 PDF 格式的报告转换为纯文本。转换过程中报告原有的段落结构会丢失。而且，即便能保留结构，要区分报告里的标题、项目符号和连贯的段落也并不容易。为了解决这些问题，我们采用了常用文本分割技术——C99 算法。该算法可以将单个句子合并成更大、更具意义的文本段，使之更贴近原文中连贯的思想或观点。因此，在本研究中，我们以这些分割后的文本段作为分析单位，而非单个句子。具体而言，我们使用 GROBID（https://github.com/kermitt2/grobid，访问日期：2025-03-01）这款开源学习库从 PDF 文档中提取结构化信息，并将这些信息转换为 XML 文档。然后，我们剔除 XML 文档中被识别为表格、附录、注释和作者信息的部分，将主要内容转换为纯文本格式。我们进一步利用 GROBID 内置的 OpenNLP 句子分割模块，将文本切分成句子。

**第二步**，我们利用机器学习模型过滤报告中的**套话内容**。我们选了排名前 20 的经纪商报告中的文本段作为训练数据，将重复频率最高的文本段作为正例，重复频率最低的作为负例。我们微调了一个 BERT 模型来自动识别套话文本段，训练后的模型准确率很高。

**第三步**，我们结合了生成式人工智能、思维链提示技术，从分析师报告中执行**关系抽取**。思维链提示是一种推理方法，可以帮助生成式人工智能执行复杂的任务。它通过引导模型进行逐步推理或解决问题，模拟人类循序渐进的思考过程。应用思维链提示时，我们将复杂的检索增强任务分解成一系列更小、更易于管理的步骤。这种简化不仅提升了模型的性能，还增强了模型解决问题过程的可解释性，使我们能够仔细检查模型推理的每个阶段，深入了解模型得出结论的思维路径。

思维链的提示词如下：

作为一名专注于企业文化的卖方股票分析师和因果推理专家，您的任务是分析一份关于某公司的卖方股票分析报告中有关企业文化的部分。您的目标是提取和解读有关该公司企业文化的信息，即使这些信息并未明确表述。最终目标是以 JSON 格式提取因果关系。请逐步思考。

1. 确定讨论的企业文化价值，并用一个以形容词开头的短语进行总结。如果文化价值没有明确提到，请根据上下文进行推断。避免使用强/弱/积极/消极等通用形容词。如果不确定，请在 JSON 值中标记为 "I need more context"。

2. 推断分析师讨论企业文化的主要原因。列出讨论企业文化的主要原因，或标记为"N/A"如果不适用。

3. 如果明确提到或可以推断，则总结任何塑造、改变或将改变该企业文化价值的事件或因素。列出该企业文化价值的最重要原因，或标记为"N/A"如果不适用。

4. 如果明确提到或可以推断，总结该企业文化价值对公司的过去、现在或未来的结果或影响。列出该企业文化价值的最重要结果，或标记为"N/A"如果不适用。

5. 确定分析师对企业文化价值讨论的语气，选项："积极""消极""中立"。

6. 最后，根据您之前步骤的回答，呈现您从该部分提取的因果图三元组列表（与企业文化价值相关），或标记为"N/A"如果不适用。

如果需要更多报告中的上下文来进行分析，请在 JSON 值中输出"I need more context"。

**第四步，我们使用两组关键词进行全面的文本搜索**。第一组关键词直接与企业文化相关，识别出包含"culture（s）"（文化）或"cultural"（文化的）的文本段。第二组关键词的搜索范围更广，它们可能提及了企业文化，但其含义可能存在歧义。"culture（s）"一词，以及较少情况下出现的"cultural"一词，也可能指代社会学层面的含义。为了解决"culture"一词的歧义性，我们采用生成式人工智能来进行词义消歧（WSD）。我们的方法是将"culture（s）"或"cultural"与字典上的不同定义进行匹配。以下示例展示了我们如何应用词义消歧：

（1）"UNH 的组织架构、人才模型和深厚的人才储备构成了其强大的竞争优势。对卓越的追求、谦逊的态度、不断进取的精神和必胜的渴望，这种文化使得 UNH 始终处于行业领先地位。我们相信，这将使得大型市值管理式医疗组织领域中的快速追随者以及亚马逊和苹果等新进入的科技巨头难以赶超。"→**组织文化**。

（2）"相比于价格，文化障碍更为突出。毫无疑问，网络会议比需要商务旅行的面对面会议便宜得多（尽管它并不总是能取代面对面会议）。据我们所知，没有人会质疑网络会议的价值主张。"→**社会文化**。

我们排除了那些将"culture"归类为社会文化语境的文本片段，相对应的大语言模型提示词如下：

对输入片段中的"culture（s）"或"cultural"进行词义消歧。这些片段来自卖方股票分析师关于公司的研究报告。请将每个输入片段分到以下两个类别之一："组织文化""社会文化"。类别的定义如下。

· 组织文化：指企业或其他组织（尤其是大型公司）的价值观、典型实践和目标，例如，"他们的企业'文化'不鼓励规避风险。""我们认识到一种削减成本的'文化'。"

· 社会文化：指某个特定人群（如社会、族裔、职业或年龄群体）所特有的行为和信仰，通常与特定群体相关，例如，青年"文化"、毒品"文化"。

这段话指出了一个容易被忽略的问题：有些文本片段虽然没有直接使用"企业文化"相关的词汇，但实际上却在探讨企业文化的相关内容。

以下是一个例子：

"盒马的管理层经常提到一个词——'授权'。这个词在零售行业中往往与最优质的服务和企业的成功息息相关。从鼎盛时期的沃尔玛，到家得宝、好市多，员工授权一直是这些零售巨头成功的关键因素。"

尽管这段话里没有出现"文化"或者"企业文化"这样的字眼，但任何一个读者都能看出，它实际上是在讨论企业文化的一个重要方面：**员工授权**。

**第五步**，我们对 BERT 模型进行了微调，使其能够识别出那些虽然没有特定关键词，但实际上与企业文化相关的文本片段。为了训练这个模型，我们构建了一个训练集：将在第一步中识别出来的、包含相关关键词的文本片段作为正例，并将其标注为"文化相关" = 1；同时，我们也随机选取了一些不包含这些关键词的文本片段作为负例，并将其标注为"文化无关" = 0。然后，我们用这个训练集对 BERT 模型进行微调，并将微调后的模型应用到所有剩余的文本片段上。我们根据模型对每个片段的预测概率进行百分位排序，并重点关注预测概率排在前 5% 的文本片段，因为这些片段与企业文化相关的可能性最高。相关提示词如下：

评估以下输入片段是否与企业或组织文化相关。这些片段来自卖方股票分析师关于公司的研究报告。如果某个片段讨论的主题符合以下任何一个关于企业或组织文化的定义，则认为其与企业或组织文化相关：

- "指导所有公司员工行为的原则和价值观。"
- "一个群体共同的信念、假设、价值观或偏好，这些因素推动该群体的行为。"
- "在整个组织内广泛共享且强烈认同的一组规范和价值观。"
- "一种非正式制度，其特征是行为模式，并由事件、人物和系统所强化。"

**第六步**，从分析师报告中提取文化价值后，我们进行规范化处理。我们定义了以下九种文化价值观，见表 6.4。

表 6.4　企业文化价值观分类及示例

| 文化价值观类别 | 描述 | 关键词示例 |
| --- | --- | --- |
| 适应性 | 强调文化变革、适应、转型或对变革的抵制的文化 | 文化变革、文化转型、文化重塑、封闭文化 |
| 客户导向 | 优先考虑销售或客户关系的文化 | 销售文化、以客户为中心、品牌导向 |
| 创新 | 强调创新、增长和企业家精神的文化 | 创业文化、创新、增长导向、技术驱动 |
| 诚信 | 重视道德行为、公平实践和社区关系的文化 | 开明的待客之道、关注 ESG、公平商业实践、追责文化 |
| 运营导向 | 强调效率、生产力和成本控制的文化 | 去中心化、效率导向、成本意识 |

(续表)

| 文化价值观类别 | 描述 | 示例关键词 |
|---|---|---|
| 以人为本 | 关注员工福祉、多样性、包容性、赋权和人才发展的文化 | 以员工为中心、多元包容、人才导向 |
| 结果导向 | 关注绩效、竞争力和结果的文化 | 竞争性、绩效驱动、按绩效付酬 |
| 风险控制 | 强调风险管理、信用和财务稳健性的文化 | 保守的信用文化、风险规避、合规文化 |
| 团队合作 | 强调协作、整合和团队导向的文化 | 协作、一体化、文化契合、合作导向 |
| 其他 | 包含不明确的、出现频率较低的文化价值观，或难以归类的文化价值观 | 积极的文化、独特的文化 |

用于规范化处理文化价值的提示词如下：

给定一组企业文化价值作为输入，请根据以下定义和示例，将它们分类到九个主要类别中。

·适应性（Adaptability）：强调文化变革、调整、转型或对变革的抵制的文化，例如，"文化变革""文化转型""文化重塑""封闭文化"。

·客户导向（Customer-oriented）：优先考虑销售或客户关系的文化，例如，"销售文化""以客户为中心""品牌导向"。

·创新（Innovation）：强调创新、增长和企业家精神的文化，例如，"创业文化""创新""增长导向""技术驱动"。

·诚信（Integrity）：重视道德行为、公平实践和社区关系的文化，例如，"开明的待客之道""关注ESG""公平商业实践""追责文化"。

·运营导向（Operations-oriented）：强调效率、生产力和成本控制的文化，例如，"去中心化""效率导向""成本意识"。

·以人为本（People-oriented）：以员工福祉、多元化、包容性、赋权和人才成长为中心的文化，例如，"以员工为中心""多元与包容""人才导向"。

·结果导向（Results-oriented）：关注绩效、竞争力和结果的文化，例如，"竞争性""绩效驱动""按绩效付酬"。

·风险控制（Risk control）：强调风险管理、信用和财务稳健性的文化，例如，"保守的信用文化""风险规避""合规文化"。

·团队合作（Teamwork）：强调协作、整合和团队导向的文化，例如，"协作""一体化""文化契合""合作导向"。

请彻底分析每个企业文化价值，并尽可能将其归入最适合的类别，仅在其他类别都不适用时使用"其他"类别。

·其他（Miscellaneous）：包含各种不明确或出现频率较低的文化价值，或者那些无法轻易归入上述类别的文化价值，例如，"积极的文化""独特的文化"。

第七步，我们对众多因果关系三元组的变体进行规范化处理。例如一个三元组：("激进的销售文化""导致了""大规模丑闻")。规范化过程首先使用上一步创建的映射，将三元组的一"端"分配给上文讨论的文化价值观之一。在这个例子中，"激进的销售文化"被归类为"客户导向"这一文化价值观。然后，我们使用生成式人工智能将关系的性质分类为"→""←"或"↔"，其中箭头表示因果方向。例如，"提供了机会"被规范化为"→"，"受到威胁"被规范化为"←"，"与……一致"被规范化为"↔"。用于规范化分析师讨论企业文化原因的提示词如下：

您正在进行因果关系知识图谱的规范化，重点关注表明因果关系的关系。您的任务如下：

确定输入关系的方向，并将其映射为"A→B"或"A←B"，其中箭头指示因果关系的方向。对于明显具有单向因果关系的词，如"影响"（affect）、"冲击"（impact）、"受到影响"（influenced by），应标记为"A→B"或"A←B"。仅在极少数情况下，当关系方向确实可能是双向的，才标记为"A↔B"

以下是几个提取出来的企业文化的例子。

### 例1：一份对可口可乐公司的分析师报告

公司首席执行官内维尔·伊斯德尔（Neville Isdell）今天上午在亚利桑那州举行的会议上代表公司发言。虽然演讲中没有太多新消息，但公司的基调与伊斯德尔两年前在同一个会议上的演讲（当时可口可乐对市场的承诺很少）相比发生了重大变化。如今，公司更加确信其长期策略既有效又可持续。我们重点介绍一下我们认为重要的几个关键点：公司强调了2006年业绩的改善，因为可口可乐一直在推进其增长宣言战略，现在进入了一个可能实现可持续增长的阶段，重点是发展核心品牌，通过建立创新文化来抓住新兴平台，并为装瓶商提供特许经营领导力（这与我们昨天获得的信息一致，即更加注重与装瓶系统的合作）。

提取的关系：

增长宣言战略（业务战略）→创新文化（创新）。

创新文化（创新）→2006年业绩改善（盈利能力）。

### 例2：一份对星巴克公司的分析师报告

自星巴克成立之初，其董事长霍华德·舒尔茨（Howard Schultz）就一直倡导这项政策。在过去几年里，医疗保健成本急剧上升，并继续给公司的营业利润率带来压力。然而，我们预计星巴克不会放弃这项健康福利计划，因为这是其文化的重要组成部分，也是其吸引优秀员工的关键所在……

提取的关系：

霍华德·舒尔茨（管理团队）→以员工为中心的文化（以人为本）。

以员工为中心的文化（以人为本）→吸引优秀员工的关键所在（员工满意度）。

**例 3：一份对花旗银行的分析师报告**

花旗集团的管理团队创造了一种关注最终效益的文化，在这种文化中，收入和支出在衡量成功时被赋予同等权重。因此，花旗集团形成了一种近乎偏执的追求低成本和寻找提高效率新方法的文化。在与管理层的多次谈话中，我们发现存在一种不成文的期望，即利润率将逐年提高。管理层表示，如果单位成本没有下降，那就说明有问题。规模也在花旗集团较高的利润率中发挥着重要作用。由于花旗集团的规模大于同行，因此它在所参与的每个业务中都具有规模优势，所以预期成本会较低，利润率会较高。

提取的关系：

效率驱动型文化（运营导向）→高利润率（盈利能力）。

管理层对收入和支出的关注（业务战略）→效率驱动型文化（运营导向）。

第八步，根据以上的七个步骤，我们可以用大样本分析过去二十多年数据库收录的所有分析师报告。

### 6.4.3 进一步发现与分析

我们通过对提取的因果关系进行系统化归纳，最终确定了九种主要企业文化类型（不包括其他类别）、十七种文化变革的驱动因素以及十六种文化影响的业务结果。从分析师的视角来看，被最频繁提及的企业文化类型依次为适应性文化（13.4%）、以客户导向文化（12.5%）以及创新文化（12.5%）；而相对较少被提及的文化类型包括诚信文化（1.3%）、以人为本文化（4.9%）和运营导向文化（9.7%）。在探讨企业文化变化革驱动因素时，分析师认为最主要的影响因素包括业务战略（19.8%）、管理团队（14.1%）以及并购活动（7.2%）。此外，在分析文化对企业经营成果的影响时，分析师最关注的业务结果主要涉及市场份额与增长（17.6%）、盈利能力（17.5%）及创新能力（9.1%）。

值得注意的是，这些发现与一项基于对北美地区高管的调查结果存在显著差异。该研究发现，高管普遍认为，其企业文化最显著的特征在于结果导向、团队合作，以及社区意识；影响企业文化的主要因素则包括现任首席执行官、市场环境及股东结构；而文化所带来的主要业务影响体现在生产力、盈利能力和创造力等方面。上述差异表明，资本市场中，分析师与企业内部管理者在企业文化认知上存在一定程度的分歧，反映了二者在信息获取渠道、决策立场及评估标准上的不同。

有研究检验了分析师关于企业文化的认知是否具有实际价值。相关研究发现，高管认为企业文化较为稳固的公司，在分析师报告中更有可能获得文化相关的讨论。此外，通过比较召开盈利电话会议的公司与未召开相关会议的公司，研究者发现，分析师关于二者企业文化的讨论程度并无显著差异。这一结果表明，分析师的文化分析并非简单复述管理层在盈利电话会议上的表述，而是基于更广泛的信息来源进行独立判断。

在分析师特征方面，相关研究结果显示，女性分析师及"明星分析师"更倾向于在研究报告中探讨企业文化，而具有较丰富职业经验、频繁发布预测或提供长期预测的分析师亦表现出较高的文化关注度。相反，覆盖范围更广的行业分析师则较少讨论企业文化。这反映出分析师在广度与深度之间的取舍，这一现象可归因于分析师在信息处理及研究精力上的限制。

最为重要的是，相关研究发现，分析师对企业文化的评价直接反映在其股票推荐意见及目标价格预测中，同时也间接影响了市场对其研究报告的反应。当分析师对企业文化持非负面或具有前瞻性的观点时，其股票推荐意见及目标价格预测通常较为乐观。此外，在包含企业文化分析的报告发布后，市场亦普遍作出明显的价格反应。这一发现表明，分析师关于企业文化的分析不仅包含重要的价值相关信息，而且在资产定价过程中发挥了实际作用。

总的来说，结合人工智能技术对分析师报告中的企业文化进行系统性分析，拓宽了企业文化研究的理论边界，并揭示了企业文化在影响业务成果方面的重要性。运用大语言模型与图结构等先进技术，不仅能够帮助人们更好地理解企业无形资产，也为金融研究提供了一种新的方法论视角。随着人工智能技术的不断发展，我们能够从海量文本数据中提取有价值的信息，将非结构化数据转化为结构化知识，从而为投资决策及企业管理提供更加全面、深入且智能化的信息支持。这一技术变革的意义远不止于工具层面的优化，而是在根本上重塑了金融市场的信息分析与决策模式。

## 章节小结

### ● 实践建议

1. 运用 Claude 和 DeepSeek 等大语言模型，精准解读财报数据，提升财务决策的准确性。

2. 利用大语言模型处理社交媒体平台数据，识别市场情绪，优化投资策略。

3. 基于大语言模型对新闻标题的解读，构建自动化选股系统，实现更精准的投资判断。

4. 借助大语言模型提取分析师报告中的企业文化信息，分析公司治理、市场竞争力及长期发展潜力。

5. 结合大语言模型对市场趋势、行业动态及公司基本面的分析，构建智能化投资组合。

### ● 延伸阅读

1. López-Lira 和 Tang（2023）关于大语言模型在金融市场的应用研究。

2. 生成式人工智能在金融分析、投资策略中的应用案例。

3. 近年社交媒体对股票市场影响的实证研究。

4. 量化交易中 AI 的应用及其对市场效率的影响。

5. 企业文化对公司长期业绩和投资回报的影响分析。

- **总结**

本章全面探讨了大语言模型在金融领域的前沿应用，包括财报分析、社交媒体情绪解读、智能选股及分析师报告解析。通过学习本章内容，读者能够掌握如何利用大语言模型优化投资策略，理解市场情绪，并高效处理金融数据。本章强调了人工智能在金融决策中的价值及局限性，同时提醒读者在实际应用中结合专业判断，确保投资策略的科学性与稳健性。掌握本章内容将为读者构建智能化金融分析体系奠定坚实基础。

# 第 7 章
# 金融大语言模型的数据基础

● **章节概述**

本章深入探讨了金融大语言模型的数据基础,包括数据源、数据预处理、中文分词等关键内容。同时介绍了两个典型的金融大语言模型案例:BloombergGPT 和 FinGPT。本章为读者构建自己的金融大语言模型应用奠定了基础。

● **学习重点**

1. 理解金融大语言模型的数据处理流程。
2. 掌握常用的数据预处理工具和技术。
3. 了解中文分词的重要性及主流工具。
4. 分析 BloombergGPT 和 FinGPT 的异同。
5. 掌握金融大语言模型的评估指标和方法。

● **素养目标**

在金融行业智能化转型的背景下,以数据为核心,培养构建与评估金融大语言模型的系统能力。

- **本章思维导图**

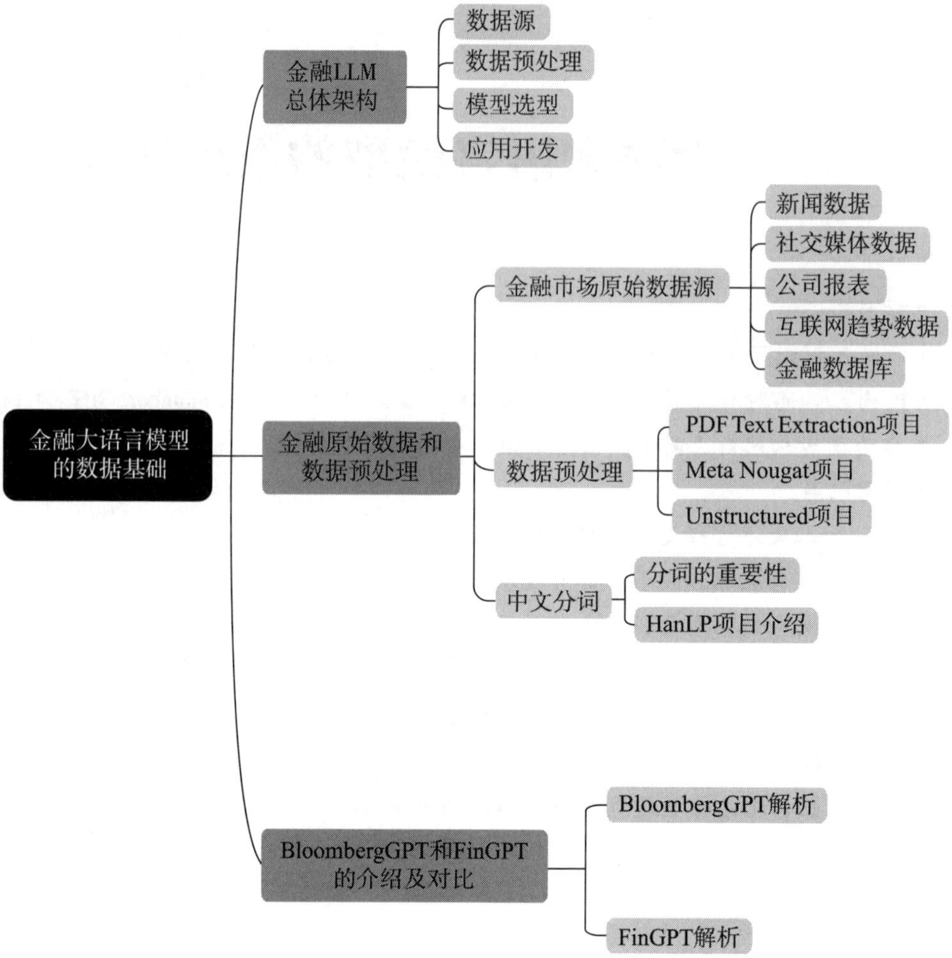

金融大语言模型的数据基础
- 金融LLM总体架构
  - 数据源
  - 数据预处理
  - 模型选型
  - 应用开发
- 金融原始数据和数据预处理
  - 金融市场原始数据源
    - 新闻数据
    - 社交媒体数据
    - 公司报表
    - 互联网趋势数据
    - 金融数据库
  - 数据预处理
    - PDF Text Extraction项目
    - Meta Nougat项目
    - Unstructured项目
  - 中文分词
    - 分词的重要性
    - HanLP项目介绍
- BloombergGPT和FinGPT的介绍及对比
  - BloombergGPT解析
  - FinGPT解析

## 7.1 金融大语言模型总体架构

在前几章中,我们已探讨了 OpenAI 公司的大语言模型及其在金融行业的多种应用,这些应用显著提高了行业的工作效率。从本章起,我们将深入探讨大语言模型与金融行业的结合,重点关注底层技术和工程实现,以便读者更进一步理解 OpenAI 的能力是如何实现的。此外,我们还将基于开源模型实现类似功能,帮助读者全面掌握大语言模型技术的本质、潜力和局限性。

本章将提供一个宏观视角,描述金融市场信息从源头到终端的完整过程。感兴趣的读者可扫码查看图片,[二维码 7-1]。整个体系分为四个部分:金融行业数据源、数据预处理(数据工程)、大语言模型的选择以及以大语言模型为核心的金融应用开发。在整个过程中,算力资源、云计算和软件工程的投入是必不可少的。

从本章开始,我们将深入介绍 OpenAI 复杂功能的实现方式,并为后面章节的 RAG、微调中文金融大模型做技术准备。我们将在前文知识的基础上,介绍各种模型和代码库,帮助读者构建自己的金融大语言模型应用。

同时,本章还将介绍金融行业中两个典型的大语言模型:预训练的 BloombergGPT 和微调开源的 FinGPT。

## 7.2 金融原始数据和数据预处理

### 7.2.1 金融市场原始数据源

金融市场的底层数据来源多样,主要可分为五大类。

第一类是新闻数据。这类数据源自传统媒体,这些媒体拥有严格的内容生成流程、规则和校验机制,如 Bloomberg、新华社、第一财经等。对于开发者而言,更具价值的是新闻聚合工具,它们通过 API 接口将不同新闻来源整合,为人工智能时代的新闻传输和阅读提供了主要方式。感兴趣的读者可扫码查看更多新闻 API 介绍,[二维码 7-2]。

第二类数据源是社交媒体,如 X(原 Twitter)、微博、微信朋友圈等。

第三类数据源是上市公司和非上市公司提供的各种报表。这种报表通常有固定的格式,按照法律强制或者自愿形式披露公司或实体的信息。

第四类数据源是基于互联网的趋势或统计数据。这类趋势数据对金融分析具有辅助作用。扫码查看 Seeking Alpha 公司推出的实时更新的金融新闻和分析趋势示例，[二维码 7-3]，为金融分析提供了有力支持。

第五类是各类金融数据库。它们构成了金融市场基础设施的重要组成部分，是基于传统关系型数据库技术构建的庞大系统。全球众多公司建立了包含经济时间序列、行业基本面数据、金融交易市场价格与成交量、股东数据、宏观行业和公司研究分析报告、公司财务数据及其附注，以及公司环境、社会和治理（ESG）数据等在内的数据库。这些数据库规模庞大，部分数据的历史甚至可以追溯到 19 世纪的金融市场。因此，如何高效地将大语言模型与这些数据库结合，是未来研究的一个重要课题。

可扫码查看全球最著名的五个金融数据库，[二维码 7-4]。

以下是一个简单的例子，说明如何利用新闻聚合网站获取实时更新的新闻。

Newsdata. io 是一个新兴的新闻聚合 API 服务商，它覆盖了全球 154 个国家超过 31000 多个可信的新闻来源。该平台提供了丰富的新闻筛选和过滤功能，可以帮助用户定制个性化的新闻来源，同时，它还提供了与大语言模型的深度融合，包括自动帮助用户生成各种人工智能运用的结果，极大地方便了开发者的后续工作。

我们以"哈马斯"为关键词，演示如何获取过去（2023 年 10 月 15 日前）6 个小时内全球各地关于该主题的实时新闻。

结果显示过去 6 小时全球一共有 236 篇关于哈马斯的新闻报道。最新的报道源自德国的一篇德文文章。

通过这个简单的例子，我们可以观察到新闻聚合器在整合新闻方面的能力，这种能力已经超过了传统人工进行新闻采集和编辑的能力。借助大语言模型的翻译能力，新闻聚合后，我们可以轻松实现包括主题标签生成、意图检测、情绪分析、情感分析、实体提取以及语义相似性分析等大语言模型的常见分析功能。这些功能将新闻内容转化为更有价值的信息，为我们提供了更深入的洞察和判断。

### 7.2.2　数据预处理

类似于烹饪师依赖优质的食材，大语言模型的性能主要取决于其训练数据的数量和质量。数据的收集、策划、预处理和训练过程与厨师的烹饪过程密切相关，数据准备阶段相当于厨师在烹饪前的准备工作。大语言模型的数据输入和训练过程极为复杂，涉及从互联网和专业数据库收集大量数据，去除有害内容，确保数据质量，对数据进行规范化和标记处理。

大语言模型需要一个可解释的、结构良好的自然语言数据语料库来启动训练过程。数据的收集和策划是数据输入过程的起点，包括使用如 Common Crawl 和 Pile 等大型开源数据集。数据预处理包括清理和规范化数据，去除无关信息，处理拼写变化、缩写、标点符号和大写字符等问题。此外，还需要对数据质量进行评估和审查，以防止在训练过程中传播显著的偏差或明显的偏见。

大模型的训练过程会涉及许多非结构化数据，例如 PDF 文档、HTML 文件、Email 文件、EPUB 文件、图片、音频、视频等。这就需要专门的工具和流程，用于处理非结构化数据。这是大模型训练和微调中最重要的工作内容之一。目前大量的文本是 PDF 格式，每年在 Outlook 中打开超过 20 亿个 PDF，而每天在 Google Drive 和电子邮件中保存 7300 万个新 PDF 文件。此外，金融行业的研究报告中经常包含大量复杂的表格、图表、数学公式等，如何有效提取这些非结构化信息一直是行业痛点。下面我们介绍这方面的前沿进展。

### 7.2.2.1　PDF Text Extraction 项目

PDF Text Extraction 项目旨在通过 Python 从 PDF 文件中高效地提取文本内容，其针对 PDF 文件的不同组件采取了差异化的提取策略，从而相较于常规 Python 库，实现了更高的效率。主要的组件包括 Plain text（纯文本）、Tables（表格）、Images（图像）。

在进行项目演示之前，我们首先对目前存在的 PDF 文件类型进行基本的介绍。具体而言，主流的 PDF 文件主要分为以下三种类型。

一是编程生成的 PDF。这类 PDF 文件是通过使用 W3C（World Wide Web Consortium，万维网联盟，如 HTML、CSS 和 Javascript）技术或其他软件（如 Adobe Acrobat）在计算机上创建的。这些文件可以包含图像、文本和链接等多种组件，这些组件不仅可搜索，而且易于编辑。

二是传统扫描文档。这类 PDF 文件是通过扫描仪或移动应用程序由非电子介质转换而来的。它们实质上是存储在 PDF 格式中的图像集合，这意味着无法对这些图像中的元素（如文本或链接）进行选择或搜索。PDF 在此仅作为图像的容器。例如，中国的法律电子文档大多属于此类传统扫描文件。

三是 OCR（Optical Character Recognition，光学字符识别）扫描文档。在这种情况下，文档经过扫描后，通过 OCR 软件来识别每个图像中的文本，将其转换为可搜索和可编辑的文本。随后，该软件会在图像上添加一个包含实际文本的图层，使得在浏览文件时可以将其作为单独的组件进行选择。

我们需要一个系统的解决方案，能够针对这三种不同类型的 PDF 文件抽取文本。为了实现这一目标，我们将采用 PDFMiner 库对 PDF 布局进行初步分析，并确定针对特定组件所需的适当工具。然后，根据识别的组件，我们将应用相应的函数和 Python 库。

此过程的输出将是一个 Python 字典，其中包含为 PDF 文件的每个页面提取的信息。字典中的每个键代表文档的页码，其对应的值是一个列表，包含以下五个嵌套列表：

（1）从语料库中提取的每个文本块的文本内容。

（2）每个文本块中的文本格式，包括字体系列和大小。

(3) 从页面图像中提取的文本。

(4) 以结构化格式从表格中提取的文本。

(5) 页面完整的文字内容。

我们以国际清算银行的一份研究报告（图7.1）为例来演示。这个报告有比较复杂的结构，和众多的图表、表格。

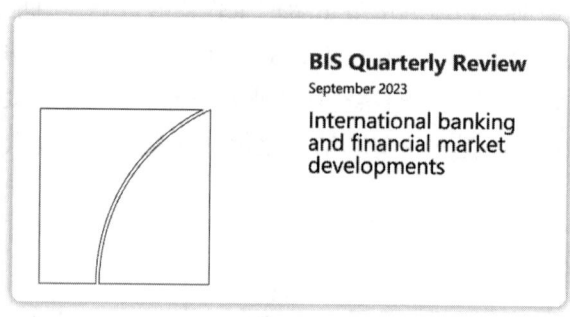

**图 7.1　国际清算银行的一份研究报告**

对该研究报告的分析代码请扫码查看，[二维码 7–5]。

全文的转换效果是非常好的，读者可以利用上述代码自行转换复杂格式的 PDF 文件。

#### 7.2.2.2　Nougat 项目

随着大语言模型的兴起，将复杂格式的文本进行向量化处理的需求越来越大，这些复杂格式的文本可能涉及数学、物理、化学、医学等领域的学术论文。这些论文不仅包含常见的表格和图形，还涵盖了众多复杂的数学公式、化学方程式以及基因图谱等。为了让大语言模型能够处理这些语料，Meta 公司推出了名为 Nougat 的视觉转换器模型项目，该项目能够将文档页面的图像转换为结构化文本。Nougat 项目接收文档页面的光栅图像作为输入，并输出轻量级标记语言格式的文本。

现有的 OCR 引擎，例如 Tesseract OCR，在识别和分类图像中的单个字符和单词方面表现出色。但由于它们采用逐行处理的方法，无法理解字符和单词之间的关系，这导致它们在处理数学公式中的上标和下标时，会以与周围的文本相同的方式进行处理，这对于数学表达式的识别是一个重大缺陷。在分数、指数和矩阵等数学符号中，字符的相对位置具有重要意义。

将学术研究论文转换为机器可读的文本，可以提高大语言模型对科学的可访问性和可搜索性。目前，数百万篇学术论文的信息尚未能被大语言模型阅读，现有的语料库，如 S2ORC（Semantic Scholar Open Research Corpus，语义学者开放研究语料库）数据集，使用 GROBID 捕捉了 1200 万篇论文的文本，但缺少数学方程的部分。

为了解决这一问题，我们引入了 Nougat，这是一种基于 Transformer 的模型，能够将文档页面的图像转换为格式化的标记文本。[①]

我们将一篇扫描版论文进行转换，效果如图 7.2 所示。

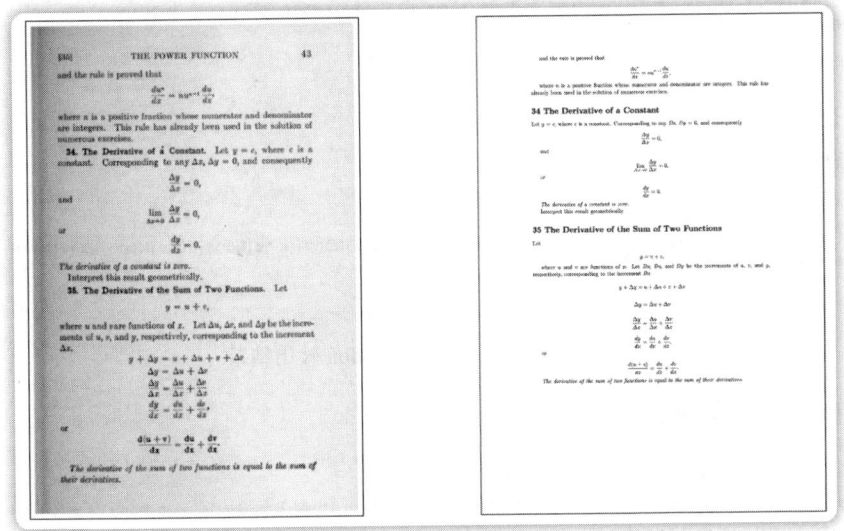

图 7.2　模型转换效果对比

我们同样用该扫描版论文来测试转换效果。我们可以看到，原始图片如图 7.3 所示。

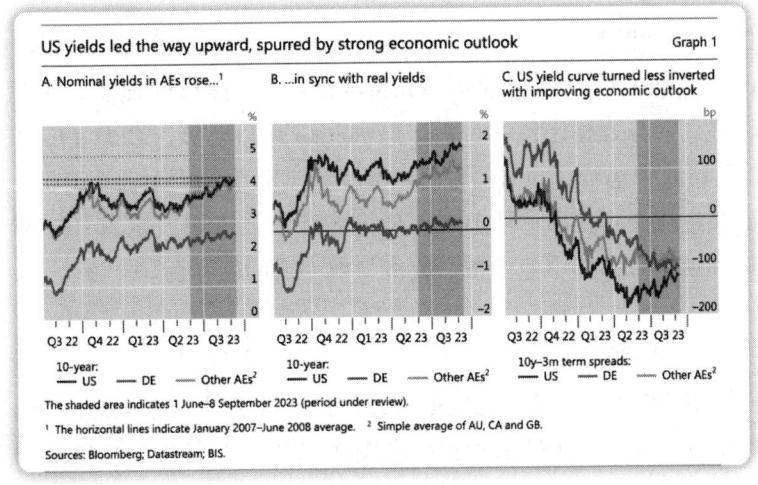

图 7.3　原始图片

---

[①] 该架构是一个编码器－解码器变换器架构，允许进行端到端的训练。我们基于 Donut 架构进行构建。该模型不需要任何与 OCR 相关的输入或模块。编码器：视觉编码器接收一个文档图像，裁剪边距并调整图像大小以适应固定大小的矩形。如果图像小于矩形，则添加额外的填充以确保每个图像具有相同的维度。使用 Swin Transformer，这是一个分层视觉变换器，它将图像分割为固定大小的非重叠窗口，并应用一系列自注意力层来聚合这些窗口中的信息。该模型输出一个嵌入的补丁序列。解码器：编码图像通过使用具有交叉注意力的变换器——解码器架构，解码为一个令牌序列。这些令牌以自回归的方式生成，使用自注意力和交叉注意力分别关注输入序列和编码器输出的不同部分。最后，输出被投影到词汇表，产生人类可以理解的文本格式。

PDF Text Extraction 输出结果如图 7.4 所示。

```
1
The period under review extends from 1 June through 8 September 2023.
BIS Quarterly Review, September 2023
1




||||||||5|
||||||||4|
||||||||3|
||||||||2|
||||||||1|
||||||||0|
|Q3 22 Q4 22 Q1 23 Q2 23 Q3 23 10-year: US DE Other AEs2|None|None|None|None|None|None|None|2
BIS Quarterly Review, September 2023
```

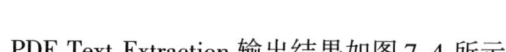

**图 7.4 PDF Text Extraction 输出结果**

Nougat 输出的结果如图 7.5 所示。

```
US yields led the way upward, spurred by strong economic outlook Graph 1
A. Nominal yields in AEs rose...1 B....in sync with real yields C. US yield curve turned less inverted with improving economic outlook.
The shaded area indicates 1 June–8 September 2023 (period under review).
\({}^{\dagger}\) The horizontal lines indicate January 2007–June 2008 average. \({}^{2}\) Simple average of AU, CA and GB.
Sources: Bloomberg; Datastream; BIS.
```

**图 7.5 Nougat 输出的结果**

通过对比图 7.4 和图 7.5 可以看到，Nougat 表现了更优秀的输出效率。然而，其缺陷在于，Nougat 需要在 GPU（Graphics Processing Unit，图形处理器）上运行，对机器硬件的要求较高，而与之相比，PDF Text Extraction 项目能够在 CPU（Central Processing Unit，中央处理器）上运行，对机器硬件的要求相对较低。面对需要对数十万篇甚至数百万篇专业论文进行文本提取的任务时，Nougat 往往会占用大量的 GPU 计算资源。因此，用户在选择模型时，必须综合考虑成本与效率之间的平衡。

#### 7.2.2.3 Unstructured 项目

在大语言模型应用中，非结构化数据的开源预处理工具迅速发展。Unstructured 库提供了一套开源组件，专门用于提取和预处理图像以及文本文档，如 PDF、HTML、Word 文档等。Unstructured 的用例主要聚焦于简化和优化大语言模型的数据处理工作流程。通过其模块化的设计和连接器，Unstructured 构建了一个内聚的系统，以简化数据的摄取和预处理步骤，使其能够适应不同的平台，并高效地将非结构化数据转换为结构化输出。目前，该项目已支持大部分主流的文件格式，具体支持的文件格式可扫码查看，[二维码 7-6]。

这里我们以 Arize AI Glossary HTML 文档（图 7.6）为例，演示如何利用该工具快速地将复杂结构的网页数据整理成结构化的数据输出。

从 HTML 文档中提取文本内容通常是一项复杂的任务，它涉及解析 HTML 文档、

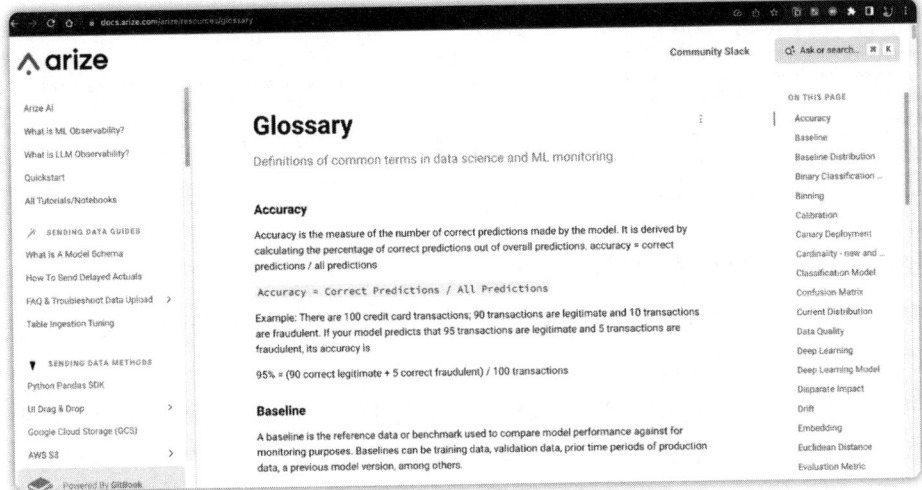

图 7.6　Arize AI Glossary HTML 文档

识别相关内容以及提取文本。当网页具有精心设计的布局或充斥着广告和其他干扰元素时,这一过程可能会变得更加复杂。这是面临的第一个挑战。

第二个挑战在于,当我们从网页中抓取数据进行预训练或者微调时,大语言模型通常存在输入数量的限制。在处理如 Arize AI Glossary 页面这样包含大量内容的网页时,文本内容往往过长,超出了大语言模型一次性处理的能力。这就要求我们将内容分解成更小的片段,同时确保基本的上下文信息得以保留。

一般而言,我们可以采用以下两种分块策略。

(1) 固定大小分块:这种方法虽然易于实现,但可能会丢失重要的上下文信息,尤其是当重要信息被分割在不同块中时。

(2) 上下文感知分块:我们应尽可能将内容上具有上下文关联的部分包括在同一个小块内。例如,在检查术语表页面时,我们会发现术语嵌在 HTML 的"Heading"标签中,而其描述则嵌在"Span"标签中。上下文感知分块要求将同一个术语及其描述归入同一个文本块中。为了实现这一要求,我们需要自动检测文档元素。

Unstructured 库提供了一种更为精细的方法,即对提取的原数据进行上下文感知分块。通过使用 Partition_html 函数,我们可以保持不同类型 HTML 元素之间的层次关系。通过利用 Partition_html 标识的元素类型,上下文感知分块可以维护 HTML 内容的逻辑结构和连贯性,确保将相同的术语及其描述归入同一个文本块。其工作原理概述如下:

(1) 识别元素类型:该函数将元素分类为子标题的"HTMLTitle"或常规文本的"HTMLNarrativeText"。

(2) 按上下文分组:元素被迭代分组,确保标题后面跟着相关的叙述文本。

利用 Unstructured 库对网页文档提取文本的代码请扫码查看,[二维码 7-7]。

输出示例：

```
'page_content': 'Confusion Matrix. A confusion matrix provides a summary of all prediction results of a cl
'page_content': 'Current Distribution. Current Distribution refers to the statistical distribution, or sha
'page_content': 'Data Quality. Data quality refers to the integrity and consistency of the data sets used.
'page_content': 'Deep Learning. Machine learning is a subset of AI, and it consists of the techniques that
'page_content': 'Deep Learning Model. A deep learning model normally refers to a neural network, typically
'page_content': 'Disparate Impact. Disparate Impact (also called adverse impact) is a quantitative measure
```

#### 7.2.2.4 数据预处理过程总结

在大语言模型的训练和微调过程中，选择数据源以及对数据进行提取、清洗、分段等预处理工作是至关重要的环节。

例如，如果读者希望为其公司构建一个内部知识库，首要步骤是确定数据源。以A股市场知识库为例，除A股市场的所有价格信息外，所有上市公司的公开报告、分析师的研究报告等均属于基本的输入内容。此外，行业数据也是必不可少的，如对于钢铁行业，中国有众多行业资讯提供商，例如"我的钢铁""找钢网"等网站。除了这些网页文本资料，黑色金属行业每年还会举办大量内部和公开的研讨会，产生了大量的会议音频、视频和演示材料，这些材料均可作为大语言模型训练和微调的素材。

越来越多的证据表明，大语言模型的性能在很大程度上依赖于其训练或微调所使用的语料。对于构建行业专用的大语言模型而言，这一点尤为关键。然而，这项工作通常需要行业专家与人工智能专家的深度合作，才能提供一流的语料数据库。

### 7.2.3 中文分词

在前文，我们已经阐述了分词在大语言模型训练中的重要性，尤其是它与嵌入的关系。现在，我们从实践的角度再对这个问题进行介绍，方便读者整理自有中文资料时采用合理的技术路线。

分词（Tokenization）和嵌入（Embedding）是自然语言处理领域的两个基本概念，它们既有联系也有区别。

分词是指将连续的文本序列切割成有意义的词或标记的过程。它涉及将文本划分为离散的单元，如单词、短语或其他语言单位。分词的目的是将文本转换成机器能够理解并处理的形式，为后续的文本处理任务奠定基础。例如，对句子"我爱自然语言处理"进行分词后，可以得到（"我""爱""自然语言处理"）这样的分词结果。

嵌入则是将词语或文本映射到高维向量空间中的一种表示形式。这是一种将离散的文本表示转化为连续的实数向量的技术。通过嵌入，我们可以将词语或文本的语义信息编码为向量，从而捕捉词语之间的语义关系。嵌入模型可以将词语映射到高维向量空间中，使得语义相近的词语在向量空间中的距离较近。

因此，分词是嵌入的前提步骤，嵌入模型以分词的结果作为输入。

在预训练和微调模型的过程中，分词是否能够发挥关键作用？我们得出以下初步结论：

（1）预训练：若从头开始预训练一个中文大语言模型，分词的重要性不言而喻。

分词是构建字典的主要方式，正确的中文分词能够有效提升模型的训练效率。

（2）微调：在微调过程中，分词的作用相较于预训练阶段并不那么直接。这是因为微调所依赖的基座模型通常会使用其内置的分词模型。原则上，微调只能使用其自有的基座模型；然而，一种可行的方案是从标记化部分开始微调，即在微调模型时，可以根据特定需求对标记进行自定义和修改。例如，可以添加自定义的特殊标记、调整标记化规则或修改词汇表。这有助于模型更好地处理特定领域的任务。之后，可以继续微调其他模型参数，如模型架构、超参数和损失函数等，以进一步优化模型性能。

鉴于读者多在中文环境下使用大语言模型，我们需要特别考虑中文环境下的分词工具。尽管目前存在多个开源的中文分词项目，但不少项目已是七八年前的旧作，同时我们还需考虑未来处理大量数据的需求。在此，我们选择介绍在 GitHub 上评分最高的项目——HanLP。

HanLP 的线上模型训练基于 9970 万字的大型综合语料库，覆盖了新闻、社交媒体、金融、法律等多个领域，是目前已知范围内全世界最大的中文分词语料库。语料库的规模和质量直接影响实际效果，因此语言学专家需要持续对语料库进行标注，以保持最先进的分词质量，确保面向生产环境的语料库维持最高标准。在分词精度上，HanLP 提供细粒度和粗粒度两种选择，其中细粒度适合搜索引擎业务，而粗粒度则更适合文本挖掘业务。除了提供数十种语言的分词，HanLP 实际上已经发展成了涵盖十几种任务的数十个预训练模型，可以完成多项自然语言处理任务，感兴趣的读者可扫码查看，[二维码7-8]。

HanLP 推出了多个版本，包括轻量级版本和海量级版本。海量级 API 依托于 PyTorch、TensorFlow 等深度学习技术，适合专业自然语言工程师、研究者以及需要处理海量本地数据的场景。对于金融行业的用户，如果需要构建本地知识库，可以考虑海量级版本。

此外，HanLP 还提供了在线版本，以便用户能够方便地了解和比较中文分词的效果。我们通过采用粗粒度和细粒度两种分词方法，来展示中文分词的效果，分别如图 7.7 和图 7.8 所示。

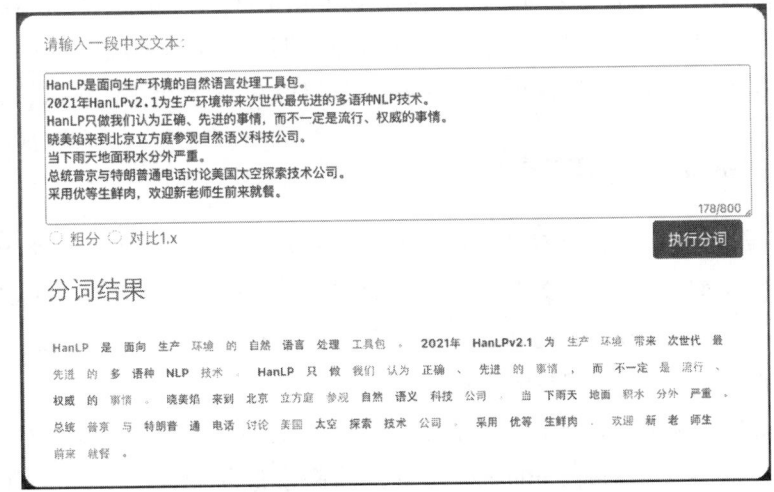

图 7.7　使用细粒度分词方法的中文分词的效果

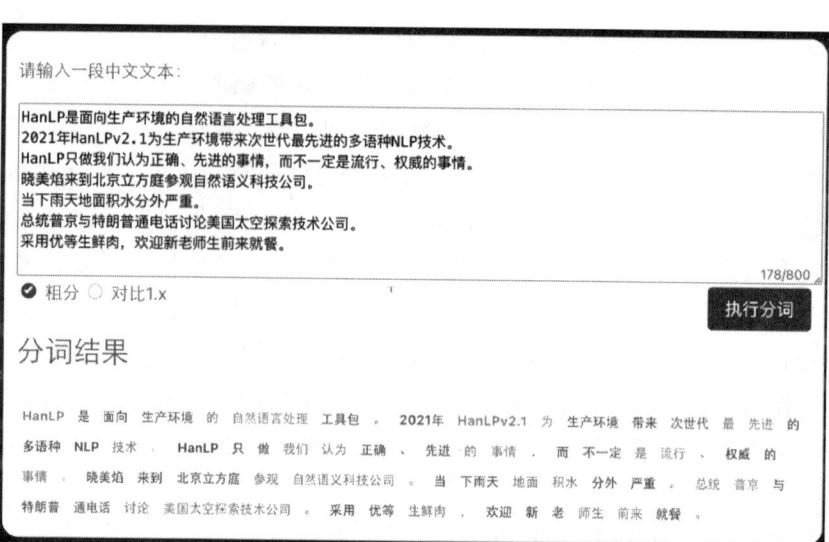

图 7.8 使用粗粒度分词方法的中文分词的效果

从分词结果可以明显看出，在大语言模型的训练和微调过程中，我们应该采取细粒度的分词法才能获取更精准的中文专业术语。

## 7.3 BloombergGPT 和 FinGPT 的介绍及对比

本节中，我们将关注两个金融领域的大语言模型，以此展示行业专有模型数据基础的重要性以及微调方法的有效性。我们将讨论 BloombergGPT，这是由全球领先的金融资讯公司——Bloomberg 最近预训练的专有大语言模型。Bloomberg 不仅拥有全球顶尖的金融资讯数据库，而且在财经新闻领域也以其新闻的数量和质量而闻名。Bloomberg-GPT 是一个闭源的预训练模型。此外，我们还将介绍 FinGPT，这是一个在 GitHub 上获得 8800 个星标的开源项目，代表了开源模型经过微调后在金融领域应用的一个杰出实例。我们将详细探讨并比较这两种不同技术路径的优缺点及其带来的启示。

### 7.3.1 BloombergGPT 解析

BloombergGPT 是一个拥有 50B 参数的大语言模型，它在金融领域和通用数据集上进行了预训练。该模型及其论文于 2023 年 3 月发布后，迅速在业界和学术界引起了广泛关注。BloombergGPT 模型在处理金融任务方面的表现优于许多通用大语言模型，同时在通用任务上也展现出了相当出色的性能。

BloombergGPT 预训练数据中，训练语料库包含 51.27% 的金融专业文本和 48.73% 的通用文本。值得注意的是，Bloomberg 自身的高质量新闻在总令牌数中占比仅为 0.7%。公开数据集中也包括了著名的安然邮件（Enron Emails），这是由美国能源公司安然在破产后公开的大量电子邮件集合。安然曾是一家在能源行业具有巨大影响力的公司,但在 2001 年因严重的财务丑闻而破产。该数据集包含了从 1998 年到 2002 年期间安然公司员工的数十万封电子邮件,这些邮件不仅涵盖了公司内部的业务通信,还包括了员工之间的私人通信。由于安然财务丑闻的调查需要大量的证据和信息,这个数据集成为研究和分析的重要资源。

此外,从资料的时间分布来看,Bloomberg 在选择公开资料时,倾向于选择较新的资料,而较早资料所占比例则相对较低。

BloombergGPT 的训练数据源为我们提供了一个很好的范例。与其他通用模型相比,Bloomberg 在预训练数据的选择上更为精细,选择了更高质量的数据源。

图 7.2 详细展示了不同时间的金融数据集令牌数量。

表 7.2  按时间分类的金融数据集令牌数量

(100万个)

| 年份 | Bloomberg | 文件 | 新闻报道 | 新闻稿 | 网络 | 总计 |
| --- | --- | --- | --- | --- | --- | --- |
| 2007 [3月] | 276 | 73 | 892 | 523 | 2667 | 4481 |
| 2008 | 351 | 91 | 1621 | 628 | 9003 | 11695 |
| 2009 | 293 | 93 | 1791 | 528 | 9179 | 11888 |
| 2010 | 292 | 111 | 1917 | 527 | 11388 | 14286 |
| 2011 | 335 | 117 | 2264 | 548 | 13643 | 1690T |
| 2012 | 403 | 105 | 2502 | 529 | 15015 | 18554 |
| 2013 | 415 | 87 | 2437 | 441 | 17230 | 20610 |
| 2014 | 396 | 251 | 2458 | 437 | 18510 | 22052 |
| 2015 | 358 | 1639 | 2371 | 427 | 20782 | 25576 |
| 2016 | 324 | 1891 | 2509 | 418 | 24337 | 29478 |
| 2017 | 294 | 2294 | 2567 | 398 | 25283 | 30887 |
| 2018 | 275 | 1791 | 2702 | 420 | 26027 | 31214 |
| 2019 | 263 | 1662 | 3102 | 504 | 27195 | 32726 |
| 2020 | 277 | 1632 | 2794 | 805 | 30928 | 36435 |
| 2021 | 247 | 1767 | 3515 | 938 | 29749 | 36215 |
| 2022 [7月] | 140 | 882 | 2206 | 531 | 16872 | 20631 |
|  | 4939 | 14486 | 37647 | 8602 | 297807 | 363482 |

模型的基本概况如下:该模型是一个单解码器的因果语言模型,基于 BLOOM 架构构建。模型由 70 层的 Transformer 解码器组成,在令牌嵌入之后,还包含一个额外的层归一化处理。基于 Chinchilla 的缩放法则,当层数 $L$ 设为 70,拥有 40 个头部,每个头部的维度为 192 时,模型的总隐藏维度 $D$ 达到 7680,模型参数总数为 50.6B。训练过程使用了 512 块 40GB 的 A100 显卡,经过 139200 步的训练,总耗时约 53 天。

### 7.3.2  BloombergGPT 评估

BloombergGPT 在金融和通用任务上进行了全面评估。金融评估包括外部任务和由 Bloomberg 内部设计的评估集。通用任务评估则改编自现有的基准,如 BIG-Bench Hard、知识评估、阅读理解和语言能力任务等。评估集的详细信息总结于表 7.3 中。

表 7.3　BloombergGPT 评估集的详细信息

| 测试套件 | 任务集（个） | 测评目标 |
| --- | --- | --- |
| 公开金融任务 | 5 | 金融领域公开数据集 |
| Bloomberg 金融任务 | 12 | 命名实体识别与情感分析任务 |
| BIG-Bench Hard | 23 | 推理与通用 NLP 任务 |
| 知识评估 | 5 | 闭卷信息召回测试 |
| 阅读理解 | 5 | 开卷任务测试 |
| 语言能力任务 | 9 | 非用户直面型 NLP 任务 |

我们特别关注 BloombergGPT 执行外部财务评估任务的结果。我们将 BloombergGPT 的性能与其他三个大型模型在五项任务上的表现进行对比，这五项任务分别是 ConvFinQA、FiQASA、NER、FPB 和 Headline。这五项任务构成了目前评估金融大语言模型性能的主流基准。以下是对这五项任务的具体说明。

ConvFinQA（Conversational Financial Question Answering，对话式金融问答）：ConvFinQA 是一项专注于金融领域的问答任务，要求模型能够理解并准确回答与金融相关的问题。

FiQASA（Financial Question Answering System with Sentiment Analysis，金融情感分析问答系统）：FiQASA 是一项金融情感分析任务，要求模型能够分析金融文本中的情感倾向，区分积极、消极或中性情绪。

NER（Named Entity Recognition，命名实体识别）：NER 是一项命名实体识别任务，要求模型能够从文本中识别出具有特定意义的命名实体，如人名、地名、组织机构等。

FPB（Financial Performance Benchmarking，金融绩效基准预测）：FPB 是一项金融预测任务，要求模型能够基于历史数据和相关信息预测金融市场的趋势和变化。

Headline（新闻标题生成）：Headline 是一项新闻标题生成任务，要求模型能够根据给定的内容生成既具有吸引力又准确的新闻标题。

与其他模型相比，BloombergGPT 在所有任务上都展现出了相当或更优的性能。可扫码查看 BloombergGPT 在这五项任务上的绩效结果，[二维码 7-9]。

BloombergGPT 采用的是非开源模式，自模型发布至今，一直未向 Bloomberg 的普通用户开放使用权限。因此，业界一直在寻求开源的金融大语言模型。接下来，我们将讨论 FinGPT 项目，该项目通过对基座大模型的高效微调，为金融领域提供了一个开源大模型方案。

### 7.2.3　FinGPT 解析

预训练类似 BloombergGPT 的大语言模型的成本极为昂贵，大约需要 300 万美元，并且训练过程需要数十天才能完成。而且对 BloombergGPT 这样的大模型进行更新训练的成本同样非常高。作为金融领域大语言模型的一种经济型替代方案，FinGPT 提供了一种成本效益更高的选择。它允许以低于 300 美元的低成本进行微调，以纳入最新数据并更新模型的可训练权重。

此外，与 ChatGPT 和 GPT4 类似，FinGPT 使用 RLHF（Reinforcement Learning from Human Feedback，人类反馈强化学习）框架来优化大模型的性能。RLHF 不仅能够提高模型的效率，还能够提供个性化的输出，这为未来开发更多定制化的金融应用提供了便利。FinGPT 的 GitHub 页面可扫码查看，[二维码 7-10]。

扫码查看 FinGPT 最新的版本 V3.1 和 V3.2 的性能情况，[二维码 7-11]。在本书中，FinGPT 的微调成本不包括基础模型的训练成本，仅指微调阶段的成本。值得关注的是，FinGPT 在 FPB（金融绩效基准测试）和 FiQA-SA（金融情感分析问答系统）上的表现优于 BloombergGPT。

接下来，我们将对 FinGPT 框架进行详细分析。该框架由数据源层、数据工程层、LLM 层和应用层四个主要部分组成。在后续章节，我们将为读者展示如何微调模型，我们还将专门讨论微调中文模型的技术和实施步骤。

微调流程的第一步是选择合适的基座模型。FinGPT 的开发者推荐了一系列可供选择的基座模型。在此，我们建议读者参考 Hugging Face 提供的基座模型排行榜[①]，以获取最新的基座模型的性能表现。

下一步是准备微调数据。FinGPT 采用了 Twitter 金融新闻情绪（Twitter Financial News Sentiment，简称 TFNS）数据集。该数据集的格式通常包含两列，第一列为新闻文本内容，第二列为相应的情绪分类标签。由于不同的大语言模型对数据格式有不同的要求，因此需要将原始数据转换成符合特定模型要求的格式。

随后，便可以着手进行模型的训练工作。在获取 GPU 资源方面，有多种途径可供选择。对于模型的微调，可以利用 Google Colab Pro 提供的资源来完成所需的计算任务。FinGPT 采用了量化的低秩适配模型，这种方法在有效降低训练成本的同时，也确保了模型结果的准确性。本书在后面的章节中将对微调过程及相关代码进行详细介绍，此处不再赘述。

一旦训练完成，即可将微调后的模型应用于推理任务，并可与其他模型的性能进

---

[①] Hugging Face 采用了多个指标评估大模型，最重要的指标如下：ARC（AI2 Reasoning Challenge，艾伦人工智能研究所推理挑战）：ARC 是由 Allen Institute for Artificial Intelligence（艾伦人工智能研究所，简称 AI2）提出的一个推理挑战任务。该任务旨在评估模型在推理和常识推理方面的能力。ARC 数据集包含一系列选择题，要求模型根据给定的背景知识和问题进行推理和答题。HellaSwag：HellaSwag 是由 OpenAI 提出的一个反事实推理任务。该任务旨在评估模型在理解和生成反事实语句方面的能力。HellaSwag 数据集包含一系列情境和问题，要求模型生成具有反事实性质的回答。MMLU：MMLU 是一个多语言多文档长文本问答任务。该任务旨在评估模型在处理长文本和多语言问答方面的能力。MMLU 数据集包含多个语言和多个文档的问答对，要求模型从多个文档中找到正确的答案。TruthfulQA：TruthfulQA 是一个评估模型生成真实和准确回答水平的任务。该任务旨在评估模型在生成真实和可信回答方面的能力。TruthfulQA 数据集包含一系列问题和模型生成的回答，要求模型生成真实和准确的回答。

行比较分析。前面已经介绍了模型对比分析结果，可以看到，低成本的微调模型在解决专业领域方面并不逊于从头训练的行业专有模型。

##  章节小结

- 实践建议

1. 尝试使用本章介绍的工具（如 Unstructured、HanLP）处理金融文本数据。
2. 实践 PDF 文档的文本提取和结构化。
3. 比较不同中文分词工具的效果。
4. 尝试使用 FinGPT 框架微调一个小型金融 LLM。

- 实践建议

1. 深入学习 BloombergGPT 和 FinGPT 的相关论文。
2. 探索更多金融 NLP 任务和数据集。
3. 研究大语言模型在金融领域的最新应用案例。

- 总结

本章全面介绍了金融大语言模型的数据基础，从原始数据到模型训练的全流程。通过学习本章内容，读者将能够理解金融大语言模型的独特性，掌握相关的数据处理技术，为构建自己的金融 AI 应用奠定基础。BloombergGPT 和 FinGPT 的案例分析为读者提供了两种不同的金融大语言模型开发路径，有助于读者根据自身需求选择合适的方法。

# 第 8 章
# 利用大语言模型对金融信息进行深度分析

- 章节概述

本章探讨了大语言模型在金融信息深度分析中的应用。从模型的一般用途出发，重点介绍了如何利用大语言模型进行文本生成、文字提炼、语言转换和代码生成等任务。本章还通过具体案例，展示了如何使用大语言模型分析英伟达财报电话会议、比较美联储会议纪要、跟踪分析师观点变化，以及建立美联储情绪指数等。本章强调了 RAG 技术在金融分析中的重要性，并对开源与闭源模型在金融领域的应用进行了对比。

- 学习重点

1. 理解大语言模型在金融分析中的多种应用场景。
2. 掌握 RAG 技术的基本原理和应用方法。
3. 学习如何使用 LangChain 框架进行文档比较和信息检索。
4. 了解开源模型如 FinGPT 和闭源模型如 GPT-4 在金融分析中的表现差异。
5. 掌握金融文本情感分析的技术和方法。
6. 理解如何构建和应用金融领域的情绪指数。

- 素养目标

利用大语言模型分析金融信息时，秉承"科技向善"理念，以数据安全和合规性为底线，培养风险防控意识与社会责任感。

金融大语言模型

- **本章思维导图**

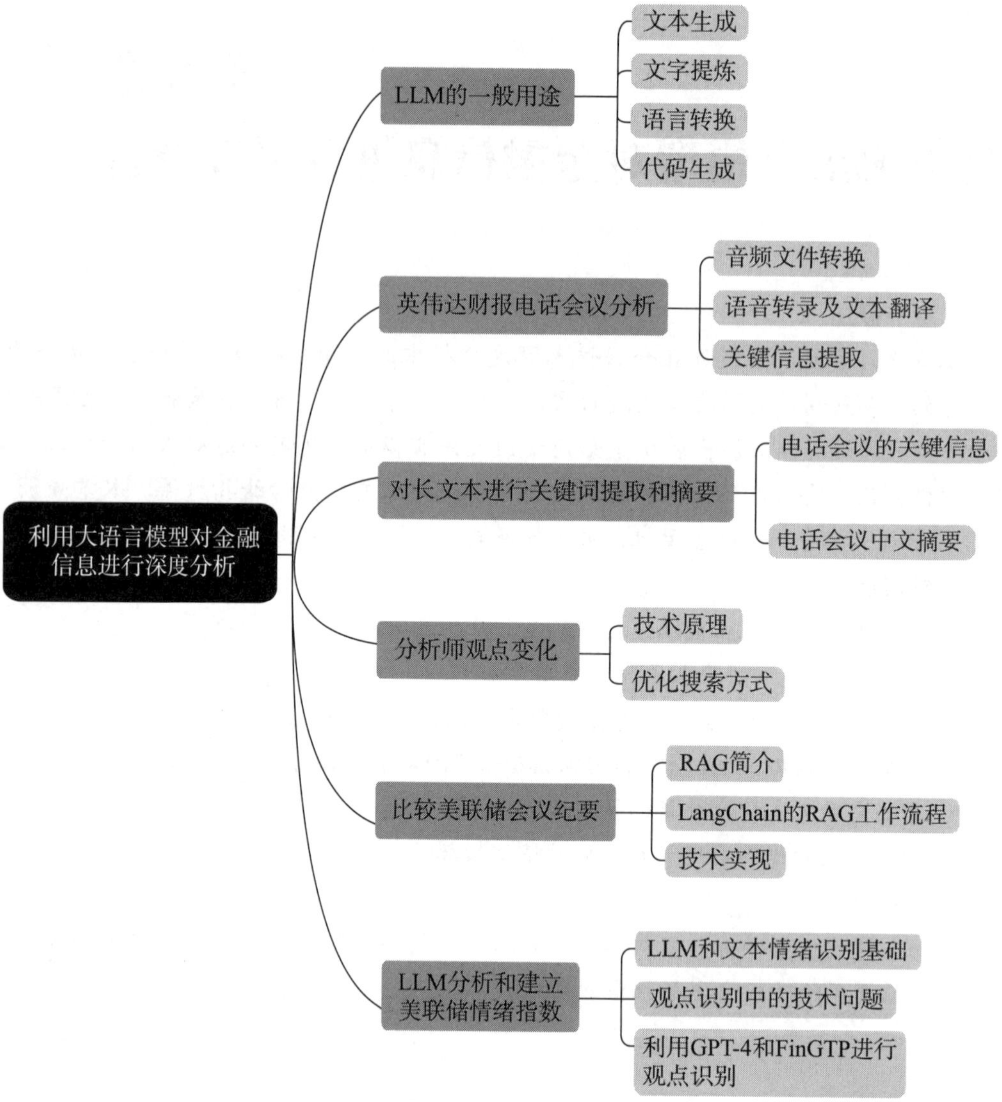

```
                                            ┌─ 文本生成
                          ┌─ LLM的一般用途 ──┼─ 文字提炼
                          │                 ├─ 语言转换
                          │                 └─ 代码生成
                          │
                          │                              ┌─ 音频文件转换
                          ├─ 英伟达财报电话会议分析 ──┼─ 语音转录及文本翻译
                          │                              └─ 关键信息提取
                          │
利用大语言模型对金融 ─────┤                                      ┌─ 电话会议的关键信息
信息进行深度分析           ├─ 对长文本进行关键词提取和摘要 ──┤
                          │                                      └─ 电话会议中文摘要
                          │
                          │                       ┌─ 技术原理
                          ├─ 分析师观点变化 ──┤
                          │                       └─ 优化搜索方式
                          │
                          │                            ┌─ RAG简介
                          ├─ 比较美联储会议纪要 ──┼─ LangChain的RAG工作流程
                          │                            └─ 技术实现
                          │
                          │                                 ┌─ LLM和文本情绪识别基础
                          └─ LLM分析和建立 ─────────┼─ 观点识别中的技术问题
                             美联储情绪指数              └─ 利用GPT-4和FinGTP进行
                                                               观点识别
```

从本章起,我们将深入探讨大语言模型的深度运用,即其在工业领域的应用。通过本章的学习,读者将逐步转变为产品经理、系统架构师等角色,而不仅仅是金融行业的从业者。我们将概述大语言模型的一般用途,然后结合金融行业的实际用例,探讨这些通用功能在金融领域中的具体实现方式。

## 8.1 大语言模型的一般用途

大语言模型是经过训练的语言生成预测工具。那么,这些模型具体能够为人类实现哪些功能呢?2023年5月,OpenAI公司的Andrej Karpathy在其演讲中清晰地阐述了预训练模型转变为实际应用模型的过程。

研究人员首先发现,经过微调的大模型能够迅速完成那些以往需要专门自然语言处理模型才能执行的任务,例如文字的情感识别。这一现象出现的主要原因是Transformer在语言建模任务中被迫同时处理大量任务,因为它必须理解文本的结构及其所包含的各种概念,以便预测下一个标记。这是GPT-1的工作原理。此时微调成了释放大模型潜能的一个主要方法。在GPT-2时期,人们意识到,相较于微调,更有效的方法是提示工程,即用户可以通过精心设计的提示词来引导模型产生期望的输出。具体做法是通过构造特定文档来诱导模型执行特定任务。例如,我们提供一些段落,然后进行问答,经过几次提示后,我们提出问题,随后,当大语言模型尝试完成文档时,它实际上是在回答我们的问题。这是一个提示工程基础模型的示例,通过提示工程让模型认为它正在模仿文档,并促使其执行特定任务。这标志着提示工程优于微调(Prompt over Finetuning)时代的到来。我们发现,即使不对任何神经网络进行微调,模型在许多问题上也能表现出色。

这便是理解大模型功能的根本出发点:本质上,它是通过利用各种机制,包括微调、有监督微调、奖励微调、人类反馈强化学习模型等,赋予模型各类专业能力,以使其能够与人类进行有效交互。

接下来,我们将对迄今为止大语言模型的应用领域进行总结。

### 8.1.1 文本生成

文本生成是大语言模型的一项基础功能。通过应用微调技术、人类反馈强化学习以及提示工程等方法,可以促使这些模型产出风格多样、类型丰富的文本。以下是一些典型的文本生成示例。

- 产品名称生成器:根据描述和种子词生成产品名称。
- 电子表格创建者:创建各种数据的电子表格。
- VR健身创意生成器:产生健身推广虚拟现实游戏的想法。
- Marv讽刺聊天机器人:Marv是一个既真实又讽刺的聊天机器人。

- 面试问题：创建面试问题。
- 根据规范创建 Python 函数：根据规范创建 Python 函数。
- 单页网站创建者：创建一个单页网站。
- 说唱较量（battle）作家：在两个角色之间进行说唱较量。
- 表情符号聊天机器人：仅使用表情符号生成对话回复。
- 苏格拉底导师：作为苏格拉底式导师生成答案。
- 从自然语言到 SQL（Structured Query Language，结构化查询语言）：将自然语言转换为 SQL。
- 赞成与反对讨论者：分析给定主题的优点和缺点。
- 课程计划编写者：为特定主题生成课程计划。

我们以"分析远程办公和办公室办公的优缺点"为例，演示如何通过设计提示词和 API 调用完成这个任务。从本章开始，我们的重点是探索如何从代码实现的角度来掌握大语言模型，因此，我们会提供大语言模型交互的关键代码示例：

```python
import os
import openai

openai.api_key = os.getenv("OPENAI_API_KEY")

response = openai.ChatCompletion.create(
model = "gpt-4",
  messages = [
{
"role": "user",
"content": "分析远程办公和办公室办公的优缺点"
  },
{
"role": "assistant",
"content": "远程办公的优点:\n1. 灵活性:工作地点和时间更加灵活,能够自由调整,以满足个人的需求和生活习惯。\n2. 提高生产力:减少了通勤时间,可以专注于工作,提高效率。\n3. 省钱:节省了交通费、午餐费和其他与上班有关的开销。\n4. 有利于工作生活平衡:可以有更多的时间和精力投入到家庭和个人爱好中。\n\n远程办公的缺点:\n1. 沟通困难:没有面对面的交流,可能会导致沟通效率下降,误解和冲突可能会增加。\n2. 缺乏团队协作:每个人在不同的地点,很难建立紧密的团队合作。\n3. 容易分心:在家工作可能会受到家庭生活的干扰,导致分心。\n4. 职业生涯发展受限:由于缺乏与人面对面交流的机会,可能会影响到个人的职业发展。\n\n办公室办公的优点:\n1. 易于沟通和协作:员工可以直接进行面对面的交流,便于快速解决问题和提高工作效率。\n2. 建立社交网络:员工可以通过日常的互动建立起关系网,有助于职业发展。\n3. 易于管理:管理者可以直接管理和指导员工,更好地掌控工作进度和质量。\n\n办公室办公的缺点:\n1. 通勤时间长:员工需要花费时间进行上下班的通勤,这部分时间无法用于工作或休息。\n2. 工作压力
```

```
大:员工在办公室可能会感到压力更大,尤其是在高强度的工作环境中。\n3. 工作生活界限模糊:
长时间在办公室可能会使工作和生活的界限变得模糊,影响生活质量。"
        }
    ],
    temperature = 0.8,
max_tokens = 1024,
    top_p = 1,
    frequency_penalty = 0,
    presence_penalty = 0
)
```

此外,我们还可以通过调用开源模型来对比同一个问题的不同回答。为此,我们让五个知名的大语言模型来回答以下问题:**描述美国劳动力市场的基本情况**。这五个模型分别是 ChatGPT-3.5、text-davinci-003、Cohere、Google FLAN 和 Zephyr。它们中既有开源模型,也有闭源模型。我们的研究结果显示,在回答单个问题的质量上,部分开源项目的表现已经非常接近于闭源的 ChatGPT-3.5 和 Cohere 模型。以下展示了相应的示例代码及其输出结果。

```
# 安装各类模型
! pip install langchain openai cohere huggingface_hub ipywidgets chromadb google-search-results -q
import os
import langchain
from langchain.llms import OpenAI, Cohere, HuggingFaceHub
from langchain.chat_models import ChatOpenAI
from langchain.schema import (
    AIMessage,
        HumanMessage,
        SystemMessage
)
from langchain.llms import HuggingFaceHub
from huggingface_hub import InferenceClient

# 导入各种 API KEY
os.environ["OPENAI_API_KEY"] = ""
os.environ["COHERE_API_KEY"] = ""
os.environ["HUGGINGFACEHUB_API_TOKEN"] = ""
# 选择五个不同的 LLMs 进行比较
chatgpt = ChatOpenAI(model_name='gpt-3.5-turbo')
gpt3   = OpenAI(model_name='text-davinci-003')
```

```
cohere = Cohere(model = 'command - xlarge')
flan   = HuggingFaceHub(repo_id = "google/flan - t5 - xxl")
zeph   = HuggingFaceHub(repo_id = "HuggingFaceH4/zephyr - 7b - alpha")
text   = "Describe the basic structure of US job markets based on solid and trustable numbers and facts."
```

请扫码查看各个模型输出结果的截图，[二维码8-1]。细心的读者可能会注意到，除了 Google Flan 模型，其他四个模型均提供了相当优秀的答案。OpenAI 公司的 ChatGPT-3.5 模型与文本生成模型给出的答案存在差异，这表明 ChatGPT-3.5 模型经过了特定的微调和强化训练。这个简单的文本生成实验向我们展示了在不同的研究或者工业环境中，选择合适的大语言模型的重要性。

### 8.1.2 文字提炼

自然语言处理的一类核心功能在于识别关键字、识别实体以及生成文章摘要等。此类应用场景极为广泛，例如：

- 简化文本到二年级学生水平：简化文本，使之适合二年级学生的理解水平。
- 解析非结构化数据：将非结构化文本转化为表格。
- 解释代码：解释复杂的代码片段。
- 关键词：从一块文本中提取关键词。
- 推文分类器：检测推文中的情绪。
- 心情到颜色：将文本描述转化为颜色。
- 会议记录总结器：总结会议录音，包括总体讨论、行动项目和未来主题。
- 评论分类器：根据标签集对用户评论进行分类。

我们将继续使用 OpenAI API 与 Hugging Face 的开源模型进行对比测试。测试内容是从以下英文段落中提取关键词。该段落涉及一种陶器的制作工艺、产地及传承，属于较为复杂和专业的描述。我们将同时评估模型在中文和英文关键词提取方面的能力。为此，我们将下面这两段文字定义为 Text，并分别输入两个模型中进行测试。

"Black-on-black ware is a 20th and 21st century pottery tradition developed by the Puebloan Native American ceramic artists in Northern New Mexico. Traditional reduction-fired blackware has been made for centuries by pueblo artists. Black-on-black ware of the past century is produced with a smooth surface, with the designs applied through selective burnishing or the application of refractory slip. Another style involves carving or incising designs and selectively polishing the raised areas. For generations several families from Kha'po Owingeh and P'ohwhóge Owingeh pueblos have been making black-on-black ware with the techniques passed down from matriarch potters. Artists from other pueblos have also produced black-on-black ware. Several contemporary artists have created works honoring the pottery of their ancestors."

"黑背黑陶器是由北新墨西哥的普韦布洛美国原住民陶艺家发展起来的 20 世纪和 21 世纪的陶器传统。几个世纪以来，普韦布洛艺术家一直在制作传统的还原烧制黑陶器。过去一个世纪的黑背黑陶器表面光滑，设计通过选择性抛光或施加耐火涂料来实现。另一种风格涉及雕刻或刻线设计，并选择性地打磨凸起的区域。几代来，来自卡波欧因格和波赫沃格欧因格普韦布洛的几个家族一直在使用由女陶工传承下来的技术制作黑背黑陶器。其他普韦布洛的艺术家也制作了黑背黑陶器。几位当代艺术家创作了作品，以向他们祖先的陶器致敬。"

#### 8.1.2.1　用 OpenAI API 提取关键字

使用 OpenAI API 提取英文段落的关键字，可扫码查看相关代码，[二维码 8-2]。

得到如下英文关键字：

Black-on-black ware, pottery tradition, Puebloan Native American, ceramic artists, Northern New Mexico, reduction-fired blackware, pueblo artists, smooth surface, designs, selective burnishing, refractory slip, carving, incising, polishing, raised areas, generations, families, Kha'po Owingeh, P'ohwhóge Owingeh, matriarch potters, other pueblos, contemporary artists, works, honoring, pottery, ancestors.

同样，输入中文后，我们得到如下关键字：

黑背黑陶器、陶器传统、普韦布洛美国原住民、陶艺家、北新墨西哥、还原烧制黑陶器、光滑表面、设计、选择性抛光、耐火涂料、雕刻、刻线设计、打磨、凸起的区域、家族、卡波欧因格、波赫沃格欧因格、女陶工、技术、其他普韦布洛、当代艺术家、作品、祖先、致敬。

#### 8.1.2.2　用开源模型提取关键字

我们将采用开源模型再次执行相同的任务。本次选择的是 Zephyr 7B Alpha 模型，该模型被公认为目前最先进的开源大语言模型之一。通过该模型，我们分别得到的英文和中文的关键词列表如下：

Pottery techniques, Puebloan Native American ceramic artists, blackware, reduction-fired, selective burnishing or refractory slip, carving or incising designs, polishing, generations, matriarch potters, contemporary artists, honoring the pottery of their ancestors.

陶技术、北新墨西哥普韦布洛美国原住民陶艺家、黑背黑陶器、还原烧制、女陶工、传统、几代以来、制作、耐火涂料、抛光、选择性地打磨凸起的区域、当代艺术家。

我们对上述测试结果进行了分析。两个模型均有效地提取了关键词，但 OpenAI 在关键词的数量和质量方面表现更胜一筹。为了进一步测试中文关键词的提取效果，我们采用百川（Baichuan-7B）模型进行测试，该模型是当前综合评分最高的开源中文模型之一。通过该模型，我们得到的中文关键词列表如下：

黑背黑陶器、北新墨西哥、普韦布洛、美国原住民陶艺家、20世纪和21世纪的陶器传统、还原烧制、表面光滑、设计选择性地抛光或施加耐火涂料、雕刻或刻线设计、选择性打磨凸起区域、卡波欧因格、波赫沃格欧因格、女陶工传承技术、当代艺术家。

百川模型提取的中文关键词的质量相较于 Zephyr 模型有所提升，但与 ChatGPT-3.5 相比仍有明显差距。从结果分析来看，虽然两个开源模型的分词能力显然不如 OpenAI，但这也让我们对 Zephyr 模型的微调潜力充满期待，因为从基座模型的角度看，它已经展现出了卓越的性能。

### 8.1.3 语言转换

至关重要的语言转换工作包括文字翻译和代码编写等。这些转换任务依赖于大语言模型在海量数据训练中所掌握的语法、句式结构、逻辑推理以及语气表达等技巧。语言转换有如下应用场景。

- 语法修正：将不符合语法标准的语句改正为标准语言。
- 表情翻译：将常规文本翻译成表情文本。
- 时间复杂度计算：找出函数的时间复杂度。
- Python 错误修复：查找并修复源代码中的错误。
- 机场代码提取：从文本中提取机场代码。
- 逐步导航：将自然语言转换为逐步导航指南。
- 代码效率改进：提供提高 Python 代码效率的思路。
- 备忘录撰写：基于提供的要点生成公司备忘录。
- 翻译：翻译自然语言文本。

我们以机场代码为例来测试。我们同时测试英文和中文。测试内容如下：

---

问题：You will be provided with a text, and your task is to extract the airport codes from it. I want to fly from Orlando to Boston.

回答：

（OpenAI）Orlando：MCO；Boston：BOS

（开源模型 Baichun-7B）ORL and BO

问题：你的任务是从下面这段话中提取机场代码。我要从北京飞到万州旅游。

回答：

（OpenAI）北京：PEK；重庆万州：WXN

（开源模型 Baichun-7B）PEK 和 KWA 是北京首都国际机场和重庆万州机场

---

在该任务中，开源模型百川模型在每个回答中均存在错误。在测试了其他开源模

型后，我们发现它们对重庆万州机场的识别同样存在错误。错误类型包括将重庆江北机场与重庆万州机场混淆，以及将万州机场的代码 WXN 错误地标注为 WUH。这两个错误均源于模型未能准确理解"重庆万州"① 这个特殊地名。

### 8.1.4 代码生成

大语言模型的训练数据集中包含了大量的程序代码。相较于自然语言，这些代码结构更为简单，且具有更强的规范性。因此，大语言模型在处理与代码相关任务时，展现出了明显的优势。常见的代码任务包括：

- 代码生成：生成特定任务的代码。
- 代码解释：解释复杂的代码。
- Python 错误修复：查找并修复源代码中的错误。
- Python 函数规范创建：根据规范创建 Python 函数。
- 代码效率改进：提供 Python 代码效率改进的思路。
- 单页网站创建：创建单页网站。
- 自然语言转 SQL：将自然语言转化为 SQL。

在本例中，我们通过代码修复任务来展示闭源与开源模型的性能对比。闭源模型方面，我们选择目前代码类排名第一的 Phind-CodeLlama-34B-v2，该模型在某些测试中的表现甚至超过了 GPT-4。Phind-CodeLlama-34B-v2 是在 Phind 数据集上对 CodeLlama-34B 和 CodeLlama-34B-Python 进行微调后的结果。在广受认可的 HumanEval 数据集上，该模型分别达到了 67.6% 和 69.5% 的通过率，该数据集被视为模拟人类程序员面试题目的集合。根据 2023 年 3 月的官方技术报告，GPT-4 的通过率为 67%。为确保结果的有效性，作者将 OpenAI 的去污方法应用于我们的数据集。经过数据去污处理后，CodeLlama 甚至获得了更高的通过率。

我们这次的测试任务是让模型找出一段 Python 代码中的错误并且修改，测试代码如下：

```
import Random
a = random. randint(1,12)
b = random. randint(1,12)
for i in range(10):
    question = "What is " + a + " x " + b + "? "
    answer = input( question)
if answer = a * b
print (Well done!)
else:
print("No.")
```

---

① 万州区位于重庆市东北部，是三峡库区的核心地带。万州于 1998 年从四川省并入新成立的重庆直辖市。万州机场是重庆市的第二大机场，于 2019 年 11 月 18 日旅客吞吐量突破 100 万人次，成为重庆市第一个支线机场旅客吞吐量突破百万人次的机场。

测试结果如表 8.1 所示。

表 8.1　两个模型的对比

| 项目 | GPT-4 | Phind-CodeLlama-34B-v2 |
|---|---|---|
| 错误分析 | 1. Python 是区分大小写的。模块名应该是"random"而不是"Random"<br>2. 如果你想为每个问题生成新的随机数，变量"a"和"b"应该在循环内部<br>3. 在"question"变量中，你试图将字符串与整数连接，这会引发 TypeError。你需要在连接之前将"a"和"b"转换为字符串<br>4. 在"if"语句中，使用赋值运算符"="而不是比较运算符"=="<br>5. "if"块中的"print"语句缺少字符串的引号<br>6. "input"函数返回一个字符串，所以你需要在比较之前将"answer"转换为整数 | 1. 导入语句有误，应该是"import random"而不是"import Random"。Python 是区分大小写的<br>2. if 条件存在语法错误，应该使用"=="进行比较，而不是"="<br>3. "if"和"else"语句末尾缺少冒号<br>4. 缩进错误。Python 依赖缩进来确定语句的分组 |
| 修订代码 | `import random`<br>`for i in range（10）:`<br>　　`a = random.randint（1, 12）`<br>　　`b = random.randint（1, 12）`<br>　　`question = " What is " + str（a） + " x " + str（b） +"？"`<br>　　`answer = int（input（question））`<br>　　`if answer == a * b:`<br>　　　　`print（" Well done!"）`<br>　　`else:`<br>　　　　`print（" No."）` | `import random`<br>`a = random.randint（1, 12）`<br>`b = random.randint（1, 12）`<br>`for i in range（10）:`<br>　　`question = " What is " + str（a） +" x " + str（b） +"？"`<br>　　`answer = int（input（question））`<br>　　`if answer == a * b:`<br>　　　　`print（" Well done!"）`<br>　　`else:`<br>　　　　`print（" No."）` |

从过程分析和结论来看，两个模型表现非常接近，唯一的区别在于，GPT-4 提出了一个更为优化的建议：若想为每个问题生成新的随机数，变量"a"和"b"应定义在循环内部，而原始代码中这两个变量是位于循环外部的。从这个角度上说，开源模型更忠实于原始代码，而 GPT-4 则提出了一个有益的建议。然而，就代码修订任务本身而言，两者均以 100% 的准确率完成了任务。

通过上述众多实例，我们可以观察到，经过预训练和强化学习的大语言模型在自然语言处理领域已经达到了相当高的水平。无论是在文本生成、信息提炼、文本转换还是代码生成等方面，这些模型都有广泛的实际应用，极大地提高了依赖文本的服务行业的工作效率。

除了在自然语言处理方面的应用，大语言模型在音频和视频处理领域同样展现出了卓越的能力。本章后续的内容中，我们将通过一个完整的案例，展示如何将音频、视频与文字处理相融合。

## 8.2 用大语言模型深度分析英伟达财报电话会议

上市公司的财报电话会议及其披露的其他重要事项是投资者获取资讯的重要来源。在这些会议中,公司高管的参与不仅提供了关键信息,而且相较于正式的财务报告,会议内容更加丰富和直观。此外,机构投资者与公司高管之间的互动,通常涉及市场高度关注的问题。因此,深入分析公司的电话会议内容,对于投资行业而言,是一项至关重要的工作,也是股价波动的一个重要因素。

从自然语言处理的角度来看,这一过程包括了众多关键任务,如语音识别转写、多语言文本互译、内容摘要、关键信息提取以及对比分析等。我们以英伟达(NVIDIA)公司 2023 财年第二季度财报电话会议(2023 年 8 月 23 日举行)为例,对此进行深入分析。

### 8.2.1 获取电话会议的音频文件

英伟达官网提供了该次会议的 MP4 视频文件。首先,需要下载该视频文件,并将其转换成 MP3 音频文件。转换过程的代码如下:

```python
import yt_dlp

# 设置选项
ydl_opts = {
'format': 'bestaudio/best',
'outtmpl': 'nvdia23Q2',
'postprocessors': [{
'key': 'FFmpegExtractAudio',
'preferredcodec': 'mp3',
'preferredquality': '192',
}],
}

# 填入视频的 URL
url = ''

# 创建 yt_dlp 下载器对象
with yt_dlp.YoutubeDL(ydl_opts) as ydl:
    ydl.download([url])
```

## 8.2.2 将音频文件转为文本同时翻译成中文

### 8.2.2.1 语音转录

语音转录,即将语音转换为文字,是主流的自然语言处理项目。目前,由 OpenAI 公司开发的 Whisper 模型在该领域排名第一。读者可扫码查看截至 2023 年 10 月 21 日的语音转录模型排名,[二维码 8-3]。Whisper 模型是一款开源模型,用户可以将其下载至本地进行使用。

使用 Whisper 模型有两种主要方式:第一种是将音频文件上传至 OpenAI 公司的服务器进行处理;第二种则是在本地进行处理。相较于前者,后者在隐私保护方面更为优越,

并且更适合于工程应用,尤其是在金融行业等需要批量处理大量音频文件的场景中,本地并行计算能够显著提高处理效率。下面将介绍如何在本地安装并使用 Whisper 模型,特别是针对大号模型的应用。感兴趣的读者可扫码查看 Whisper 模型的不同型号信息,[二维码 8-4]。测试环境为搭载苹果 M2 芯片的设备。苹果芯片采用 CPU + GPU 的组合结构,

随着越来越多的项目开始支持苹果 GPU,本项目中利用 GPU 进行运算,速度至少是 CPU 的三倍。

我们使用 Whisper.cpp 项目进行测试。[①] 这个项目的优势是:高性能推理 OpenAI 的 Whisper 自动语音识别(Automatic Speech Recognition,简称 ASR)模型;使用 C/C++ 实现,无依赖关系;针对 Apple Silicon 进行了优化,支持 ARM NEON、Accelerate 框架、Metal 和 Core ML;支持 X86 架构的 AVX(Advanced Vector Extensions,高级向量扩展)指令集和 POWER 架构的 VSX(Vector Scalar Extension,向量标量扩展)指令集;支持混合 F16/F32 精度;支持 4 位和 5 位整数量化;低内存使用(Flash Attention,快速注意力);运行时零内存分配;支持仅 CPU 推理。下面是具体的实施过程和代码。

前置条件一:因为本项目使用 C++ 实现,需要确保苹果电脑上安装了 Xcode 工具。

前置条件二:目前本项目只支持 16bit 的 Wav 的音频文件,所以我们需要用 Ffmpeg 转换音频文件格式,我们可以在终端中运行如下命令行:

```
ffmpeg -i nvdia23Q2_audio.mp3 -ar 16000 -ac 1 -c:a pcm_s16le nvdia23Q2_audio.wav
```

现在开始执行项目。

运行 git 命令来克隆 Whisper.cpp 项目:

```
git clone https://github.com/ggerganov/whisper.cpp.git
```

随后进入项目的目录:cd whisper.cpp,下载 Whisper 模型。

---

[①] https://github.com/ggerganov/whisper.cpp,访问日期:2025-03-01。

```
bash ./models/download-ggml-model.sh large
```

这里我们下载的是大号模型 Large，一般下载 Base 模型即可。读者可以根据自己机器的配置下载模型，修改参数即可。

在苹果 M 芯片上，编码器推理可以通过 Core ML 在苹果神经引擎（ANE）上执行。这可以显著加快执行速度，比仅使用 CPU 执行快三倍以上。以下生成 Core ML 模型并在 Whisper.cpp 中使用。

安装相关依赖：

```
pip install ane_transformers
pip install openai-whisper
pip install coremltools
```

生成 Core ML 模型：

```
./models/generate-coreml-model.sh large
```

这将生成文件夹 models/ggml-large-encoder.mlmodelc。

接下来，使用 Core ML 支持构建 Whisper.cpp[①]：

```
#using Makefile
make clean
WHISPER_COREML=1 make -j

# using CMake
cd build
cmake -DWHISPER_COREML=1 ..
```

到这一步我们就构造完支持 Core ML 的文件了，下面是使用文件转录音频的指令，同时将转录文本输出到：

./main -m models/ggml-large.bin -f samples/nvdia23Q2_audio.wav -otxt

项目运行时间 194 秒，会议时长一共是 1 小时 4 分钟，转录单词数量 8364。

以下是部分转录文字示例：

```
Good afternoon. My name is David and I'll be your conference operator today.
At thistime I'd like to welcome everyone to NVIDIA's second quarter earnings call.
Today's conference is being recorded.
All lines have been placed on mute to prevent any background noise.
After the speaker's remarks, there will be a question and answer session.
If you'd like to ask a question during this time, simply press the star key followed by the number one on your telephone keypad.
If you'd like to withdraw your question, press star one once again.
Thank you. Simona Jankowski, you may begin your conference.
```

---

① 读者请注意 GitHub 项目页面这段代码有误，这里给出的是正确的代码。

目前，Whisper 仅支持其他语言文本转录时自动翻译成英文，而不支持英文文本转录时自动翻译成其他语言。因此，若需获取中文版本的全文内容，必须将英文文本内容手动翻译成中文。

#### 8.2.2.2 长文本翻译的技术路线

在长文本翻译的技术路线中，终端用户通常可以将需要翻译的文本复制并粘贴到大语言模型的交互界面上以完成翻译。然而，对于工业应用场景而言，这种方式并不适合。这是因为很多闭源模型都设有最大令牌数限制，无法一次性处理超过该限制的文本量。此外，还存在数据安全的问题。行业用户更倾向于在本地进行专有文档的翻译工作。因此，我们在此测试了本地长文本翻译的可行性。

在本地进行大批量文本翻译主要有两种方案：第一种是采用专业的翻译模型，这些模型大多基于 Transformer 结构，其训练语料主要来源于专业领域的语言词典；第二种方案则是利用通用的大语言模型进行翻译。我们提供了两种方案的实例比较，结果表明，通用的大模型在翻译表现上完胜专业模型。

对于专业翻译的模型选择，读者可扫码查看 Hugging Face 的翻译类大模型下载排名，［二维码 8-5］（截至 2023 年 10 月 22 日）。

其中赫尔辛基（Helsinki）大学的专业翻译模型排名很高，它的主要优势是针对每两种语言进行了微调。我们从英伟达的英文电话会议转录中选取了如下段落进行机器翻译。

原文：

Good afternoon. My name is David and I'll be your conference operator today.

At thistime I'd like to welcome everyone to NVIDIA's second quarter earnings call.

Today's conference is being recorded.

All lines have been placed on mute to prevent any background noise.

After the speaker's remarks, there will be a question and answer session.

If you'd like to ask a question during this time, simply press the star key followed by the number one on your telephone keypad.

If you'd like to withdraw your question, press star one once again.

Thank you. Simona Jankowski, you may begin your conference.

Thank you. Good afternoon, everyone, and welcome to NVIDIA's conference call for the second quarter of fiscal 2024.

With me today from NVIDIA are Jensen Huang, president and chief executive officer, and Colette Kress, executive vice president and chief financial officer.

I'd like to remind you that our call is being webcast live on NVIDIA's investor relations website.

The webcast will be available for replay until the conference call to discuss our financial results for the third quarter of fiscal 2024.

The content of today's call is NVIDIA's property.

专业模型 Helsinki-NLP/opus-mt-en-zh 的翻译结果如下：

  下午好，我叫大卫，今天我是你的会议接线员。此时，我欢迎大家到 NVIDIA 第二季度的收入征集会。今天的会议正在记录之中。所有线路都被贴在哑巴上以防止任何背景。在演讲者发言之后会有一个问答会。如果您在这段时间里要问一个问题请按下星键在您的电话键上紧随第一号键。如果您想撤回您的问题请再次按下您的名字。感谢您 Simona Jankowski 您可以开始您的会议。感谢您，下午好欢迎您到 NVIDIA 第二季度的电话来以防任何背景。在今天 NVIDIA 的第二季度会议电话是 Jensen Huang, 主席和首席执行官以及 Colette Kress 执行副总裁和首席财务官。我想提醒您一下我们的电话是在 NVIDIA 的投资者关系网站上现场直播。在会议召开之前请重播到会议来讨论我们的财政结果将会在 2024 年的第三季度里发布。

  注意，该模型漏掉了最后一句。

通用模型 Xwin-lm-70B-v0.1 的翻译结果如下：

  早上好。我是大卫，今天将为您提供 NVIDIA 第二季度利润会议的操作员。

  现在，我们非常高兴为您提供 NVIDIA 第二季度收益电话会议。

  本次会议正在进行录音。

  所有电话都已被静音，以防止背景。

  在发言人评论后，我们将进行问答环节。

  如果您想在此期间提问，只需按电话键盘上的星号（*）和数字 1 即可。

  如果您想撤回问题，请再次按星号 1。

  谢谢。丹妮拉·扬科夫斯基，您可以开始您的会议了。

  谢谢。大家好，欢迎参加 NVIDIA 第二季度财务会议。

  与我今天在 NVIDIA 的是强森·黄，总统和首席执行官，以及科莱特·克雷斯，执行副总裁和首席财务官。

  我想提醒您，本次会议在 NVIDIA 投资者关系网站上进行了实时网络直播。

  网络直播将在我们讨论第三季度财务结果的会议结束前提供重播。

  今天的电话内容属于 NVIDIA。

出于对比，我们也提供了 OpenAI GPT-3.5 的翻译结果[①]：

  午安。我是大卫，今天将担任您的会议操作员。

  此时我想欢迎大家参加 NVIDIA 的第二季度财报电话会议。

  今天的会议正在录制。

---

① 这段翻译是经过专业提示词提高后的翻译，基础模型是 GPT-3.5turbo，来源于：http://yulian.ai。

为了防止任何背景，所有线路都已静音。

在发言人发表讲话后，将进行问答环节。

如果您想在此期间提问，请简单地按下电话键盘上的星号键，然后再按下数字键一。

如果您想撤回您的问题，请再次按下星号键。

谢谢。西蒙娜·詹科夫斯基，您可以开始您的会议。

谢谢。大家下午好，欢迎参加 NVIDIA 2024 财年第二季度的电话会议。

今天与我一同出席的是 NVIDIA 的总裁兼首席执行官 Jensen Huang，以及执行副总裁兼首席财务官 Colette Kress。

我想提醒大家，我们的电话会议正在 NVIDIA 投资者关系网站上进行现场网络直播。

直播将在 2024 财年第三季度财报电话会议之前提供回放。

今天的通话内容属于 NVIDIA 的财产。

在进行长文本翻译时，技术层面上主要面临的问题是大语言模型通常对输入和输出的字数设有限制。因此，对于那些超过字数限制的翻译任务，我们需要将原始文档拆分成更小的文档，以符合字数限制的要求。

总的来说针对本地大批量文本翻译，目前已有较为成熟的解决方案，开源和闭源模型均展现出卓越的性能。就目前而言，OpenAI 的表现最为出色，然而，开源模型仍具有巨大的优化潜力。

## 8.3　对长文本进行关键词提取和摘要

从金融投资者的角度出发，我们接下来将对文档进行深入分析。我们将运用前文介绍的自然语言分析工具，并结合金融市场的实际需求进行展示。

### 8.3.1　电话会议的关键信息

投资者和研究人员首先关注的是，在长达一个多小时的电话会议中，参与的公司高层和投资者有哪些，会议讨论涉及的产品、服务、人员和组织机构等信息是什么，以及会议中提到了哪些关键词。这些都是最基础且必要的内容。

提取这些信息最关键的是应用提示工程。我们测试的模型是 TheBloke/Xwin-LM-70B-V0.1-GGUF。这是一个量化 GGUF 模型（Quantized Generalized Gradient Unrelated Flow Model，量化广义梯度无关流模型），可以在消费级电子设备上成功运行。我们一般推荐使用 7B 参数的本地模型，因为大多数个人电脑都能够支持这一规模的模型。请扫码查看 GPT-3.5 和 Xwin-LM-70B 模型提取电话会议关键信息的不同表现，[二维码 8-6]。

通过对比我们不难发现，开源模型虽然在细节上有些地方不如 GPT-3.5，但是总体表现已经非常接近。如果考虑到这些模型训练成本的巨大差异，将来开源模型的发展空间很大。[1]

### 8.3.2 电话会议中文摘要

文本摘要是大语言模型最擅长的，也是金融领域最常见的应用之一。对于长文本摘要，与文本翻译类似，需要将文本分割成较小的部分先分别进行摘要，然后再把各个部分整合成一个完整的摘要。在本节中，我们将对英伟达的电话会议记录进行摘要处理。

#### 8.3.2.1 OpenAI 的摘要

概要：

NVIDIA 宣布其第二季度收入达到创纪录的 135.1 亿美元，环比增长了 88%，同比增长了 101%，这一增长主要得益于数据中心和游戏业务的强劲表现。公司预测，随着对其加速计算和人工智能平台需求的持续增长，明年每个季度的供应量将逐步增加。

事实：

• NVIDIA 数据中心收入达到创纪录的 103.2 亿美元，环比增长 141%，同比增长 171%，主要受到云服务提供商和大型消费互联网公司对 NVIDIA HDX 平台的需求增加的推动。

• 网络收入同比增长近一倍，受到 NVIDIA 端到端 InfiniBand 网络平台的采用推动。

• 游戏收入为 24.9 亿美元，环比增长 11%，同比增长 22%，主要受到对 GeForce RTX 40 系列笔记本电脑和台式机 GPU 的强劲需求的推动。

• NVIDIA 的软件业务持续增长，年收入达数千亿美元，并且其 NVIDIA AI Enterprise 平台得到越来越多的采用。

• 公司预计第三季度总收入将达到 160 亿美元，主要受到对其用于人工智能的数据中心平台的强劲需求的推动。预计非通用会计准则毛利率为 71.5%，通用会计准则毛利率为 72.5%。

数据中心：

• 创纪录的 103.2 亿美元收入，环比增长 141%，同比增长 171%。

• 数据中心计算收入同比增长近三倍，受到云服务提供商和大型消费互联网公司

---

[1] GPT-4 的训练成本大约是 6700 万美元，Xwin-LM-70B 虽然没有披露完整的训练成本，但是根据项目的相关说明，成本很可能在 GPT-4 成本的 1% 左右。以 1% 左右的成本，达到了跟 GPT-4 类似的能力，这正是大模型未来的发展方向。

对 NVIDIA HDX 平台的需求推动。

· AWS、Google Cloud、Meta、Microsoft Azure 和 Oracle Cloud 等主要公司正在部署基于 NVIDIA Hopper 和 Ampere 架构 Tensor Core GPU 的 HDX 系统。

· 网络收入同比增长近一倍，受到 NVIDIA 端到端 InfiniBand 网络平台的推动。

游戏：

· 收入为 24.9 亿美元，环比增长 11%，同比增长 22%。

· 增长受到 GeForce RTX 40 系列笔记本电脑和台式机 GPU 的推动。

· 对 RTX 4060 GPU 推动的游戏笔记本电脑需求强劲。

· NVIDIA 的 GPU 笔记本电脑在多个地区受到欢迎，并超过台式机 GPU。

专业可视化：

· 收入为 3.75 亿美元，环比增长 28%，同比下降 24%。

· Ada 架构推动了强劲增长，第三季度将推出台式工作站的更新。

· 生成式人工智能、大语言模型开发和数据科学中的新工作负载扩大了 NVIDIA RTX 技术在专业可视化领域的机会。

汽车：

· 收入为 2.53 亿美元，环比下降 15%，同比增长 15%。

· 强劲的同比增长受到基于 NVIDIA 衍生的 Oren SOC 的自动驾驶平台的推动，与多家新能源汽车制造商合作。

· 与联发科技合作开发汽车 SOC，并集成 NVIDIA GPU 芯片组，适用于各种车辆领域。

软件：

· NVIDIA 的软件业务持续增长，年收入数千亿美元。

· NVIDIA AI Enterprise 是公司的机器学习项目，拥有超过 4500 个软件包和 1 万个依赖项。

· NVIDIA 与合作伙伴如 VMware、Snowflake、ServiceNow 和 Hugging Face 密切合作，将生成式人工智能带给全球企业。

· NVIDIA 的软件是其产品的关键组成部分，对公司的整体盈利能力起到贡献作用。

### 8.3.2.2 开源模型的摘要

我们选取了 TheBloke/Xwin-LM-7B-V0.2-GGUF 模型进行测试。该 7B 参数的模型在配备 96G 内存的 Macbook Pro M2 Max 设备上运行流畅。此外，我们还评估了 13B 和 70B 参数模型的性能，除 70B 参数模型在摘要中更突出重点外，三者在列举事实部分的表现相差无几。① 以下是该 7B 参数模型所做的摘要和列举的事实：

摘要：

在今天的电话会议中，NVIDIA 公布了 2024 财年第二季度的出色业绩，收入达到 15 亿美元，环比增长 8%，同比增长 1%，主要得益于数据中心和游戏业务的推动。数据中心收入环比增长 141%，同比增长 7%，主要是由于云服务提供商和大型企业对加速计算和生成式人工智能的强烈需求。NVIDIA Hopper 架构受到关注。公司预计第三季度将实现强劲增长，总收入预计达到 60 亿美元，环比增长 2%，增长动力同样来自数据中心和游戏业务。GAAP 和非 GAAP 毛利率分别为 7.5%，非 GAAP 运营费用为 2%。NVIDIA 正在扩大下一季度的 L40S GPU 产能和供应，预计数据中心和游戏领域的需求将保持强劲。公司的生态系统已为各行各业的生成式人工智能做好了准备，拥有广泛的客户基础和合作伙伴关系。

事实：

· NVIDIA 在第二季度取得了卓越的业绩，收入达到了创纪录的 150 亿美元，环比增长 8%，同比增长 1%，主要受到数据中心和游戏业务的推动。

· 数据中心收入环比增长 41%，主要受到云服务提供商和大型企业对加速计算和生成式人工智能的需求推动。

· NVIDIA 预计第三季度将实现强劲增长，总收入将达到 600 亿美元，环比增长 2%，主要受到数据中心和游戏业务的推动。

· 通用会计准则和非通用会计准则毛利率为 7.5%，非通用会计准则运营费用为 2%。NVIDIA 正在扩大供应链和产能，以满足下一个季度的需求，并推出 L40S GPU。

· 预计数据中心和游戏领域的需求将保持强劲。

· 通用会计准则和非通用会计准则运营费用为 7%，预计分别为 20 亿美元。NVIDIA 的生态系统为各行各业的生成式人工智能提供支持，并拥有广泛的客户基础和合作伙伴关系。

· 预计第三季度通用会计准则和非通用会计准则税率分别为 1%，预计分别为 60 亿美元，环比增长 2%。NVIDIA 正在扩大供应链，以满足生成式人工智能应用的需求。

· 预计第三季度数据中心和游戏领域将实现强劲增长。

· 通用会计准则和非通用会计准则毛利率为 7%，预计分别为 7.5%，非通用会计准则运营费用为 2 亿美元。NVIDIA 正在扩大供应链，以满足生成式人工智能应用的需求。

---

① 70B 模型的摘要内容是：NVIDIA 在第二季度取得了强劲的业绩，创下了 35 亿美元的收入纪录，环比增长 8%，同比增长 101%，这主要得益于数据中心的增长。人工智能相关的需求非常出色。黄仁勋讨论了公司的产品和生态优势：架构、软件、覆盖范围和速度。Colette Kress 讨论了每个季度供应的增加。NVIDIA 的产品在数据中心、游戏、专业可视化和汽车领域需求旺盛。生成式人工智能是关键的增长驱动力。NVIDIA 的软件收入正在增长，DGX Cloud 在云服务提供商和企业方面取得了成功。企业级 L40S GPU 和网络解决方案的需求也非常旺盛。

・预计第三季度数据中心和游戏领域的需求将保持强劲。通用会计准则和非通用会计准则毛利率为 7%，预计分别为 7.5%，非通用会计准则运营费用为 20 亿美元。NVIDIA 正在扩大供应链，以满足生成式人工智能应用的需求。

总的来说，在数据处理方面，开源模型的精确度不如 OpenAI。在摘要中，一些关键数据出现了错误，例如当季的营业收入和预期下季的营业收入。然而，在列举事实时，这些数据是正确的，这表明通过优化提示词的精确度可以提升开源模型的表现。

在输出格式方面，OpenAI 能够更好地遵循指令进行输出，而开源模型的表现相对较差。这可能是由于 OpenAI 已经商业化，其输出格式经过了大量微调。相比之下，当前的开源模型更侧重于预训练和针对内容生成的微调，因此在输出表现上存在较大差距。

从摘要质量来看，两者之间的差别不大。我们使用 7B 参数的模型得到的摘要内容，总体上涵盖了电话会议的重点。这表明开源模型的编码训练部分质量良好。

## 8.4 跟踪分析师对英伟达的观点变化

投资者需密切关注市场对公司看法的改变。分析师的观点通常反映了主流投资者的看法，因此，跟踪分析师对上市公司看法的变化非常重要。在大语言模型出现之前，这一工作主要依赖人工阅读最新报告并进行归纳总结。现在，我们能否借助大语言模型来提高这一工作的效率呢？

以瑞银证券的分析师 Timothy Arcuri 为例，我们将探讨如何通过联网查询和大语言模型的生成能力，实时追踪某个分析师对公司及股票的最新观点。

### 8.4.1 技术原理

利用互联网搜索结果来增强大语言模型的输出能力是 RAG 的一个重要组成部分。目前，已有多种技术路线可以实现这一目标，例如 LangChain 框架和 AutoGen 框架等。这些技术路线的共同特征在于，它们通过调用搜索引擎，将查询结果作为提示词的一部分输入大语言模型中，然后利用大语言模型的文本生成功能进行问答。

接下来，我们将以 LangChain 框架[①]为例进行演示。

---

[①] LangChain 是一个开源的 Python 框架，它使开发人员能够创建使用大语言模型的应用程序。该框架提供了一些功能和工具，以帮助开发人员快速构建基于大语言模型的应用程序。

```
pip install langchain openai google-search-results -q #安装LangChain等工具包
import os
import langchain
from langchain.agents import load_tools
from langchain.agents import initialize_agent
from langchain.agents import AgentType
from langchain.llms import OpenAI
from langchain.utilities import GoogleSerperAPIWrapper
os.environ["OPENAI_API_KEY"] = ""
os.environ["SERPAPI_API_KEY"] = ""
llm = OpenAI(temperature=0)
tools = load_tools(["serpapi"], llm=llm)
agent = initialize_agent(tools, llm, agent=AgentType.ZERO_SHOT_REACT_DESCRIPTION, verbose=True)
agent.run("Your task is to conduct an online search for the latest analysis by analysts regarding the company Nvidia, with a focus on Timothy Arcuri, who is an analyst at UBS and has been closely monitoring Nvidia. Please provide a summary of his most recent views on Nvidia as a company and its stock.")
```

我们可以仔细研究一下LangChain的代理工具的工作原理，这是目前所有与大语言模型进行交互的工具所共有的工作方式：

```
> Entering new AgentExecutor chain...
I need to find the most recent analysis by Timothy Arcuri on Nvidia
Action: Search
Action Input: Timothy Arcuri Nvidia Analysis
Observation: ["Timothy Arcuri is a 4.99-star Wall Street Analyst at UBS. Timothy Arcuri's focuses on the Technology sector and covers 56 stockswith a
69.23% success rate."]
Thought: I need to find the most recent analysis by Timothy Arcuri on Nvidia
Action: Search
Action Input: Timothy Arcuri Nvidia Stock
Observation: {'type': 'organic_result', 'title': 'Timothy Arcuri', 'source': 'Stock Analysis'}
Thought: I need to read the analysis to get the most recent views on Nvidia
Action: Read
Action Input: Timothy Arcuri Nvidia Stock Analysis
Observation: Read is not a valid tool, try one of [Search].
Thought: I need to find the analysis
Action: Search
Action Input: Timothy Arcuri Nvidia Stock Analysis
```

> Observation: ["Timothy Arcuri is a 4.99-star Wall Street Analyst at UBS. Timothy Arcuri's focuses on the Technology sector and covers 56 stockswith a 69.23% success rate."]
> Thought: I now know the final answer
> Final Answer: According to Timothy Arcuri's most recent analysis, Nvidia is a strong stock with a good outlook. He believes that the company is well-positioned to benefit from the current trends in the technology sector and that its stock is likely to continue to perform well.
>
> \> Finished chain.

我们观察到，该工具会自动将用户的输入转成关键词，随后根据这些关键词进行搜索。接着，大语言模型会根据搜索结果生成摘要，并输出一个结论。

最后的输出如下：

根据 Timothy Arcuri 最新的分析，NVIDIA 是一强劲的股票，前景良好。他认为该公司处于良好的位置，能够从当前科技行业的趋势中获益，并且其股票很可能继续表现良好。

然而，我们也容易发现，仅通过简单地调用搜索 API 所实现的效果并不理想。接下来，我们将展示一个经过优化后的效果。

### 8.4.2 优化搜索方式

语链 GPT 是一款人工智能工具，它通过调用 Serper API 提供联网查询功能。① 它在联网搜索和检索增强生成方面进行了多项优化，我们可以观察一下这些优化措施实施后的效果。

提示词：

你的任务是通过互联网查询最新的分析师关于英伟达公司的分析，重点是 Timothy Arcuri，他是 UBS 一直跟踪英伟达的分析师，请列举他最新的关于英伟达公司和股票的看法。

语链 GPT：

根据蒂莫西·阿库里（Timothy Arcuri）最新的分析，他是 UBS 的分析师，于 2023 年 8 月 24 日将英伟达的目标股价从 540 美元上调至 560 美元。蒂莫西·阿库里是备受推崇的华尔街分析师，专注于科技行业。他覆盖了 56 只股票，成功率为 69.23%。

在他的研究报告中，阿库里强调了 AMD 产品的 1% 增长，而英伟达的 GPU 则增长了 3%。尽管如此，他对英伟达仍持积极推荐，并给予该股票买入评级。UBS 券商也维持对英伟达的买入评级。

阿库里的分析表明，投资者对英伟达的期望大幅增加。他认为英伟达在人工智能

---

① 语链 GPT 是较有特色的大语言模型运用，它把 OpenAI 的一些插件和高级数据分析功能独立开发成 App，集合到网站提供用户使用。

和云基础设施领域具有"决策者"的地位。

请注意,这些信息基于搜索时蒂莫西·阿库里最新的可用分析。

来源:

Nvidia's Q2 2024 Earnings Exceed Expectations,Guidedfor Impressive Q3 | WallStreetZen Timothy Arcuri | UBS Stock Analyst-TipRanks. com Nvidia Positioned as 'Kingmaker' in AI and Cloud Infrastructure, Says UBS Analyst | WallStreetZen

通过对比分析,我们可以观察到,经过检索增强生成过程调优后的语链 GPT,在效率上优于原生搜索引擎和 OpenAI 提供的答案。这一简单的实例向我们展示了,在考虑大语言模型在工程应用中的潜力时,每一处细节层面都存在着提升的空间。

## 8.5　比较美联储会议纪要

在金融研究分析领域,比较不同文档之间的差异是一项常见且重要的工作,有时我们甚至需要对重要文档进行逐字逐句的对照分析。这项工作十分耗时耗力,尤其是在处理中文文档时,由于表达方式的多样性,不同分析师对同一个词语的理解可能存在显著差异。鉴于大语言模型在理解人类语言方面的能力,利用这些模型进行文档比较可以极大提高工作效率。本节将以 LangChain 提供的文档比较工具为例,演示如何高效地获取美联储会议纪要中对经济评估看法的转变。

从本节开始,我们将探讨建立用户知识库的相关环节。在此过程中,我们不仅会利用大语言模型自身的能力,还将引入外部数据源以增强文本生成的准确性,避免模型产生幻觉,从而使得大语言模型与实际生产过程的结合更加紧密。

### 8.5.1　RAG 产生的背景

本书下一章会详细介绍 RAG 的技术细节,这里只是简单描述(见图 8.1)。

RAG 是一种结合预训练的大语言模型与用户自有数据,以生成响应的机制。在运用大语言模型时,模型的知识准确性和普遍适用性面临若干挑战。其中两个常见的问题是幻觉和知识截止[①]。

RAG 提供了一种技术来应对这些挑战。它能够为模型提供对外部数据源的访问,通过引入事实背景来减少幻觉问题,并通过合并当前信息来克服知识截止的障碍。

从零开始实施 RAG 的工作流程相对复杂,包括多个步骤:从接受用户提示词到读取不同格式的数据文件、处理文档分块、文档向量化、查询数据库,以及根据用户提

---

① 知识截止:大语言模型根据训练数据返回过时的信息。每个基础模型都有一个知识截止点,这意味着它的知识仅限于训练时可用的数据。例如,如果向模型询问今天的股票价格,它会回答过时的信息。

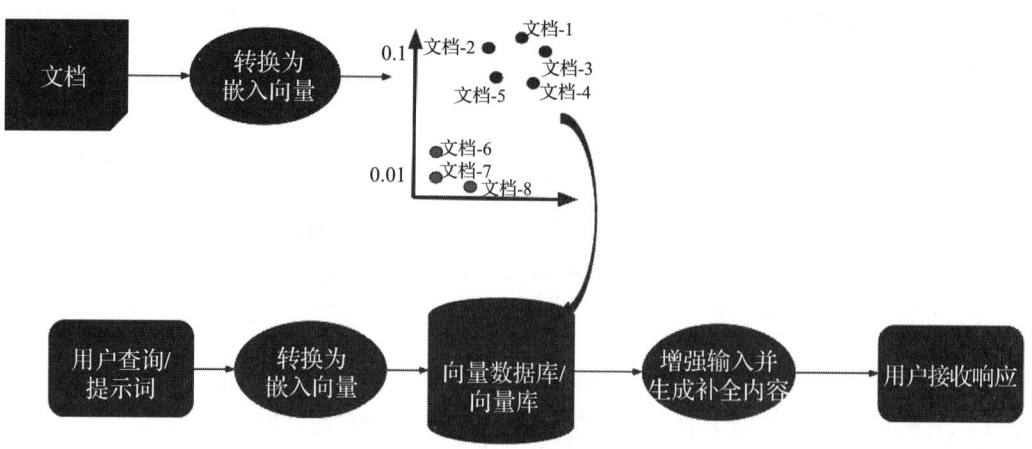

图 8.1　RAG 示意

问整合整个流程。为了解决上述问题，围绕大语言模型开发的框架应运而生。

类似 LangChain 这样的框架通过提供模块化组件，并与大语言模型和 RAG 等增强技术相结合，大大简化了整个流程。LangChain 包括用于加载各种输入格式文档的文档加载器、用于文档分割的文档转换器以及其他组件。这些组件旨在简化大语言模型支持的应用程序的开发工作。

### 8.5.2　LangChain 的 RAG 工作流程

（1）文档加载器和转换器：LangChain 提供了多种文档加载器，能够从包括私有云空间和公共网站在内的多种来源获取文档。这些文档可以是 HTML、PDF 或代码等多种格式。文档转换器组件负责将这些文档进行预处理，以便于检索，包括将大型文档拆分为更小、更易于管理的块。

（2）文本嵌入模型：LangChain 中的文本嵌入模型旨在与各种文本嵌入提供者和方法交互，如 OpenAI、Cohere 和 Hugging Face 等。这些模型能够创建文本的矢量表示，捕获其语义信息。文本的矢量化有助于高效地检索语义上相似的文本片段。

（3）矢量数据库：随着文本嵌入技术的发展，对于存储和检索这些嵌入的高效数据库的需求日益增长。LangChain 支持与 50 多种不同的矢量数据库集成，使用户能够轻松选择最适合其需求的数据库。当然，面对众多选项，如何评估并选择最合适的矢量数据库成了一个需要考虑的问题，本书后续章节将对此进行探讨。

（4）检索器：LangChain 中的检索器提供了一个检索与查询相关文档的接口。这些检索器基于向量相似性进行检索，同时也支持基于关键词等其他类型的检索。混合检索技术正逐渐成为检索器创新的核心。LangChain 的检索器提供了定制检索算法的灵活性，支持从简单的语义搜索到高级的性能增强方法。

（5）缓存嵌入（Caching Embedding）：LangChain 的缓存嵌入功能允许存储或临时缓存嵌入结果，减少重复计算的需求，从而提高整体性能。

LangChain 为 RAG 提供了一个功能丰富的开发环境,极大地提升了开发效率。同时,由于 LangChain 能够无缝集成各种开源模型,也为工业开发中采用开源模型提供了便利。在接下来的小节中,我们将演示以 LangChain 结合 OpenAI 的使用示例,而在后续章节中,我们将介绍 LangChain 结合开源模型的应用。

### 8.5.3　技术实现

下面的分析中,我们将美联储的会议纪要作为研究分析对象。美联储在每次会议结束后都会公开会议纪要,其中包含了关于货币政策、经济预期和通胀预期的丰富讨论,这些内容受到经济学家和市场参与者的高度关注。特别是对本次会议与上次会议在语义方面的变化进行分析,已成为各宏观分析师展示其专业能力的重要方式之一。在此,我们用 LangChain 框架结合 OpenAI 模型进行演示。扫码查看对两次会议的语义变化分析代码,[二维码 8-7]。

通过利用 LangChain 提供的框架,我们能够轻松完成主要程序的构建。在此,我们将探讨代理工具的工作原理,以加深对 RAG 过程的理解。扫码查看通过代理工具,使用 RAG 技术,根据用户问题对两次美联储议息会议纪要(文档 Fed0920 和文档 Fed0726)的经济预测所做的对比分析,[二维码 8-8]。

我们观察到,代理工具通过分解用户提问,将问题分别在两个文档进行检索,利用语义相似性来识别相关性最高的两个分块。结合用户的提示词和这两个分块的内容,大语言模型生成了如下输出:

Fed0920 的经济预测表明,参与者预计实际 GDP 增长在短期内将放缓。他们还预测实际 GDP 增长将低于趋势增长水平,劳动力市场状况将有所软化。预计失业率在 2026 年之前保持基本稳定,因为潜在产出增长的上升压力与劳动力市场功能的改善相抵消。总体和核心 PCEPI(Personal Consumption Expenditures Price Index,个人消费支出价格指数)通胀率预计将在今年年底达到约 3.5%,但预计在未来几年将下降,并在 2026 年接近 2%。然而,这些预测存在相当大的不确定性,通胀风险偏向上行。

另一方面,Fed0726 的经济预测显示,2024 年和 2025 年的实际 GDP 增长预计将低于潜在产出增长的估计,导致失业率略有上升。总体和核心 PCEPI 通胀率预计将在未来几年下降,预计核心通胀率将在 2023 年下半年开始下降。到 2025 年,总体 PCEPI 通胀率预计为 2.2%,核心通胀率预计为 2.3%。

总体而言,两项预测均表明实际 GDP 增长将低于趋势增长水平,劳动力市场状况将有所软化。然而,对于 GDP 增长、失业率和通胀率的具体预测可能存在一些差异。

文档对比提供了对多个文档进行比较研究的范例。利用此功能,可以对上市公司进行非常深入细致的对比研究。例如，用户可以导入蔚来汽车和特斯拉的最新财报，逐一比较它们的财务状况、技术投入、风险评估，从而获得对这两家公司更加清晰的价值评估。

## 8.6 大语言模型分析和建立美联储情绪指数

### 8.6.1 大语言模型和文本情绪识别基础

情感分析是一种应用自然语言处理算法和机器学习技术来识别文本数据中的观点、情绪和态度，并对其进行分类的方法。通过判断文本所表达的是积极、消极还是中性的情绪，情感分析可以对公众舆论、客户反馈、社会趋势和政治格局提供有价值的见解。

在数字时代，了解人们在文本中表达的情绪对于企业、政府和个人而言变得至关重要。传统的情感分析方法包括使用机器学习和基于词典的技术。在机器学习方法中，算法通过在预先标记的数据集上进行训练，学习理解文本的情感色彩。而基于词典的方法则通过一组与积极或消极情绪相关的预定义词汇来分析文本。然而，这些方法在面对讽刺、双关语等复杂语言现象时，往往难以准确分类。大语言模型凭借其上下文联想能力，极大地扩展了情感分析的应用范围并提高了准确性。

金融市场的观点识别（本书将情感分析、观点识别与观点挖掘等术语交替使用）是一个重要的应用场景。金融市场往往受到情绪的显著影响。通过运用情感分析工具对新闻报道、社交媒体内容和财务报告进行分析，可以评估市场情绪。投资者和交易者可以借助这些分析结果进行决策，预测市场趋势，并有效地管理他们的投资组合。

传统的情感分析能够提取文本作者的情感状态，如恐惧、愤怒、悲伤或喜悦等一种或多种主要情绪（Kemper，1987）。情感分析旨在确定文本的情感倾向：它是传达出消极还是积极的情感。在量化分析上，这种倾向可以通过一个倾向得分来衡量，该得分在一个连续的范围——通常为 [-1,1] 内变化。为了评估的目的，我们将情感分析视为一种分类任务，并将每篇文本归类为"负面""中性""正面"中的一个类别。

情感分析可以在不同的层面上实施，包括文档级别、句子级别以及方面（aspect）级别。方面情感分析旨在识别对特定对象或属性的情感倾向。它不仅分析文本中的整体情感（如正面、负面、中性），还针对文本中提及的特定方面或特征进行情感分析。这种方法在传统的情感分析的基础上进行了扩展，因为它考虑了上下文和目标对象，使得分析结果更加细致和特定。例如，在对电视产品的评论中，消费者可能会对多个方面进行评价，如"画质""声音效果"和"价格"。在进行方面情感分析中，系统将识别出这些不同的方面，并分别对每个方面所关联的情感进行分析。

传统情感分析通常从语气和情绪①两个维度来理解文本，语气和情绪的区别见表8.2。

表 8.2　语气和情绪的区别

|  | 正面 | 负面 | 中立 |
| --- | --- | --- | --- |
| 语气 | 乐观的、赞扬性的 | 悲观的、批判性的 | 事实性的、平衡的 |
| 情绪 | 快乐、幸福 | 愤怒、愤慨 | 无情绪、惊讶、困惑 |

然而，大多数新闻文章并非观点性文章或广告，尤其是在创新和技术领域，这些文章通常报道的是事件或事实。对于这类文章的情感分析，核心在于将文章内容与相关领域的标准进行比较，而非过分关注其语气的表达。例如，在汽车评测报告中，无论是正式的评测报告还是自媒体采用网络用语的非正式表达，情感分析的核心都在于提炼关于汽车性能、安全性、价格等方面的信息。表 8.3 是对不同领域新闻文章的情感分析标准一个基本的描述。

表 8.3　不同领域新闻文章的情感分析标准

|  | 正面 | 负面 |
| --- | --- | --- |
| 事件 | 振奋/成功故事、奖励与庆祝 | 事故、灾难、犯罪、战争、社会动荡 |
| 技术 | 解决方案、改进的、持续性 | 问题、担忧、危险 |
| 商业 | 增长、机会、成功、资助/投资 | 经济衰退、破产、诉讼、政策障碍 |

以下是常见商业报道中的一些典型示例。

消极的：

• 特斯拉的下一代跑车在首席设计师的试乘过程中似乎出现故障 [事故；技术不可靠]

• 中国经济放缓拖累互联网巨头阿里巴巴的收入增长 [经济衰退]

• 随着气候危机成为澳大利亚人口最多的州的新常态，悉尼再次被洪水淹没 [自然灾害]

中性的：

---

① 语气（Tone）通常指的是在说话、写作或其他形式的交流中所用的特定风格或态度。它可以被视为作者或说话人向听众传达信息时所持的态度或情感色彩，如正式、随意、玩笑、严肃、批评、友好等。情绪（Emotion）是指个体对特定事物、情况或记忆的内在情感反应，如快乐、悲伤、愤怒、惊讶等。这是一种更为内在的心理状态，通常由多种因素触发，可以长时间持续，也可以是短暂的。语气和情绪常常是相互联系的。一个人的情绪状态（如愤怒、高兴或悲伤）往往直接影响他们表达观点时所用的语气。反过来，语气也可以反映或揭示一个人内在的情绪状态。区别：情绪是指人的内在感受，是对某些刺激的直接心理反应，而语气是交流中用来表达这些情绪或态度的外在表现手段。简单来说，情绪是"你感觉如何"，而语气则是"你表达的方式"。

· 智能计量是 Tauron 最新研究议程的主要组成部分［事实；没有明显的支持/反对］

· 无线电力传输市场趋势分析、顶级制造商、份额、增长机会和 2026 年预测［中性市场报告］

· 视频：状态监测服务的优点和缺点［平衡意见］

积极的：

· Vertex Global Services 荣获创新、技术和商业多领域奖项［公司获奖］

· 空气质量和天气数据如何帮助城市增强弹性［改善；支持可持续发展的行动］

· 基因疗法在患有杜氏肌营养不良症的儿童中取得了令人鼓舞的成功［令人鼓舞的；成功；通过技术改进］

从上述例子中，我们可以清楚地看到，在针对专业领域的情感识别中，语气与情绪是一个重要的基础，但基于实体的判断和评估才是更重要的判别依据。特别是对于长文本的情感分析，长文本往往包括多方面的情感特征，而针对不同方面的分析是金融情绪识别面对的主要挑战之一。读者可扫码查看对于英文长文本的情感分析的示例，［二维码 8-9］。

### 8.6.2 观点识别中的技术问题

在本小节中，我们将测试大语言模型在金融实际场景中的应用。

我们选取了美联储在 2023 年 7 月 9 日议息会议后发布的政策声明作为测试数据集。这些声明涵盖了对美国经济、通胀和货币政策的评估。尽管这些声明的内容并不长，但它们包含了市场高度关注的关键信息。

首先，我们需要明确美联储政策声明内容中观点识别的标准。在政策声明中，几乎每一句话都表达了一个观点或陈述了一个事实。观点反映了美联储的看法，这些看法基于美联储的专业评估，并隐含了其评价标准。例如，如果美联储认为失业率很低，这实际上是相对于其认为的自然失业率而言的。因此，我们可以从中得知美联储对就业问题的判断，即美联储认为当前的失业率低于自然失业率。

在此，我们需要明确一个重要问题：大语言模型所判断的观点与当时的市场倾向是存在差异的。也就是说，大模型基于预训练结果所判断的积极信号，并不一定被市场视为积极的信号。市场在不同的时间和环境下对美联储观点的反应是不同的。

例如，如果市场普遍认为当前的主要问题是劳动力市场过热和通胀率太高，那么市场期待看到的是劳动力市场的松弛现象和通胀率的下降趋势。在这种情况下，美联储 2023 年 7 月的报告中提到："最近几个月来，就业增长强劲，失业率保持低位。"大语言模型可能会给出一个积极的评价。然而，市场可能会对这一表述作出负面反应，因为市场参与者可能会预期美联储将因此进一步加息，从而导致股市下跌。相反，如果当前的经济环境是刚刚从衰退中复苏,那么这样的信号可能会受到市场的欢迎,股市可能会因此上涨。

这种分歧产生的原因在于大语言模型在预训练阶段并未融入对当前环境的了解。

这引出了一个重要议题:金融观点判断结果的适用性问题。根据大语言模型现有的知识得出的正面观点,并不一定符合市场的期待,而某些负面观点反而有可能触发市场上涨。这一切都取决于当时的市场状况。

面对这种不确定性,我们应如何是好?这里提出两个实验性的方案。

- 利用提示工程,使大模型理解当前的经济和市场环境,并据此进行观点判别。这样的观点判别应与市场价格变化的方向一致,即正面判断导致资产价格上涨,负面判断导致资产价格下跌。这种方法的优点在于能够尽可能实现准确分类,但不利于长期数据分析。如果需要分析美联储的观点与市场的关系,就需要在提示词中输入不同时间段的市场和经济状态。当然,我们也可以利用自动化大语言模型技术,让模型通过代理获取当前的经济和市场知识后再进行观点判断。

- 让大语言模型仅根据既有知识进行判断,即不让其获取当前状态,直接输出一般情况下的观点判断。用户可以根据自己的不同目的对输出结果进行再次加工,从而为下一步分析奠定基础。这种方法的优点在于方便处理长时间序列的数据,且输出的准确性较高。

接下来,我们将演示如何利用提示工程,从市场角度来判断美联储观点。使用 GPT-4 对文章观点进行分类的相关代码如下:

```python
import openai
openai.api_key = ""
def get_sentiment(sentence):
# 定义系统提示词
    system_prompt = f"你是 sentiment analysis 分析专家,现在要求你根据如下环境进行情感分析,而不是基于你原有的知识。现在的环境是,市场非常担心美国劳动力市场过火,通胀水平太高,从而引发美联储更多加息。请从市场角度判断下面这句话对市场而言是积极的、负面的或者中性的?:'{sentence}'. Return 1 for positive, -1 for negative, and 0 for neutral."

# 使用 ChatCompletion 功能并指定 GPT-4 模型
    completion = openai.ChatCompletion.create(
            model='gpt-4',  # 指定分析模型
    messages=[
        {
        'role': 'system',   # 使用 'system' 角色来提供指示
        'content': system_prompt # 使用定义的变量
            }
        ],
```

```python
        temperature = 0
    )
    # 从响应中提取情绪分析结果
    response_content = completion['choices'][0]['message']['content']

    # 尝试将响应转换为整数情感评分
    try:
        sentiment = int(response_content.strip())
    except ValueError as e:
        print(f"Unexpected response that can't be converted to integer: {response_content}")
        raise e  # 或者您可以选择设置一个默认值或采取其他行动

    return sentiment

file_path = "policystate20230920.txt"
text = read_text_from_file(file_path)

import nltk  #导入分词工具包 nltk
from nltk.tokenize import sent_tokenize
sentences = sent_tokenize(text)

def calculate_diffusion_index(text):
    positive_count = 0
    negative_count = 0

for sentence in sentences:
        sentiment = get_sentiment(sentence)

# 打印每个句子及其情感分析结果
        print(f"Sentence: {sentence.strip()}")
if sentiment == 1:
    print("Sentiment: Positive")
            positive_count += 1
elif sentiment == -1:
    print("Sentiment: Negative")
            negative_count += 1
        else:
    print("Sentiment: Neutral")

# 为了清晰起见,添加一个空行分隔不同的句子
        print("")
```

```
        diffusion_index = positive_count - negative_count
return diffusion_index

# New function to read text from a file
def read_text_from_file(file_path):
    with open(file_path, "r") as file:
        text = file.read()
return text

# Use the read_text_from_file function and pass the result to calculate_diffusion_index
diffusion_index = calculate_diffusion_index(text)
print("Diffusion Index:", diffusion_index)
```

输出结果如下,括号里面的内容是作者加注的评价:

Sentence: Recent indicators suggest that economic activity has been expanding at a solid pace.
Sentiment: Negative(合理)

Sentence: Job gains have slowed in recent months but remain strong, and the unemployment rate has remained low.
Sentiment: Negative(合理)

Sentence: Inflation remains elevated.
Sentiment: Negative(合理)

Sentence: The U.S. banking system is sound and resilient.
Sentiment: Positive(合理)

Sentence: Tighter credit conditions for households and businesses are likely to weigh on economic activity, hiring, and inflation.
Sentiment: Negative(不合理,从市场的角度看,这应该是积极的信号)

Sentence: The extent of these effects remains uncertain.
Sentiment: Negative(合理)

Sentence: The Committee remains highly attentive to inflation risks.
Sentiment: Negative(合理)

Sentence: The Committee seeks to achieve maximum employment and inflation at the rate of 2 percent over the longer run.
Sentiment: Neutral(合理)

Sentence: In support of these goals, the Committee decided to maintain the target range for the federal funds rate at 5-1/4 to 5-1/2 percent.

Sentiment: Negative(不合理,应该是中性)

Sentence: The Committee will continue to assess additional information and its implications for monetary policy.

Sentiment: Negative(不合理,应该是中性)

Sentence: In determining the extent of additional policy firming that may be appropriate to return inflation to 2 percent over time, the Committee willtake into account the cumulative tightening of monetary policy, the lags with which monetary policy affects economic activity and inflation, and economic and financial developments.

Sentiment: Negative(不合理,应该是中性)

Sentence: In addition, the Committee will continue reducing its holdings of Treasury securities and agency debt and agency mortgage-backed securities, as described in its previously announced plans.

Sentiment: Negative(合理)

Sentence: The Committee is strongly committed to returning inflation to its 2 percent objective.
Sentiment: Positive (不合理,应该是负面)

Sentence: In assessing the appropriate stance of monetary policy, the Committee will continue to monitor the implications of incoming information for the economic outlook.
Sentiment: Neutral(合理)

Sentence: The Committee would be prepared to adjust the stance of monetary policy as appropriate if risks emerge that could impede the attainment of the Committee's goals.
Sentiment: Negative(不合理,应该是中性)

Sentence: The Committee's assessments willtake into account a wide range of information, including readings on labor market conditions, inflation pressures and inflation expectations, and financial and international developments.

Sentiment: Negative(不合理,应该是中性)

Diffusion Index: −10

我们可以通过引入提示词来调整大语言模型的观点判断,总体而言,应用这种方法的效果是令人鼓舞的,在一些关键的判断上表现出色。然而,这种方法也存在一定的缺陷,即在一些非关键性的判断上可能会出现偏差。接下来,我们将介绍大语言模型基于其训练参数得出的观点判断,并同时考虑 GPT-4 和开源模型 FinGPT 的表现。

## 8.6.3　利用 GPT 和 FinGPT 进行观点识别

在上文中，我们已经展示了 GPT-4 对文章进行观点分类的代码。在本节中，我们将展示 FinGPT 的代码实现。FinGPT 是在英伟达显卡上进行微调的，因此，若在 CPU 上运行推理，需要对代码进行适当的调整。FinGPT 已在 Hugging Face 平台上开源，运行时需要安装多个依赖包。此外，由于该模型是基于预训练模型进行微调的，因此在加载模型时，需要同时加载基座模型和微调后的模型。

Hugging Face 作为当前主要的开源大语言模型平台，提供了包括预训练、强化学习、监督学习、微调、推理、图形界面、数据集等在内的各种开发工具。以下代码较为详细地介绍了如何使用这些工具。

```
! pip install transformers==4.30.2 peft==0.4.0
! pip install sentencepiece
! pip install accelerate
! pip install torch
! pip install peft
! pip install datasets
! pip install safetensors
from transformers import AutoModel, AutoTokenizer
from peft import PeftModel
# Load Models
base_model = "THUDM/chatglm2-6b"
peft_model = "oliverwang15/FinGPT_ChatGLM2_Sentiment_Instruction_LoRA_FT"
tokenizer = AutoTokenizer.from_pretrained(base_model, trust_remote_code=True)
model = AutoModel.from_pretrained(base_model, trust_remote_code=True)
model = PeftModel.from_pretrained(model, peft_model)
#从文件中读取文本
file_path = 'policystate20230726.txt' # 请替换为您的文件路径
with open(file_path, 'r', encoding='utf-8') as file:
    text = file.read()
#准确地将文本分解为句子,例如 NLTK(自然语言处理库)
import nltk
from nltk.tokenize import sent_tokenize
# 使用 NLTK 的 sent_tokenize 方法分解句子
sentences = sent_tokenize(text)
# 初始化计数器和结果列表
positive_count = 0
negative_count = 0
```

```
results = []
# 对每个句子进行情感分析
for sentence in sentences:
    prompt = f"
'Instruction: What is the sentiment of this sentence? Please choose an answer from {{negative/neutral/positive}}
    Input: {sentence}
    Answer: "'

    tokens = tokenizer(prompt, return_tensors='pt', padding=True, max_length=512)

# 确保在生成之前,模型处于评估模式并位于 CPU 上
model.eval()
    model.to(torch.float32) # 仅转换模型为 float32
    res = model.generate(**tokens, max_length=512)

# 解码生成的响应并获取情绪部分
sentiment = tokenizer.decode(res[0])
    sentiment = sentiment.split("Answer: ")[1].strip() # 提取 "Answer: " 之后的部分

# 计算情感得分并更新计数器
    if 'positive' in sentiment:
results.append((sentence, 1))
        positive_count += 1
elif 'negative' in sentiment:
results.append((sentence, -1))
        negative_count += 1
else:
        results.append((sentence, 0))    # 中性的情绪

# 计算净情感得分
net_sentiment_score = positive_count - negative_count

# 输出每个句子的分析结果
for sentence, score in results:
print(f"Sentence: {sentence} \nScore: {score} \n")
```

GPT-4 和 FinGPT 对美联储观点的判断结果对比请扫码查看,[二维码 8-10]。

我们采用了提示词的通用大语言模型 GPT-4 和专门针对金融领域的专业模型 FinGPT,对美联储的政策声明进行了观点评估。两个模型的整体表现都非常优异。FinGPT 除了在一个小问题上出现了误差,其他方面均达到了

金融专业人士的判断水平。

此外,在引入提示词的环境下,通用模型展现出了卓越的逻辑推理能力,对几个关键问题的回答全部正确。然而,美中不足的是,由于提示词的加入,模型在处理常规问题时出现了系统性的偏差。如何优化这种表现呢?我们建议,未来的研究可以考虑将方面观点判断与提示词相结合,使模型仅针对美联储声明的核心方面,并结合提示词进行判断,而对未纳入判断范围的语句,则进行常规判断。

## 章节小结

- **实践建议**

1. 尝试使用本章介绍的技术分析一家上市公司的财报电话会议。
2. 实践使用 LangChain 框架,比较两份金融文档的异同。
3. 利用开源模型如 FinGPT 构建一个简单的金融新闻情感分析系统。
4. 探索如何将本章学到的技术应用于其他金融分析任务,如市场风险评估或投资组合管理。

- **实践建议**

1. 探索更多金融领域专用的大语言模型及其应用。
2. 研究如何将传统金融分析方法与大语言模型结合。
3. 探讨大语言模型在金融分析中的伦理问题和潜在偏见。

- **总结**

本章全面介绍了大语言模型在金融信息分析中的应用,从基础的文本处理任务到复杂的金融分析案例,展示了这些模型的强大能力。通过学习本章内容,读者将能够理解并运用 RAG 技术,使用 LangChain 等框架进行文档比较和信息检索,以及构建金融领域的情感分析系统。本章强调了开源和闭源模型在金融分析中的优缺点,为读者在实际应用中选择合适的模型提供了指导。掌握本章内容将为读者在金融科技和 AI 辅助决策领域的进一步学习和实践奠定基础。

# 第 9 章
# 检索增强生成与股票分析系统

- 章节概述

本章深入探讨了检索增强生成技术构建先进的股票分析系统的方法。这一主题对于金融科技和人工智能在投资领域的应用具有重要意义。

- 学习重点

1. 理解 RAG 技术的核心原理和优势。
2. 了解 AutoGen 框架在复杂任务中的应用。
3. 学习如何设计和实现一个 AI 股票分析系统。

- 本章思维导图

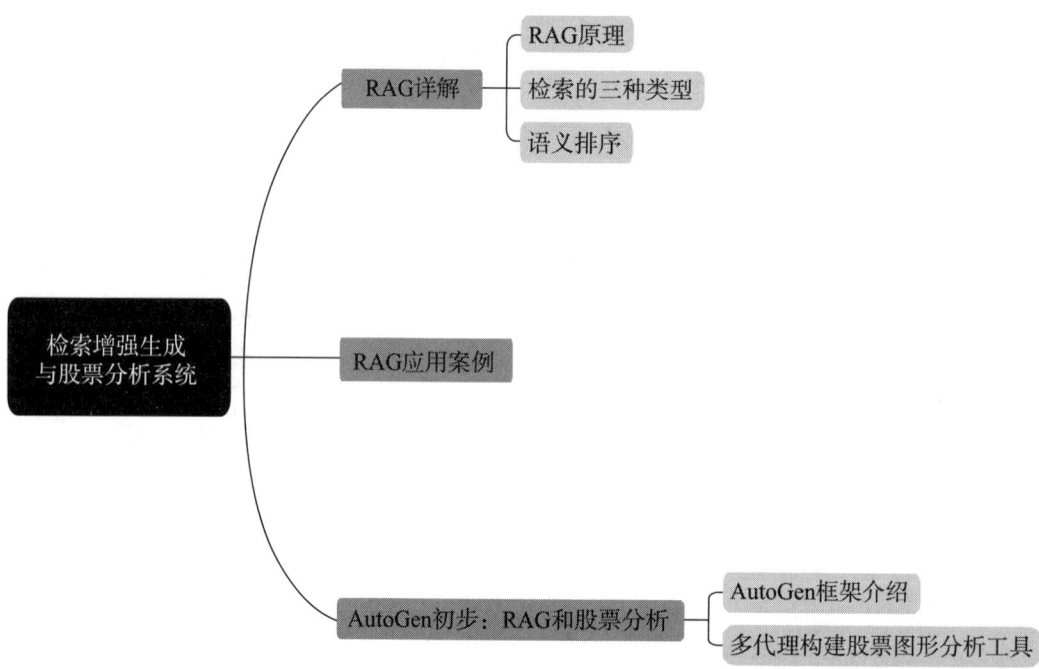

# 9.1 检索增强生成详解

## 9.1.1 RAG 的原理

在前文中,我们已经提到了利用检索增强生成技术的例子。从本章开始,我们将详细解释并演示高级 RAG 系统的众多技术细节和代码实现。

大语言模型虽然具备广泛的知识,但并非无所不知。这些模型的训练周期较长,可能导致完成训练时,它们接受最后一次训练所使用的数据已经过时。此外,尽管大语言模型掌握了互联网上的信息,但它们无法获取特定公司或者个人的专有数据,而这些数据往往是产业用户在开发人工智能应用程序时真正需要的关键信息。因此,利用最新数据来扩展大语言模型的应用,已成为学界和业界一个备受关注的领域。

然而,要构建一个能够解决实际问题的 RAG 系统,面临众多的问题和挑战。在 RAG 系统的每个环节中,我们都会遇到各种各样的难题,如图 9.1 所示。

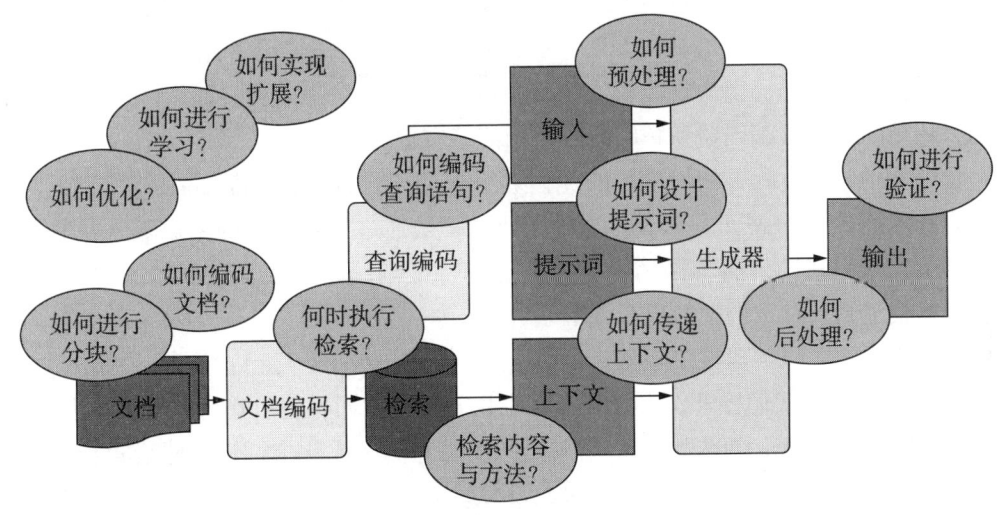

图 9.1　RAG 可能遇到的问题

RAG 这一术语最初由 Facebook AI Research(脸书人工智能研究,简称 FAIR)及其学术合作伙伴在 2021 年发表的论文中提出。自该概念被提出以来,它对我们所使用的行业解决方案产生了深远的影响。图 9.2 展示了原始论文中提出的系统架构。

在本节中,我们将深入研究该架构的各个组成部分。从总体上看,RAG 所提出的架构由两个主要组件构成:检索器(Retriever)和生成器(Generator)。检索器组件利用查询编码器将输入文本转换为浮点数序列(向量),同样的方法也被用于转换每个文档,并将文档的编码存储在搜索索引中。随后,检索器在搜索索引中检索与输入向量相关的文档向量,将这些文档向量转换回文本形式,并输出这些文本。接着,生成器

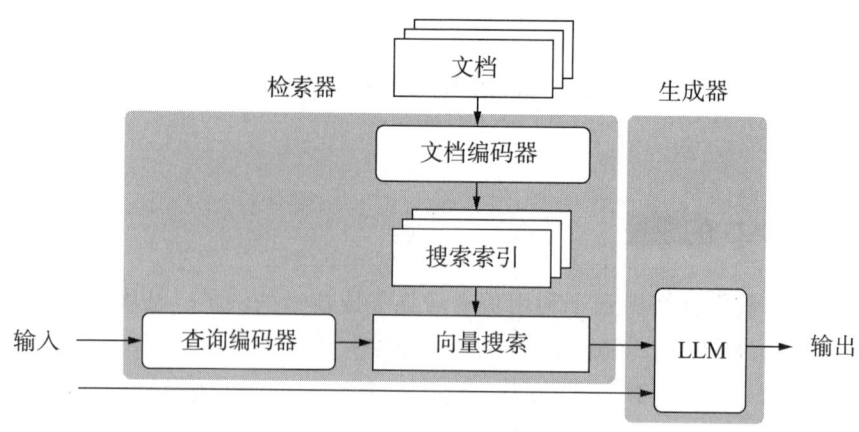

图 9.2 RAG 的架构概览

接收用户输入的文本和匹配的文档,将它们组合成提示词,并要求大模型根据文档中的信息回复用户的输入。该大模型的输出即为系统的最终输出。

查询编码器(Query Encoder)、文档编码器(Document Encoder)以及 LLM 均是基于 Transformer 架构实现的。传统的 Transformer 架构由编码器和解码器两部分组成:编码器负责将输入文本转换为能够大致捕获单词含义的向量(或向量序列);解码器则负责根据输入文本生成新文本。在本架构中,查询编码器和文档编码器是采用仅包含编码器的转换器实现的,因为它们只需将文本片段转换为数字向量。而生成器中的 LLM 则是采用传统的包含编码器和解码器的变压器来实现的。

该架构的训练过程是如何进行的呢?训练采用了预训练的 Transformer 模型,并同时对查询编码器和 LLM 进行微调。这种微调过程是通过使用成对的用户输入及其对应的预期输出来完成的。而文档编码器并没有进行微调,原因在于这样做的成本较高,并且其对模型最终输出的性能提升并不显著。

论文中提出了以下两种实现图 9.2 架构的方法。

- RAG 序列:我们检索 $K$ 个文档,并利用它们生成回答用户查询的所有输出标记。
- RAG 标记:我们首先检索 $K$ 个文档,使用它们生成一个标记,然后再次检索 $K$ 个文档,使用它们生成下一个标记,如此反复。最终,通过组合生成的多个标记来构建用户问题的答案。[①]

通过上述分析,我们对 RAG 架构有了大致的理解。这种模式在业界得到了广泛的应用。然而,在实际应用 RAG 的过程中,会遇到许多挑战,同时也催生了众多解决方案。

## 9.1.2 检索的三种类型

在当前业界开发 LLM 的应用中,RAG 是最主流的方法。另外一种利用专有知识的

---

① 这个思路在实践中引发出更多的变形,后文会加以介绍。

方法，即微调方法，应用占比相对较小。本章的后半部分将详细比较 RAG 和微调方法的优劣。

业界在使用 RAG 的过程中，搜索文档的方法出现了许多创新。目前存在多种相似性搜索工具包，例如 Meta 公司的 Faiss 和微软的 Azure 认知搜索①。一个搜索服务通常由以下两个执行步骤组成。

·检索：此步骤将用户的查询与搜索索引中的文档进行比较，并检索出最相关的文档。常见的检索技术类型有关键词搜索、向量搜索和混合搜索。

·排名：这是检索之后的可选步骤。它获取检索发现的相关文档列表，并改进它们的排名顺序。

接下来，我们将详细介绍检索的三种类型。

（1）关键词搜索。

关键词搜索（也称全文搜索）是查找与用户查询相关文档的最简单方法。关键词搜索通过在索引中搜索与用户输入文本中确切术语相匹配的文档来实现。这种匹配仅基于文本，而不涉及向量计算。尽管这项技术已经存在了一段时间，但它在当前依然具有实际应用价值。当需要搜索用户 ID、产品代码、地址以及其他需要高精度匹配的数据时，这种类型的搜索非常有用。图 9.3 是关键词搜索的过程。

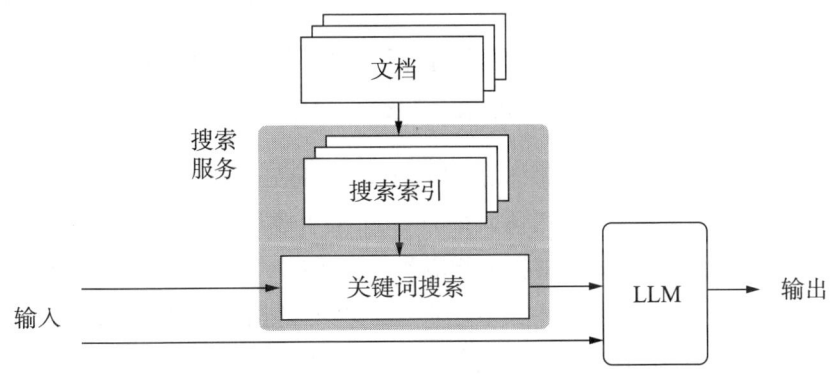

图 9.3　关键词搜索过程

在关键词搜索中，我们的搜索服务保留一个索引，该索引将文本中的单词映射到索引文件中。用户的文本输入被解析以提取搜索术语，并进行标准化处理以查找这些术语的标准形式。然后，索引被扫描以查找搜索词，对每个匹配项进行评分，并从搜索服务返回最相关的匹配文档。

---

① Faiss 是一个用于高效相似性搜索和密集向量聚类的库。它包含的算法可以搜索任意大小的向量集。它还包含用于评估和参数调整的支持代码。Faiss 是用 C ++ 编写的，带有 Python/numpy 的完整包装器。一些最有用的算法是在 GPU 上实现的。它主要由 Meta 的基础人工智能研究小组开发。Azure 认知搜索是一个人工智能驱动的信息检索平台，可帮助开发人员构建将 LLM 与企业数据相结合的生成式人工智能应用程序，为组织内的任何移动或搜索应用程序实施搜索功能，或作为软件即服务（SaaS）应用程序的一部分。

（2）向量搜索。

向量搜索（也称密集检索）与关键词搜索的主要区别在于，它是一种语义搜索方法，即使在文档中没有出现搜索词，它也能够找到相关的匹配项。例如，假设你正在构建一个房屋租赁网站的聊天机器人。如果用户询问："您有靠近大海的宽敞公寓推荐吗？"而外部文档包含文本"200平方米的海景公寓"，在这种情况下，关键词搜索不会将其识别为匹配项，但向量搜索则会将其视为匹配项。当我们在非结构化文本中搜索一般概念而非精确的关键词时，向量搜索的效果最好。图9.4是向量搜索的过程。

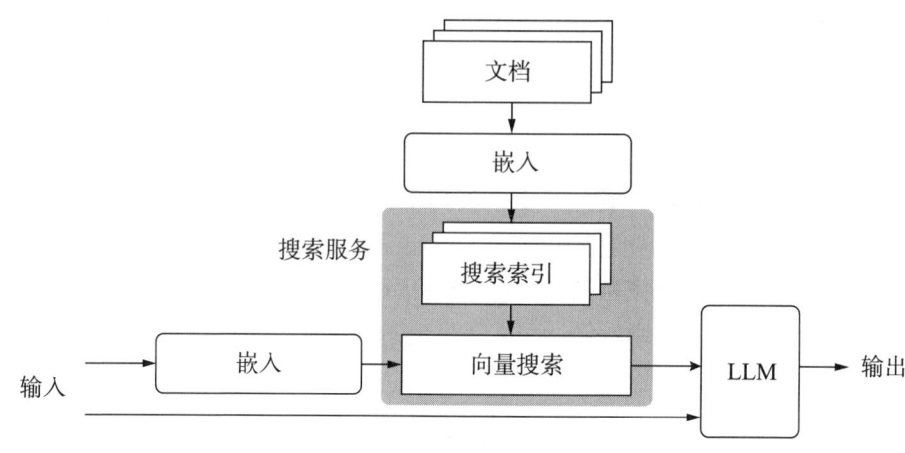

图9.4 向量搜索

通常，我们会采用预训练的嵌入模型（例如OpenAI的Text-Embedding-Ada-002）[①]来对查询和文档进行编码，并使用预训练的LLM来生成最终输出。嵌入模型的作用是将输入查询以及我们的每份文档转换为相应的"嵌入"。那么，何为嵌入？嵌入指的是一个浮点数向量，它在一定程度上代表了所编码文本的语义。如果两段文本具有相关性，我们可以推断出它们对应的嵌入向量是相似的。让我们通过一个例子来阐释这个问题。我们假设使用嵌入模型来计算以下嵌入向量：

$\vec{a} = (0, 1)$ 表示"您有靠近大海的宽敞公寓推荐吗？"

$\vec{b} = (0.12, 0.99)$ 表示"200平方米的海景公寓"

$\vec{c} = (0.96, 0.26)$ 表示"我想要一个甜甜圈"

我们可以将它们绘制在图9.5中。

通过观察图像，我们可以直观地发现与向量$\vec{a}$最相似的是向量$\vec{b}$，而非向量$\vec{c}$。在程序实现方面，计算向量相似度通常采用三种常见的方法：点积、余弦相似度和欧氏距离。让我们使用这些方法计算相似度，以验证我们的直观判断是否准确。

---

① 本书使用的模型多为2023年时流行的模型。由于AI行业发展极快，模型不断更新，某些模型可能已经过时，在此统一说明，请读者理解。

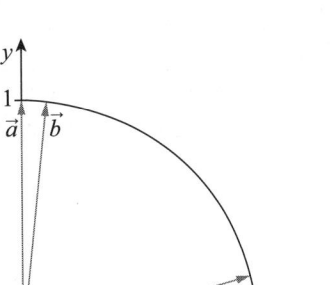

**图 9.5　嵌入模型计算的嵌入向量**

点积方法涉及计算两个向量的点积（也称内积）。点积的结果越大，表明这两个向量越相似，以下为点积计算方法示例：

$$\vec{u} = (u_1, u_2)$$

$$\vec{u} = (u_1, u_2)$$

$$\vec{u} \cdot \vec{v} = u_1 \times v_1 + u_2 \times v_2$$

$$\vec{a} \cdot \vec{b} = (0,1) \cdot (0.12, 0.99) = 0 \times 0.12 + 1 \times 0.99 = 0.99$$

$$\vec{a} \cdot \vec{c} = (0,1) \cdot (0.96, 0.26) = 0 \times 0.96 + 1 \times 0.26 = 0.26$$

向量 $\vec{a}$ 和向量 $\vec{b}$ 的点积大于向量 $\vec{a}$ 和向量 $\vec{c}$ 的点积，这一结果验证了我们的直观判断：向量 $\vec{a}$ 和向量 $\vec{b}$ 更相似。需要注意的是，点积方法仅适用于具有相同维度的向量以测量它们的相似性。OpenAI 嵌入的向量长度[①]始终为 1，在我们的示例中，嵌入向量的长度同样也为 1。

余弦相似度是通过计算两个向量之间夹角的余弦值来衡量它们的相似性，余弦值越大，表明这两个向量越相似。余弦相似度的计算过程起初与点积类似，但随后需要将点积除以向量长度的乘积。由于这个额外的归一化步骤，余弦相似度能够仅考察两个向量的方向而忽略它们的长度，从而有效地测量两个向量的相似性。以下为余弦相似度方法计算示例：

$$\vec{u} = (u_1, u_2)$$

$$\vec{v} = (v_1, v_2)$$

$$S_c(\vec{u}, \vec{v}) = \frac{\vec{u} \cdot \vec{v}}{\|\vec{u}\| \|\vec{v}\|} = \frac{u_1 \times v_1 + u_2 \times v_2}{\sqrt{u_1^2 + u_2^2} \times \sqrt{v_1^2 + v_2^2}}$$

$$S_c(\vec{a}, \vec{b}) = (0 \times 0.12 + 1 \times 0.99)/1 = 0.99$$

$$S_c(\vec{a}, \vec{c}) = (0 \times 0.96 + 1 \times 0.26)/1 = 0.26$$

---

① 向量长度，也被称为向量的模或者范数。对于二维或三维的欧几里得空间（常见的实际空间），向量的长度可以通过勾股定理来计算。对于更高维的向量，我们使用更一般化的 L2 范数来定义。

由于我们的向量长度为1，因此点积和余弦相似度产生了完全相同的结果。

欧几里得距离测量的是两个向量在通常意义上的距离。两个向量之间的距离越小，它们就越相近，相似度就越高。与余弦相似度不同，欧几里得距离同时考虑了向量的长度和方向。以下为欧几里得距离方法计算示例：

$$\vec{u} = (u_1, u_2)$$

$$\vec{v} = (v_1, v_2)$$

$$d(\vec{u}, \vec{v}) = \sqrt{(u_1 - v_1)^2 + (u_2 - v_2)^2}$$

$$d(\vec{a}, \vec{b}) = \sqrt{(0 - 0.12)^2 + (1 - 0.99)^2} = 0.12$$

$$d(\vec{a}, \vec{c}) = \sqrt{(0 - 0.96)^2 + (1 - 0.26)^2} = 1.21$$

可以看到，向量 $\vec{a}$ 和向量 $\vec{b}$ 之间的距离小于向量 $\vec{a}$ 和向量 $\vec{c}$ 之间的距离，这表明向量 $\vec{a}$ 和向量 $\vec{b}$ 之间的相似度更高。本示例采用二维向量，以便我们能够直观地理解，但实际的嵌入向量通常具有更高维度。例如，OpenAI 的 Text-Embedding-Ada-002 模型生成的向量维度为 1536。[①] 值得注意的是，嵌入向量的维度并不取决于输入文本的长度，因此无论是短查询还是长文档，都会产生具有相同维度的嵌入向量。

为了找到与给定输入向量最相似的文本向量，我们的搜索服务可以简单地通过计算输入向量与每个文本向量之间的相似度，并选择最匹配的向量来实现。然而，这种简单的算法在处理拥有大量文本向量的大型企业应用程序时无法有效扩展。因此，搜索服务通常采用近似最近邻（Approximate Nearest Neighbor，简称 ANN）算法，该算法通过巧妙的优化方法在更短的时间内提供近似结果。分层可导航小世界（Hierarchical Navigable Small World，简称 HNSW）算法是 ANN 的一种流行实现方式。

HNSW 构建了一个由多层组成的图结构。在最底层，所有数据点都被包含在内。随着层次的提升，节点的数量逐渐减少，直至达到最顶层，此时仅包含少数节点。每一个数据点被随机分配到某一层次，其中被分配到较低层的概率较高。

HNSW 的搜索过程为，搜索操作从最顶层开始，首先寻找与查询点距离最近的节点，然后在下一层中以该节点为起点继续搜索，这一过程不断重复，直至搜索到达最底层。

由于 HNSW 的每个节点仅与一定数量的最近邻节点相连。在较高层次上，这种连接能够跨越图中较大的距离，从而有效提高搜索速度。

（3）混合搜索。

混合搜索是指同时使用关键词和向量搜索的方法。例如，设想一个场景：用户有

---

① LLM 的嵌入向量使用多维主要是为了能够更好地表示语义信息和语言关系。一个单词或一个句子在嵌入空间中的位置和相邻的单词或句子有关，相似的语义内容在嵌入空间中也应该是相近的。使用多维嵌入向量可以提供更丰富的语义表示能力。较低维度的嵌入向量可能无法捕捉到复杂的语义关系，而较高维度的嵌入向量可以提供更多的维度来表示不同的语义特征。这样一来，模型在处理复杂的自然语言任务时，就能更准确地捕捉到单词或句子之间的语义相似性和关系。OpenAI 的嵌入模型使用 1536 维的嵌入向量是因为经过实验和调优，他们发现这种维度的嵌入向量能够更好地平衡语义表示的丰富性和计算效率。

一组美国活跃交易国债代码，并且用户提交了一个文本输入查询，希望进行一次搜索，以便同时获取与精确的债券代码相匹配以及与用户文本含义大致相符的结果。这正是混合搜索的理想应用场景。在混合搜索中，两种类型的搜索分别独立执行，然后通过一种算法将每种技术得到的最佳结果进行整合，形成最终的输出。这种方法在业界得到了广泛应用，特别是在处理更为复杂的应用时。

### 9.1.3 语义排序

语义排序（Semantic Ranking），也称重排序（Reranking）是文档检索过程之后的一个可选步骤。检索步骤会尝试根据返回的文档与用户查询的相关程度对它们进行排序，但专门的语义排序步骤通常能够进一步提升这一排序结果。语义排序采用检索步骤返回的文档子集，利用专为该任务训练的 LLM 计算出更高质量的相关性分数，并根据这些分数对文档进行重新排序。

在业界应用中，语义排序是一个至关重要的优化过程。在之前的向量搜索和关键词搜索步骤中，系统可能会产生不尽如人意的结果，例如返回与用户查询不相关的文档，或者由于各种原因错过了重要的相关文本。语义排序方法旨在通过使用基于语义的搜索技术来弥补这些不足，从而产生更为相关和准确的搜索结果。语义排序的流程如图 9.6 所示。

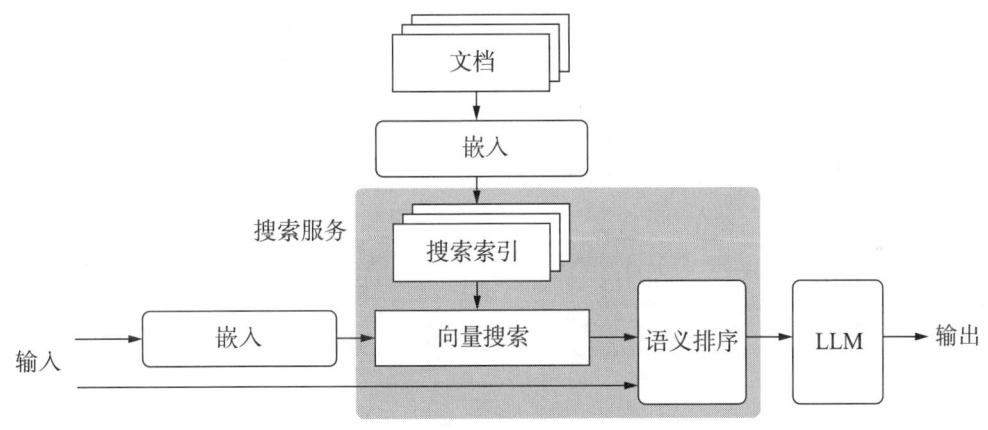

图 9.6 语义排序

以 Cohere 公司提供的语义排序算法为例，我们来讲解这个重要却常被忽视的步骤。语义排序作为搜索流程的最终阶段，旨在根据用户的查询提供相关文档的排名。这使得使用者能够保留现有的基于关键词或语义搜索的系统进行初步检索，并集成重排序端点以进行最终的重新排名。具体而言，语义排序端点使用 LLM 来计算查询与每个初步搜索结果的相关性得分。在实践中，通常只需在搜索程序中添加一行代码，即可实现更高质量的结果输出，尤其是对于复杂或特定领域的查询。

Cohere 的语义排序优势在于其能够嵌入任何搜索引擎中，只需在搜索结束后添加一段代码，让 Cohere LLM 进行重排序即可。当然，我们也可以调用 OpenAI 或其他开源模型自行进行重排序。不过，从经验来看，在语义排序阶段引入一个经过专门微调后的大模型,相较于用户自行提供提示工程进行重排序,往往能够取得更佳的效果。

## 9.2 RAG 应用案例:出口限制对英伟达营收的影响

在此,我们将通过一个具体案例完整演示利用 RAG 技术指导投资决策的方法。鉴于美国政府对英伟达公司施加了越来越多的出口限制,投资者迫切希望从公司管理层了解这些限制对公司营收的影响。我们的目标是通过直接对文本提问,高效地获取相关内容。

2023 年英伟达季度报告的管理层讨论部分是我们主要的信息来源。为了帮助读者深入理解 RAG 的整个过程,我们提供了完整的代码示例,涵盖了文本预处理、文本向量化、混合检索以及语义排序等步骤。在本演示中,我们采用 Cohere 的向量模型和语义排序模型。

```
! pip install annoy
! pip install cohere
import re
from annoy import AnnoyIndex
import pandas as pd
import numpy as np
import cohere

#配置 API 密钥(请替换为您的实际密钥)
api_key = 'your_cohere_api_key_here'
co = cohere.Client(api_key)
#数据预处理,因为一般使用 . 分割句子,会错误地划分诸如3.5%或者14.2这样的数据,所以我们
先把与货币相关的内容进行预处理
def concatenate_broken_sentences(sentences):
    new_sentences = []
    buffer = ""
    for sentence in sentences:
        if re.search(r'[\d$]$', sentence):
            buffer += sentence + "."
        else:
            new_sentence = buffer + sentence
            new_sentences.append(new_sentence.strip())
            buffer = ""
    return new_sentences
text = """
    Demand for our data center systems and products has surged over the last two quarters and our demand
visibility extends into next year. In order to meet this demand, we have increased our purchase obligations
```

with existing suppliers, added new suppliers and entered into prepaid supply and capacity agreements.

These increased purchase volumes and number of suppliers may create more supply chain complexity and execution risk. We expect our supply to increase each quarter through next year. We have entered and expect to continue to enter into supplier and capacity arrangements.

Product transitions are complex as we often ship both new and prior architecture products simultaneously and we and our channel partners prepare to ship and support new products. We are in various stages of transitioning the architecture of our Data Center, Professional Visualization, and Gaming products. Qualification time for new products, customers anticipating product transitions and channel partners reducing channel inventory of prior architectures ahead of new product introductions can create reductions or volatility in our revenue. In addition, the bring up of new product architectures is complex due to functionality challenges and quality concerns not identified in manufacturing testing. These product quality issues may incur costs, increase our warranty costs, and delay further production of our architecture. While we have managed prior product transitions and have previously sold multiple product architectures at the same time, these transitions are difficult, may impair our ability to predict demand and impact our supply mix, and we may incur additional costs.

We build technology and products for use cases and applications that may be new or may not yet exist such as our Omniverse platform, third-party large language models, and generative AI models. We have recently begun offering enterprise customers Nvidia DGX cloud services directly and through our network of partners, which includes cloud-based infrastructure and software and services for training and deploying AI models, and Nvidia AI Foundations for customizable pretrained AI models. Our demand estimates for new use cases, applications, and services can be incorrect and create volatility in our revenue or supply levels, and we may not be able to generate significant revenue from these use cases, applications, and services. New technologies such as generative AI models have emerged, and while they have driven increased demand for Data Center compute infrastructure, the long-term trajectory is unknown.

During the third quarter of fiscal year 2023, the U.S. government, or the USG, announced license requirements that, with certain exceptions, impact exports to China (including Hong Kong and Macau) and Russia of our A100 and H100 integrated circuits, DGX or any other systems or boards which incorporate A100 or H100 integrated circuits. During the second quarter of fiscal year 2024, the USG informed us of an additional licensing requirement for a subset of A100 and H100 products destined to certain customers and other regions, including some countries in the Middle East. We have sold alternative products in China not subject to the license requirements, such as our A800 or H800 offerings.

Given the strength of demand for our products worldwide, we do not anticipate that additional export restrictions, if adopted, would have an immediate material impact on our financial results. However, over the long term, our results and competitive position may be harmed, and we may be effectively excluded from all or part of the Chinese market if there are further changes in the USG's export controls, if customers in China do not want to purchase our alternative product offerings, if customers purchase product from competitors, if customers develop their own internal solution, if the USG does not grant licenses in a timely manner or denies licenses to significant customers, or if we incur significant transition costs.

"""

```python
initial_texts = text.split('. ')
    #initial_texts = [t.strip(' \n') for t in texts]
initial_texts = [t.strip(' \n') for t in initial_texts]
# 整合断句
texts = concatenate_broken_sentences(initial_texts)
# 获取嵌入向量
response = co.embed(texts = texts).embeddings
embeds = np.array(response)
# 将嵌入向量存至一个 TXT 文件

file_path = "/Users/pengxiong/LLM/temp/embeddings.txt"
with open(file_path, 'w') as file:
    for embedding in embeds:
        file.write(' '.join(map(str, embedding)) + '\n')
file_path

# 创建 Annoy 索引
search_index = AnnoyIndex(embeds.shape[1], 'angular')
for index, embed in enumerate(embeds):
    search_index.add_item(index, embed)
search_index.build(10)
search_index.save('/Users/pengxiong/LLM/temp/test.ann')
# 搜索函数
def search(query):
    query_embed = co.embed(texts = [query]).embeddings[0]
    similar_item_ids, distances = search_index.get_nns_by_vector(query_embed, n = 3, include_distances = True)
    results = pd.DataFrame(data = {'texts': [texts[i] for i in similar_item_ids], 'distance': distances})
    print(f"Query: '{query}'\nNearest neighbors:\n")
    for i, row in results.iterrows():
        print(f"Text: {row['texts']}\nDistance: {row['distance']}\n")
    return results

query = "Tell me about export restrictions"
search(query)

# 查询与重排序
query = "Tell me about export restrictions"
MODEL_NAME = "rerank-english-02"
results = co.rerank(query = query, model = MODEL_NAME, documents = texts, top_n = 3)
```

```
# 展示重排序后的结果
for idx, r in enumerate(results):
    print(f"Document Rank: {idx + 1}, Document Index: {r.index}")
    print(f"Document: {r.document['text']}")
    print(f"Relevance Score: {r.relevance_score:.2f}")
    print("\n")
```

混合检索后输出结果如下:

```
Query: 'Tell me about export restrictions'
Nearest neighbors:

Text: government, or the USG, announced license requirements that, with certain exceptions, impact exports to China (including Hong Kong and Macau) and Russia of our A100 and H100 integrated circuits, DGX or any other systems or boards which incorporate A100 or H100 integrated circuits
Distance: 0.9783326387405396

Text: We have sold alternative products in China not subject to the license requirements, such as our A800 or H800 offerings
Distance: 1.0323281288146973

Text: Given the strength of demand for our products worldwide, we do not anticipate that additional export restrictions, if adopted, would have an immediate material impact on our financial results
Distance: 1.094110131263733
```

检索器一共找到了三段类似的话,距离分别是 0.9783326387405396、1.0323281288146973 和 1.094110131263733。如果仔细阅读这三段话,我们会发现,距离最大的那一段其实才最符合用户提问的答案。因为这一段给出了出口限制对公司经营的影响。语义排序后的搜索结果会给出更好的答案吗?

语义排序后的输出结果:

```
Document Rank: 1, Document Index: 20
Document: Given the strength of demand for our products worldwide, we do not anticipate that additional export restrictions, if adopted, would have an immediate material impact on our financial results
Relevance Score: 0.88

Document Rank: 2, Document Index: 17
Document: government, or the USG, announced license requirements that, with certain exceptions, impact exports to China (including Hong Kong and Macau) and Russia of our A100 and H100 integrated circuits, DGX or any other systems or boards which incorporate A100 or H100 integrated circuits
Relevance Score: 0.35
```

> Document Rank: 3, Document Index: 18
> Document: During the second quarter of fiscal year 2024, the USG informed us of an additional licensing requirement for a subset of A100 and H100 products destinedto certain customers and other regions, including some countries in the Middle East
> Relevance Score: 0.25

我们看到，语义排序以后，模型给出了正确的答案。与用户查询意图相关性最高的语句得分是0.88，远远高出第二句话（0.35）和第三句话（0.25）。

通过这个示例，读者可以发现，使用混合搜索得出的排序非常接近的三个答案，在语义排序后呈现出完全不同的相关性，从而大大提高了检索效率，帮助LLM给出最佳回答。

## 9.3  AutoGen初步：RAG和股票分析

多代理框架与RAG之间存在着非常紧密的联系，许多工业项目都在尝试利用多代理框架来实现高级RAG的应用。这里我们将以多代理框架AutoGen为例，演示其在RAG中的应用。

AutoGen是微软公司于2023年10月推出的LLM开发框架，它支持使用多个代理来开发LLM应用程序，这些代理能够通过相互通信来完成任务。AutoGen的代理是可定制的、能够进行对话的，并且能够无缝地允许人类参与其中。它们能够以LLM、人类输入以及工具组合的各种模式运作。在本节中，我们将尝试使用AutoGen来定制化RAG系统。AutoGen提供了极为强大的开发功能，预计其在金融行业会有广泛的应用前景，例如我们之前提到的数据清洗、新闻获取、股票价格分析等。图9.7展示了一个AutoGen的示例。实践中，各类代理实际是一段代码，可以执行各种功能，负责完成与大模型交互的

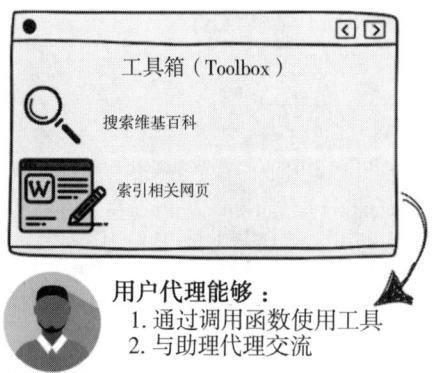

图9.7  AutoGen定制化RAG系统

各种工作,如发布文档分割、向量化数据库、搜索互联网信息等任务。而助理代理则在接受指令后,利用 LLM 来完成任务,并同时与其他助理代理及用户进行交互。

### 9.3.1　AutoGen 与 RAG

AutoGen 框架通过构造 RAG 代理来执行人类的指令。图 9.8 是一个简单的示例。该系统由两个代理组成:一个是检索增强用户代理;另一个是检索增强助理代理。它们均是从 AutoGen 内置代理工具中扩展而来的。RAG 代理的整体架构如图 9.8 所示。用户代理负责提出查询以及各种配置要求,包括检索过程中的细节配置,如分词、向量化、索引建立、混合检索设置等,而检索助理则根据这些配置执行检索过程,生成答案并提供给用户,同时等待接收下一步的指令。

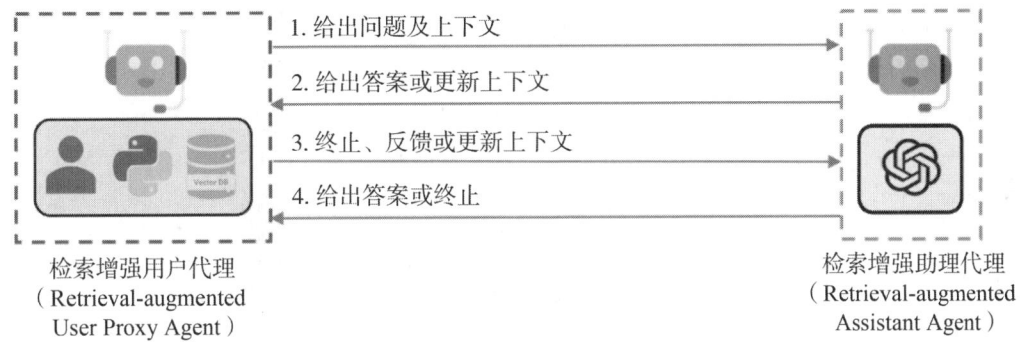

**图 9.8　RAG 代理的整体架构**

若要实现检索增强功能,需初始化两个代理,即检索增强用户代理和检索增强助理代理。初始化检索增强用户代理时,需指定文档集合的路径。初始化完成后,检索增强用户代理能够下载文档,将它们分割成特定大小的块,计算它们的嵌入向量,并将这些向量存储于向量数据库中。在聊天系统启动后,这些代理将根据配置文件中的设定协同工作,参与代码生成或问答任务。

以下是一个具体的示例:我们采用了本地部署的大语言模型 Zephyr 进行文本生成,并自定义了嵌入模型、分词模型以及单个文档的大小等优化参数。需要注意的是,尽管 AutoGen 提供了非常丰富的自定义参数选项,但它并不能全面覆盖 RAG 优化方法,例如检索路由器优化等。

```
pipinstall pyautogen[retrievechat] langchain "chromadb<0.4.15" -q

# 导入本地大语言模型,需要启动本地模型服务

import autogen

config_list = [
{
```

```python
    "api_base":"http://localhost:7234/v1",
    "api_key":"NULL",
    }
]
autogen.retrieve_utils.TEXT_FORMATS #检查 autogen 支持的文档类型
['txt', 'json', 'csv', 'tsv', 'md', 'html', 'htm', 'rtf', 'rst', 'jsonl', 'log', 'xml', 'yaml', 'yml', 'pdf']
# 自定义嵌入函数,我们使用开源的 mpnet-base 模型。AutoGen 默认使用开源向量数据库 Chromdb。
# 同样地,我们可以自定义向量数据库。
from chromadb.utils import embedding_functions

huggingface_ef = embedding_functions.HuggingFaceEmbeddingFunction(
    api_key = "", #输入 Hugging Face 的 API
    model_name = "sentence-transformers/all-mpnet-base-v2"
)
# 为了检查向量数据库是否成功导入,我们可以进行如下测试:
#一些测试文本样本
test_samples = [
    "Hello, world!",
    "Natural language processing is fascinating.",
    "This is a test for the embedding function."
]

#获取嵌入向量
embeddings = [huggingface_ef(text) for text in test_samples]
#打印结果
for i, emb in enumerate(embeddings):
    print(f"Embedding for '{test_samples[i]}':\n{emb}\n")
# 配置文本分割器。这里我们使用 LangChain 提供的分割器:
from langchain.text_splitter import RecursiveCharacterTextSplitter

text_splitter = RecursiveCharacterTextSplitter(separators = ["\n\n", "\n", "\r", "\t"])
# 初始化代理和助理,完成各种参数设置:
from autogen.agentchat.contrib.retrieve_assistant_agent import RetrieveAssistantAgent
from autogen.agentchat.contrib.retrieve_user_proxy_agent import RetrieveUserProxyAgent

llm_config = {
    "request_timeout": 800,
    "config_list": config_list,
    "temperature": 0
}
```

```python
assistant = RetrieveAssistantAgent(
    name = "assistant",
    system_message = "You are a helpful assistant.",
    llm_config = llm_config,
)
rag_agent = RetrieveUserProxyAgent(
    human_input_mode = "NEVER",
    retrieve_config = {
        "task" : "qa",
        "docs_path" : "bisrepotxt.txt",
        "collection_name" : "rag03_collection",
        "chunk_token_size" : 1024,
        "embedding_function" : huggingface_ef,
        "custom_text_split_function" : text_splitter.split_text,
    },
)
```

完成设置后，就可以启动 RAG 代理了。

```python
assistant.reset()
rag_agent.initiate_chat(assistant, problem = "What is the view on China's economy?", n_results = 2)
```

输出如下（完整的输出包括整个推理过程，这里只保留了最基本的结果）：

The overall assessment is that China's economy is facing challenges, leading to concerns about its impact on global markets, particularly in commodity-exporting countries and emerging market economies. This has resulted in a widening spread between US and Chinese government yields, as well as fluctuations in financial assets such as stocks and currencies. However, carry trades have remained attractive due to favorable carry-to-risk ratios. The recent tightening of monetary policy in the US has also contributed to higher yields in Latin American debt markets and a strengthening of their currencies against the dollar. In contrast, European bonds and the British pound have appreciated relative to those in Scandinavia and Japan due to expectations for lower future interest rates. The recent economic data in China has led to losses in Chinese stocks, with real estate and infrastructure stocks being particularly affected. The overall performance of US equities has outperformed other regions, partly driven by diminishing recession fears and the technology sector's gains. The VIX index and implied volatility of long-term yields decreased after a better than expected GDP report in late July, followed by weaker than expected job openings data in late August. Market funding conditions for banks have become more restrictive due to quantitative tightening by central banks. Additionally, there have been downgrades for mid-sized US banks and a cautious outlook for some larger institutions. Furthermore, sovereign debt issuance has continued to increase during the review period.

总结来说，我们构建了一个简单的用户 - 助理系统，并实现了 RAG 过程。在整个过程中，我们完全采用了开源模型，最终生成的效果与使用 OpenAI 模型的效果一致。

### 9.3.2　多代理构建股票图形分析工具

上面 RAG 的例子只包括用户代理和助理代理的对话。AutoGen 提供了多代理的对话框架，允许开发人员定义多个代理，并通过这些代理之间相互对话来执行用户的指令。这一框架为大规模程序开发提供了一个非常直观且高效的工具，开发人员可以通过定义不同的角色和功能来实现复杂的任务。图 9.9 展示了多代理的结构。

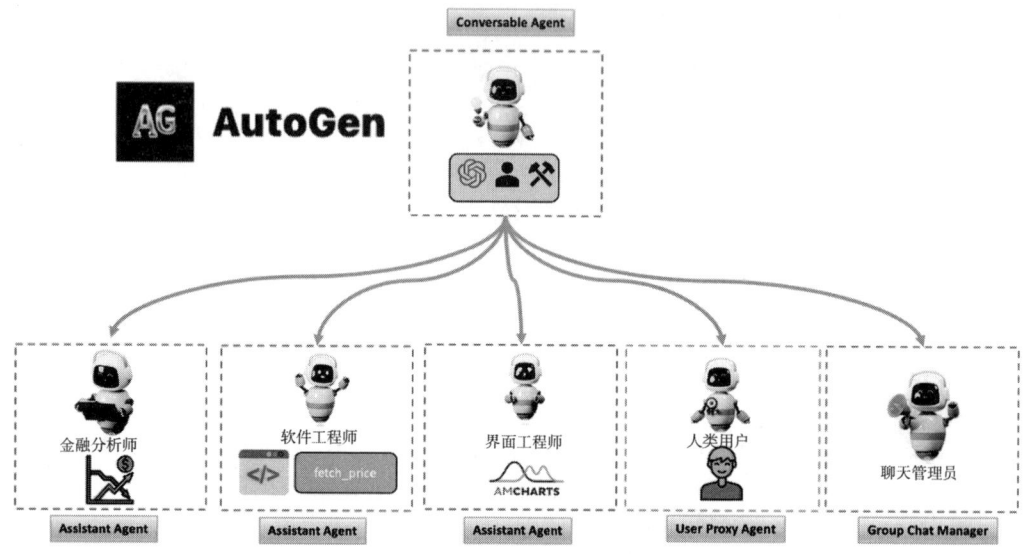

图9.9　多代理结构

我们看到，系统设置了五个角色：前三个角色是助理代理（Assistant Agent）：金融分析师、软件工程师、界面工程师；后两个角色是用户代理（User Proxy Agent）以及群组聊天管理员（Group Chat Manager）。这五个角色协同工作，共同完成用户的指令。我们利用这个多代理框架来实现对人类自然语言查询任务的处理。具体来说，我们让 LLM 分析过去 90 天内股票价格的变动，并生成蜡烛图以及 MACD（Moving Average Convergence Divergence，移动平均收敛发散）技术分析指标。尽管这个例子相对简单，但它涵盖了高级证券分析的基础内容，包括数据获取、数据处理、数据分析和图表制作等环节。如果进一步结合股票的基本面数据、最新新闻、市场情绪分析，并考虑经济周期、金融条件、地缘政治以及行业的最新动态，我们有望实现接近人类高级证券分析师的分析水平。在本案例中，我们使用的大语言模型是 GPT-4-1106，而证券数据则来自盈透金融终端。

```python
import autogen
import pandas as pd
import requests
from autogen import AssistantAgent, UserProxyAgent
config_list = autogen.config_list_from_json(
    "OAI_CONFIG_LIST.txt",
    filter_dict={
        "model": ["gpt-4", "gpt4", "gpt-4-32k", "gpt-4-32k-0314", "gpt-4-1106-preview"],
    },
)
def is_termination_msg(data):
    has_content = "content" in data and data["content"] is not None
    return has_content and "TERMINATE" in data["content"]
#从IB终端获取数据的函数
from ib_insync import IB, Stock, util
util.startLoop()
import pandas as pd

def fetch_prices_for_symbol(symbol: str, days: int) -> pd.DataFrame:
    #定义日期范围
    end_date = pd.Timestamp.now()
    start_date = end_date-pd.DateOffset(days=days)#days 由LLM从用户输入中获取

    #初始化IB实例并连接
    ib = IB()
    ib.connect('127.0.0.1', 4001, clientId=11)  #确保这里的端口和clientId与您的设置相匹配

    #创建股票
    stock = Stock(symbol, 'SMART', 'USD')

    #获取历史数据
    bars = ib.reqHistoricalData(
        stock,
        endDateTime=end_date.strftime('%Y%m%d %H:%M:%S'),
        durationStr=f'{days} D',
        barSizeSetting='1 day',
        whatToShow='TRADES',
        useRTH=True,
        formatDate=1)
```

```python
# 转换为 DataFrame
    data = util.df(bars)
    data = data[['date', 'open', 'high', 'low', 'close', 'volume']]

# 断开连接
ib.disconnect()

# 保存数据到 CSV 文件
    filename = f'{symbol}_{days}d_stock_data.csv'
    data.to_csv(filename, index=False)

return data
def fetch_prices(days: int, symbol: str) -> str:
# fetch_prices_for_symbol 需要从 IB 获取数据
    symbol_df = fetch_prices_for_symbol(symbol, days)

# 将 DataFrame 转换为字符串格式
    symbol_txt = symbol_df.to_string(index=None)
return f"{symbol_txt}".strip()

# 使用 mplfiance 工具包作图, 定义作图函数, 界面工程师将调用该函数
import pandas as pd
import mplfinance as mpf
import talib

def plot_candlestick_with_macd_from_file(file_path):
# 读取 CSV 文件
    df = pd.read_csv(file_path, index_col='Date', parse_dates=True)

# 计算 MACD 指标
    df['macd'], df['macdsignal'], df['macdhist'] = talib.MACD(df['Close'], fastperiod=12, slowperiod=26, signalperiod=9)
# 设置绘图参数
    apds = [mpf.make_addplot(df['macd'], panel=1, color='blue', secondary_y=False),
mpf.make_addplot(df['macdsignal'], panel=1, color='orange', secondary_y=False),
mpf.make_addplot(df['macdhist'], panel=1, type='bar', color='purple', secondary_y=False)]
# 绘制蜡烛图和 MACD 图表
mpf.plot(df, type='candle', style='charles', addplot=apds, title="Stock Price and MACD", volume=True)
```

```python
#最关键的变量设置,包括大语言模型选择,以及使用的函数,目前 AutoGen 只在诸如浏览网页下载
数据方面提供全自动工具
#我们定义了两个工具,一个用于获取价格并保存,另外一个根据保存的数据文件做技术分析图形
llm_config = {
    "config_list": config_list,
    "use_cache": False,
    "temperature": 0,
    "request_timeout": 120,
    "functions": [
        {
            "name": "fetch_prices",
            "description": "Fetch daily stock prices",
            "parameters": {
                "type": "object",
                "properties": {
                    "days": {
                        "type": "integer",
                        "description": "days"
                    },
                    "symbol": {
                        "type": "string",
                        "description": "symbol"
                    }
                },
                "required": ["days", "symbol"]
            }
        },
        {
            "name": "plot_candlestick_with_macd",
            "description": "Plot candlestick chart with MACD indicator from a CSV file",
            "parameters": {
                "type": "object",
                "properties": {
                    "file_path": {
                        "type": "string",
                        "description": "Path to the CSV file containing stock data"
                    }
                },
                "required": ["file_path"]
```

```
            }
        }
    ]
}
```

#接下来设置三个助理代理和人类用户
#设置金融分析师,它的主要任务是利用大语言模型,在知识库的基础上进行分析

```
analyst_system_message = f"""
```

Financial Analyst: As a Senior Financial Analyst responsible for a stock priceindicator.

Follow the plan:
1. Obtain stock price data from the engineer.
2. Analyze the stock price data, provide comment, and pass it to the UI designer for chart creation.
3. Upon receiving the code from the UI designer along with the complete dataset, if it's not provided, kindly request the UI designer to provide the missing data.
4. Execute the code received from the UI designer on your local machine to generate and display the chart.

Upon successful completion of the plan, add "TERMINATE" to conclude the message.

```
"""

analyst = AssistantAgent(
    name = "analyst",
    system_message = analyst_system_message,
    llm_config = llm_config,
    is_termination_msg = is_termination_msg,
    code_execution_config = False
)
```

#设置软件工程师

```
engineer_system_message = f"""
```

Engineer. You are a Senior Software Engineer that executes the fetch_pricesfunctions as requested by the Financial Analyst.

```
"""

engineer = AssistantAgent(
    name = "engineer",
    system_message = engineer_system_message,
    llm_config = llm_config,
    function_map = {"fetch_prices": fetch_prices},
    code_execution_config = False
```

```python
)
#设置界面工程师
uidesigner_system_message = f"""

UI Designer: You are a Senior UI/UX designer with a specialization in crafting charts using the TA-lib library(referenced at https://ta-lib.github.io/ta-lib-python/),
your assignment is to develop a stock chart using the stock price data supplied by the Senior Financial Analyst.

Your responsibility involves:
1. Generating comprehensive code, including the actual COMPLETE data, for the Senior Analyst to successfully run the chart.
2. Ensuring that the code is prepared for immediate execution, WITHOUT ANY PLACEHOLDERS TEXT or missing data.
3. Guaranteeing the seamless integration of the received stock price data into the code.
4. Structuring the code for execution and utilizing the TA-lib library to present the stock chart.

"""

uidesigner = AssistantAgent(
    name = "uidesigner",
    system_message = uidesigner_system_message,
code_execution_config = False,    # set to True or image name like "python:3" to use docker
    llm_config = llm_config,
    function_map = {
"plot_candlestick_with_macd": plot_candlestick_with_macd    #将作图函数添加到映射表
}
)
#设置人类用户
user_proxy = UserProxyAgent(
    name = "admin",
    system_message = "Human Admin: Let's engage with the analyst to have a discussion about the stock price report. Please ensure that the final report is shared with me for approval before it's finalized.",
    code_execution_config = False,    # set to True or image name like "python:3" to use docker
    human_input_mode = "ALWAYS",
    is_termination_msg = is_termination_msg
)
#定义协同工作的角色
groupchat = autogen.GroupChat(
    agents = [user_proxy, analyst, uidesigner, engineer], messages = [], max_round = 20
)
```

```
manager = autogen.GroupChatManager(groupchat = groupchat, llm_config = llm_config)
#用户发出自然语言的指令,AutoGen在完全没有人为干预下完成工作
message = f"""
we want to study the prices and volume data of bynd from last 180days.
"""
user_proxy.initiate_chat(manager, clear_history = True, message = message)
```

分析 AutoGen 的代码运行过程非常有意义,它能够帮助我们从内部机制上理解这一架构的运作方式。以下,我们将挑选代码运行过程中最为关键的步骤进行分析。

首先,用户向管理员提出项目要求,即分析 BYND 公司过去 180 天的股票价格和成交量表现。对此,金融分析师向管理员建议首先获取所需的价格和成交量数据。随后,软件工程师开始运行预定的函数,以下载并保存相关数据。

```
admin (to chat_manager):
we want to study the prices and volume dat aof bynd from last 180days.
--------------------------------------------------------------
--------------------------------------------------------------
analyst (to chat_manager):
* * * * * Suggested function Call: fetch_prices * * * * *
Arguments:
{"days":180,"symbol":"BYND"}
* * * * * * * * * * * * * * * * * * * * * * * * * * * * * * *
* * * * * *
--------------------------------------------------------------
--------------------------------------------------------------
>>>>>>>> EXECUTING FUNCTION fetch_prices...
engineer (to chat_manager):
* * * * Response from calling function "fetch_prices" * * * * *
date       open   high    low    close   volume
2023-02-27 18.80  19.72   17.88  18.77   3855581.0
2023-02-28 18.65  19.24   17.71  17.84   2186804.0
2023-03-01 17.69  17.88   16.76  16.94   1742811.0
2023-03-02 16.80  17.87   16.52  17.68   1285267.0
2023-03-03 17.72  18.73   17.45  18.71   1632445.0
```

金融分析师根据获取的数据,向管理员传送分析结果,并且建议下一步的工作方向。

analyst (to chat_manager):
The stock price data for Beyond Meat Inc. (BYND) over the last 180 days shows a significant downward trend. Here are some key observations:

1. **High Volatility**: The stock opened at $18.80 on February 27, 2023, and has since seen a high of $19.72 and a low of $5.63, indicating high volatility.

2. **Downward Trend**: The overall trend is bearish, with the stock price declining significantly over the period. The closing price has dropped from $18.77 on February 27, 2023, to $6.91 on November 10, 2023.

3. **Volume Fluctuations**: Trading volume has fluctuated, with notable spikes on days with significant price movements. For instance, on May 11, 2023, the volume surged to 9,823,794 shares when the price dropped to $10.20.

4. **Recent Activity**: There has been a slight increase in the stock price in early November, with the price moving from $5.91 on November 1, 2023, to $7.00 on November 2, 2023, alongside a substantial increase in volume to 4,366,205 shares.

这是大语言模型根据输入数据的直观分析，我们可以通过提示工程、微调等各种手段提高大模型数据分析的能力。

金融分析师建议界面工程师作图分析，界面工程师调用作图函数完成作图。

This data should be visualized in a chart to better understand the price and volume trends over the last 180 days. I will now pass this information to the UI designer for chart creation. If the complete dataset is not provided, I will request it from the UI designer.

UI designer, please create a chart based on this data and provide the complete dataset if it's not included. Once the chart is ready, please send me the code to generate it on my local machine.

--------------------------------------------------------------
--------------------------------------------------------------

uidesigner (to chat_manager):
***** Suggested functionCall: plot_candlestick_with_macd *****
# Bynd 的股票蜡烛图

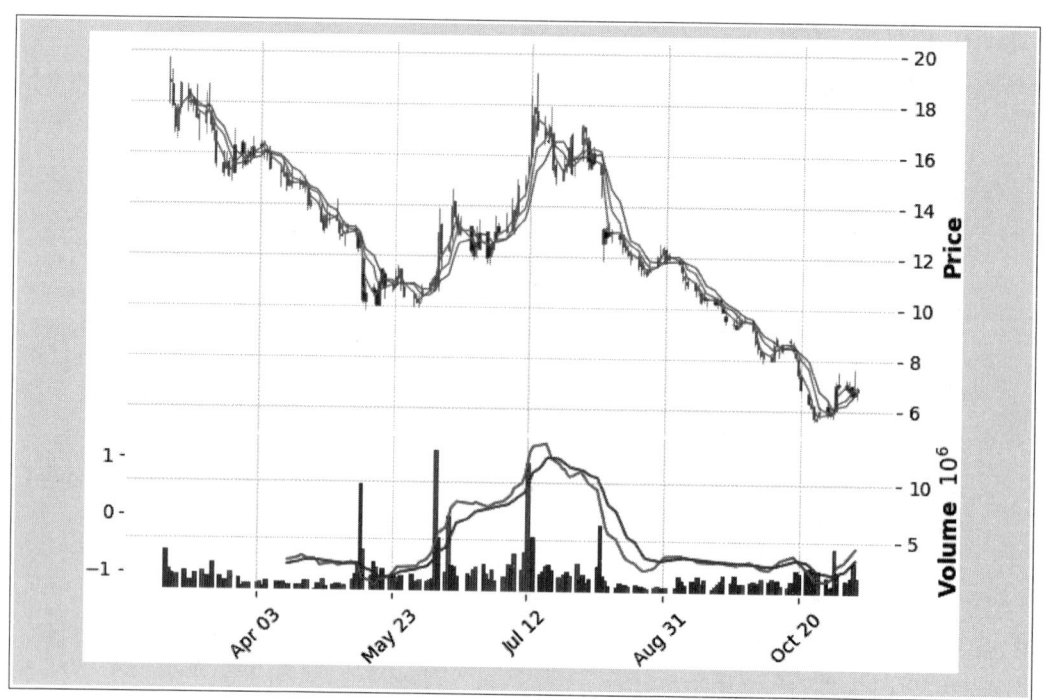

##  章节小结

- **实践建议**

1. 尝试复现章节中的代码示例,特别是数据获取、清理和 RAG 系统构建部分。
2. 探索不同的检索方法,比较它们的性能差异。
3. 基于本章内容,尝试为其他金融数据分析任务设计 RAG 系统。

- **实践建议**

1. 深入研究 LlamaIndex、LangChain 等 RAG 框架的官方文档。
2. 阅读最新的 RAG 论文,了解前沿进展。
3. 学习更多关于金融数据分析和量化投资的知识,以更好地理解系统的应用价值。

- **总结**

本章为读者提供了构建 RAG 系统的指南。通过学习本章内容,读者将能够理解和应用先进的 AI 技术来解决复杂的金融分析问题。这些内容不仅对于理解当前的金融科技发展趋势很有帮助,也为未来这一领域的创新奠定了基础。

# 第 10 章
# 微调大模型

- 章节概述

本章深入探讨了 LLM 的微调技术，重点介绍了最新的微调方法和实践。内容涵盖微调面临的挑战、LoRA 和 QLoRA 等先进技术、Unsloth 项目的创新，以及一个实际的中文经济分析模型微调案例。

- 学习重点

1. 理解微调大模型面临的主要挑战和解决思路。
2. 掌握 LoRA 和 QLoRA 技术的基本原理。
3. 了解 Unsloth 项目如何提高微调效率。
4. 学习如何准备高质量的微调数据集。
5. 掌握使用 Unsloth 框架进行实际微调的步骤。

- 本章思维导图

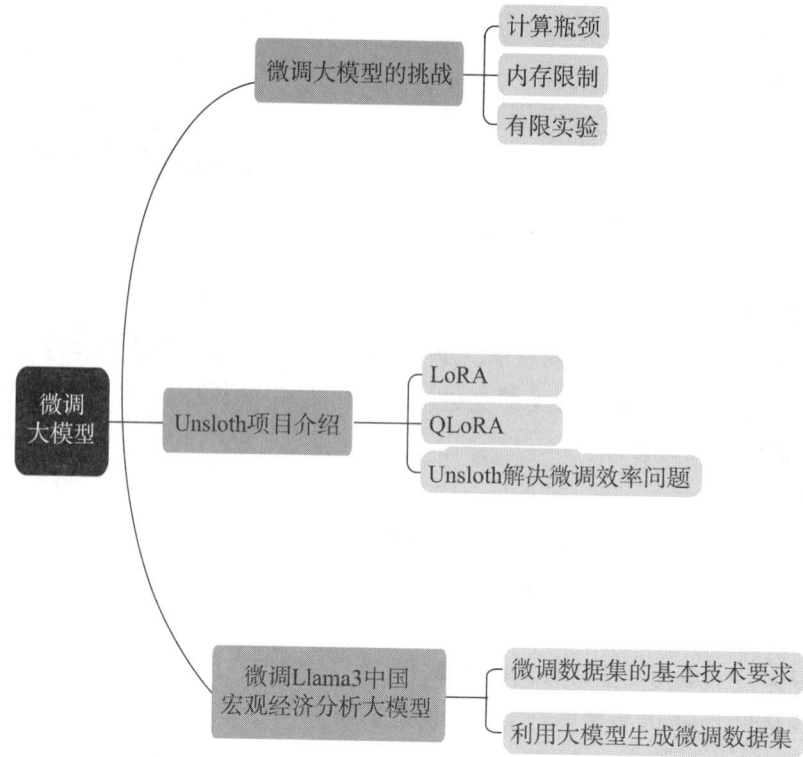

## 10.1　微调大模型的挑战

大语言模型在自然语言处理领域已显示出强大的能力，而其最大潜力在于能够对特定领域进行精细的调整。不过，这一精细调整过程往往耗费时间及资源巨大，在一定程度上限制了其广泛应用和创新的可能性。微调过程涉及使用特定领域的数据集来定制模型，使模型能够适应特定任务，例如从病历中进行医学诊断或生成特定产品的性能描述等。微调是在预训练的大语言模型，如 GPT-3.5 或 Llama 3 的基础上，进行进一步训练，以提高其在特定任务上的生成能力。然而，传统的微调方法存在以下局限。

· 计算瓶颈：在大规模数据集上训练拥有数十亿参数的模型可能需要耗费数天甚至数周的时间（即便借助高性能的 GPU），这导致了高昂的云计算成本。

· 内存限制：大语言模型通常需要较大的内存空间，这要求有强大的硬件支持才能有效进行训练。这进一步限制了模型的访问并减慢了微调过程。例如，如果使用 32 位浮点数来表示每个模型参数，每个参数将占用 4 字节的内存。因此，一个拥有 10B 参数的模型将消耗 40GB 的内存。若要进行全面的参数微调，则可能需要接近 200GB 的内存。

· 有限实验：传统的微调过程成本高昂且耗时，阻碍了实验的进行。资源的限制使得研究人员和开发者不愿意探索新的大语言模型应用。

因此，如何降低大语言模型的预训练和微调成本，包括硬件和时间成本，一直是学界和业界高度关注的问题。我们已经见证了一系列旨在降低各种成本的解决方案的出现。原则上，优秀的微调技术应具备如下特点：

第一，高效计算，训练过程应快速且成本低廉。

第二，内存高效，微调大语言模型时不应占用大量的 GPU 资源。

第三，易于部署，不应为每个待解决的任务部署多个大语言模型的副本。

## 10.2　Unsloth 项目介绍

目前已经有很多优秀的微调解决方案，本节我们以 Unsloth 项目为例，介绍微调的原理和具体实施。

前文已经详细阐述了大语言模型预训练、监督学习以及微调的基本原理。在此，我们将对微调过程中至关重要的 LoRA（Low-Rank Optimization for Adapting，低秩适应）和 QLoRA（Quantized Low-Rank Adaptation，量化低秩适应）技术进行简要介绍，并进一步探讨 Unsloth 是如何高效地解决这些技术难题的。

### 10.2.1 LoRA：大语言模型的低秩适应

LoRA 是一种旨在高效微调大语言模型的技术。与传统方法不同，LoRA 并不直接对模型的所有参数进行更新，而是引入了一个低秩更新矩阵，用来捕获完成特定任务所必需的变更。这一策略显著减少了需要更新的参数数量，从而实现了更快速、更高效的微调过程。

具体来说，LoRA 引入了大小为 $d \times d$ 的低秩更新矩阵 $W$，其中 $d$ 是模型变压器层的隐藏维度。此矩阵表示微调模型所需的必要更改。LoRA 不直接更新原始权重矩阵 $W$，而是将其分解为基矩阵 $W_0$ 和低秩更新矩阵 $W_L$：$W = W_0 + W_L$。

在微调过程中，只优化低秩更新矩阵 $W_L$，而保持基矩阵 $W_0$ 不变。这显著减少了要更新的参数数量，从而实现更快速、更高效的微调。

### 10.2.2 QLoRA：量化低秩适应

在 LoRA 技术的基础上，衍生出了多种改进版本，其中最为关键的是量化低秩适配技术，即 QLoRA。QLoRA 通过以下创新大幅提高了微调的效率。

（1）4 位正态浮点数。

与大语言模型参数通常使用的 16 位数据类型（半精度浮点数）相比，QLoRA 使用仅占用 4Bytes 来编码数字的数据类型，我们称它为 4 位正态浮点数。虽然这意味着我们只有 $2^4$（= 16）种组合来表示模型参数，但 4 位正态浮点数通过一种独特的技巧充分利用了有限的信息容量，从而尽可能地减少了信息损失。我们通过以下两个例子来阐释这种量化方法的核心思想。

例如，0 和 100 之间有无限多个可能的数字，如 1、12、27、55.3、83.7823 等。我们可以通过将这些数字划分为基于整数的区间来进行量化，例如将（1、12、27、55.3、83.7823）量化为（1、12、27、55、83），或者我们可以使用 10 的倍数，使数字量化为（0、0、20、50、80）。图 10.1 直观展示了这一过程。

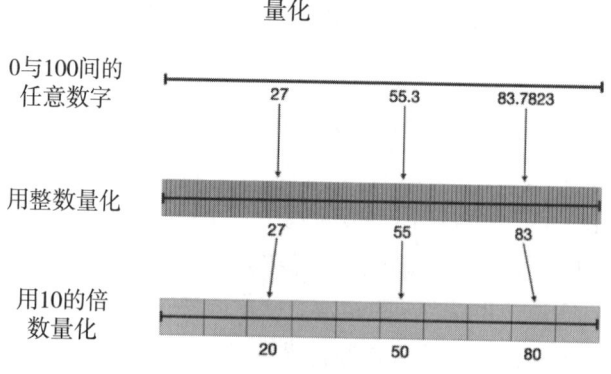

图 10.1 量化方法的核心过程

上述量化方法可被称为等距（Equally-Spaced）量化。然而，在大型模型的参数估计中，理论上最优解通常遵循正态分布。因此，4位正态浮点数采用的是等概率量化方法。由于模型参数倾向于聚集在0附近，这种方法能够有效捕捉参数对最优解的偏离幅度，从而最大限度地减少信息损失。

（2）双重量化技术。

所谓的双重量化，是指除对参数和激活值进行量化压缩以外，同时也对量化常数进行量化的技术。

量化本质上是一种简化数值表示的方法，它通常涉及将高精度数值转换为有限数量级的过程。在神经网络量化过程中，量化常数扮演着至关重要的角色。它们用于将网络权重和激活值从高精度浮点数转换为低精度格式，如8位整数或4位浮点数。这种转换可以显著降低模型的存储空间和计算成本，使得模型更易于部署在资源受限的设备上，例如移动设备和嵌入式系统。量化常数本质上是定义量化过程的数值，它们决定了如何将高精度浮点数映射到低精度格式。具体来说，量化常数包括以下几个方面：

·量化范围：量化范围定义了低精度格式所能表示的数值范围。例如，如果量化范围为[0,255]，则意味着低精度格式只能表示从0到255的整数。

·量化间隔：量化间隔决定了低精度格式中每个数值所代表的实际值范围。例如，如果量化间隔为1，则意味着每个低精度数值代表一个整数，从0到255。

·零点值：零点值定义了量化范围的中心点。例如，如果零点值为128，则意味着量化范围为[-128,127]，并且每个低精度数值代表一个从-128到127的整数。

量化常数的计算通常基于统计方法，如直方图分析。通过分析权重和激活值的分布，可以确定合适的量化范围、量化间隔和零点值，以尽量减少量化误差。

### 10.2.3　Unsloth 如何解决微调的效率问题

Unsloth 项目通过多方面的优化，显著提升了微调计算的效率，成为微调领域一个引人关注的成果。

具体来说，在 Alpaca 格式的数据集上，Unsloth 能够将微调速度提高30倍，将原本需要85小时的任务缩短至仅需3小时。内存使用量减少了60%，同时处理大小增加了6倍。使用 Max 版本时，Unsloth 的量化模型不仅不会降低准确度，反而能够比其他模型提高20%的准确率。额外的硬件支持，只需进行软件适配即可，支持 NVIDIA、Intel 和 AMD 的 GPU。

Unsloth 采用了手动自动微分（Manual Autograd）和链式矩阵乘法优化技术。手动自动微分是一种计算梯度的方法，用于在训练过程中更新模型。它允许开发者直接定义和实现导数的计算规则，而不是依赖自动微分工具。在某些特殊情况下，当自动微分工具尚不完善或无法处理某些操作时，手动自动微分提供了更大的灵活性。同时，它还允许开发者对特定的操作和层进行细粒度的优化。Unsloth 通过手动微分技术优化了这一过程，使其更加高效。

链式矩阵乘法是大语言模型训练的关键部分，Unsloth 通过高效地将矩阵乘法链接在一起，优化了这一过程。同时，Unsloth 将所有内核重写为 OpenAI 的 Triton 语言（一种专为大语言模型开发的高效编程语言），并通过 xFormers 实现快速注意力机制，这些都有助于模型集中关注输入数据中最重要的部分。

Unsloth 项目通过算法优化、硬件兼容提升以及集成 QLoRA 技术，显著改进了预训练和微调的生态。随着该项目的持续发展，我们可以预期在不远的未来会出现更快速、更高效的微调技术。这将有助于释放大语言模型的真正潜力，并可能在医疗保健、金融、营销和娱乐等多个行业引发变革。展望未来，在 Unsloth 的支持下，大语言模型将能轻松进行各种任务的微调，例如：

- 根据患者的病史和医生的记录生成个性化的医疗报告。
- 将复杂的财务文件总结为简明易懂的摘要，以便投资者阅读。
- 创作引人入胜的营销文案，与特定目标人群产生共鸣。
- 根据特定风格和类型编写电影剧本，加快内容创作的过程。

## 10.3 微调 Llama 3 中国宏观经济分析大模型

Llama 3 由 Meta 公司于 2024 年发布，是一款开源的大语言模型，目前被广泛认为是业界最先进的开源模型。该模型的 70B 参数版本在性能上仅次于 GPT-4、Claude 3 和 Gemini 1.5 等模型。鉴于 Meta 公司即将发布参数规模达到 400B 的开源大模型，Llama 3 已被视为有潜力变革整个行业生态的关键开源模型。

在本节中，我们将对一个用于中文宏观经济分析的模型进行微调。我们将利用 Unsloth 库，在单个 GPU 上对 Llama 3 的 8B 参数模型执行微调过程，并详细阐述每一步及其对应的代码实现。

### 10.3.1 微调数据集的基本技术要求

我们将对一本介绍中国经济指标的中文图书建立微调数据集，从而微调一个专门用于中文宏观经济分析的大模型。该书共 25 万字，278 页，目的是协助投资者洞悉中国庞大而复杂的经济数据系统，并将其转化为可行的投资机会。书中深入分析了数十项关键经济指标，详细阐述了这些指标的的编制过程、潜在缺陷、对市场的影响以及正确的解读方式，旨在使读者能够更加准确地把握中国经济的实际状况。

首先，我们需要将电子书转换为 txt 格式文件。接下来的问题是如何将书籍内容调整为适合进行微调的数据格式。

目前，一些经验性的实践有助于确定最佳的微调数据集。其中一个关键方法是使用小规模的高质量数据作为种子，然后利用大模型生成相似的数据集，以此作为训练或者微调的数据集，一般步骤如下。

- 从现有资源开始：首先聚合所有可用的指导数据，无论其规模大小。即便是小型数据集，只要其质量和相关性高，也可能极具价值。
- 注重质量而不是数量：优先筛选出高质量示例。这包括对每个数据点进行细致的审查和可能的改进，以确保其符合清晰度、相关性和信息性的期望标准。
- 扩大数据来源：通过整合来自不同渠道的教学数据来丰富数据集。这可能包括专业论坛、教育资料和领域特定的文献。数据来源的多样性有助于通过增加数据集的覆盖范围来缓解数据量的限制。
- 合成数据生成：考虑利用小型但高质量的数据集作为生成合成教学数据的种子。可以借助 LLM 创造出与原始数据的质量和风格相似的额外教学内容。
- 迭代细化：采用迭代方法对数据集进行筛选，其中包括对基于较小数据集的初始模型的性能进行评估，以指导后续的数据收集和优化工作。这一迭代循环可以逐步构建出一个更加全面和有效的数据集。

### 10.3.2 利用大模型生成微调数据集

鉴于我们的目标是微调一个专门用于中文宏观经济分析的大模型，一个有效的策略是精心筛选优质的中文经济分析专业资料，然后利用大型模型生成符合微调格式的数据集，以此对大型模型进行微调。以 Gemini 1.5 Pro 和 GPT-4 为例，我们可以生成包含 1000 条记录的微调中文数据集。

生成微调数据集的方法主要有两种：一是通过利用 OpenAI 和谷歌提供的在线大模型，上传中文专业书籍，进而生成微调所需的 JSON 格式数据集。这种方法操作简单，但效率较低，例如 Gemini 1.5 Pro 每次只能提供 20 条数据，而 GPT-4 同样存在生成数量的限制。第二种方法是通过调用大模型的 API，以程序交互的方式完成数据集的创建。

我们先介绍 Alpaca 数据集格式。Alpaca 数据格式是一种用于存储指令微调数据集的 JSON 格式。它由多个任务组成，每个任务包含以下字段。

- id：这是任务的唯一标识符（可选）。
- name：这是任务的名称，简要描述了任务的内容或目标（可选）。
- instruction：这是对任务的具体指令，它告诉执行任务的个体（人类或 AI）应该做什么。
- instances：这是一个数组，包含了任务的一个或多个实例。每个实例都具有以下结构。

*input*——这是提供给执行任务的个体的输入数据。

*output*——这是预期输出。

以下是一个示例。

```
{
    "id" : 1,
      "name":"翻译句子",
  "instruction":"将句子翻译成英语。",
  "instances": [
    {
        "input":"你好吗?",
        "output": "How are you?"
    },
    {
         "input":"我今天很开心。",
         "output": "I'm happy today. "
        }
     ]
}
```

我们在微调数据准备过程中，只保留实体部分，即类似以下内容的格式：

```
{
  "instruction":"中国货币供应量的变化代表什么?",
  "input":"",
          "output":"中国货币供应量的变化反映了市场流动性和货币政策的调整。"
}
```

我们可以使用如下提示词，让大模型在完整阅读全书后生成 JSON 格式的数据集。

你的任务是根据这本书的内容生成 JSON 格式的数据集。严格根据本书的内容生成数据，不要用你的自有知识。你要随机生成 25 条 JSON 数据，全部用中文输出。

数据内容不能有重复。生成的内容主要用于经济分析。数据格式如下：{

" instruction":" 如何理解中国的汇率政策?",

" input":"",

" output":" 中国的汇率政策旨在保持人民币汇率在合理均衡水平上的基本稳定，并逐步增加汇率弹性。"

}

通过使用 Gemini 1.5 Pro 或者 GPT-4，我们可以得到如下输出：

```
{
          "instruction":"讨论中国生产者物价指数(PPI)的经济意义",
  "input":"",
          "output":"中国的生产者物价指数(PPI)反映了工业生产者出厂价格的变动,是衡量通货膨胀和生产成本的重要指标。PPI 的上升可能预示着消费价格的未来上涨,对制造业和整体经
```

济都有重要影响。"
        },
        {
            "instruction":"分析中国债券市场收益率曲线对金融市场的指示作用",
    "input": "",
            "output":"中国债券市场的收益率曲线是判断市场对未来经济和通货膨胀预期的重要工具。正常上升的收益率曲线表明市场预期经济将增长,而倒挂的收益率曲线可能预示经济衰退。"
        },
        {
            "instruction":"讨论对中国金融机构资金来源和使用情况进行分析的重要性",
    "input": "",
            "output":"分析中国金融机构资金来源和使用情况对于理解金融市场的流动性、信贷环境以及经济活动的资金支持程度非常重要。这有助于评估金融稳定性和银行业的健康状况,对经济预测和政策制定具有指导意义。"
        },
        {
    "instruction":"评估中国贸易数据在国际贸易中的作用",
      "input": "",
            "output":"中国贸易数据在国际贸易中发挥了关键作用,反映了中国与全球市场的互动程度和经济开放性。这些数据不仅对国内政策制定者十分重要,也对全球经济分析师和国际投资者提供了关键信息。"
        },
        {
            "instruction":"描述中国外商直接投资数据的市场影响",
      "input": "",
            "output":"中国外商直接投资数据提供了外国企业对中国市场的投资状况和信心的指标。高投资水平表明对中国市场的信心和经济潜力的认可,对外国投资政策和经济增长有直接影响。"
        },
        {
            "instruction":"解释中国国际收支平衡数据的经济指示作用",
    "input": "",
            "output":"中国国际收支平衡数据提供了国家对外经济交易的详细记录,包括贸易、投资和资本流动等。这些数据对于评估外汇储备、汇率政策和国际支付能力非常重要,是宏观经济分析的核心部分。"

```
        },
        {
                "instruction":"讨论中国外汇和黄金储备的市场重要性",
            "input":"",
                "output":"中国的外汇和黄金储备是评估国家经济实力和国际信用的重要指标。储备的增加可以增强国家的金融安全和国际支付能力,对维护汇率稳定和抵御外部冲击有重要作用。"
        }
```

可以发现,数据集的质量完全依赖于所选书籍的内容,而大模型在数据整理工作上表现出了极高的效率。接下来,我们将采用 Unsloth 框架进行训练。我们将利用 Colab 云计算服务器进行微调,基座模型是 Llama 3 8B 的 4 位量化模型。以下是每一步实现的代码演示。

```
#1 安装微调库
%%capture
import torch
major_version, minor_version = torch.cuda.get_device_capability()
# 由于 Colab 有 torch 2.2.1,会破坏软件包,要单独安装
!pip install "unsloth[colab-new] @ git+https://github.com/unslothai/unsloth.git"
if major_version >= 8:
# 新 GPU,如 Ampere、Hopper GPU(RTX 30xx、RTX 40xx、A100、H100、L40)。
!pip install --no-deps packaging ninja einops flash-attn xformers trl peft accelerate bitsandbytes
else:
# 较旧的 GPU(V100、Tesla T4、RTX 20xx)
!pip install --no-deps trl peft accelerate bitsandbytes
!pip install xformers==0.0.25 #最新的 0.0.26 不兼容
pass

#2 加载模型
from unsloth import FastLanguageModel
import torch
max_seq_length = 2048
dtype = None
load_in_4bit = True
model, tokenizer = FastLanguageModel.from_pretrained(
model_name = "unsloth/llama-3-8b-bnb-4bit",
max_seq_length = max_seq_length,
dtype = dtype,
    load_in_4bit = load_in_4bit,
```

```
)
#3 微调前测试
alpaca_prompt = """Below is an instruction that describes a task, paired with an input that provides further context. Write a response that appropriately completes the request.

### Instruction:
{}
### Input:
{}
### Response:
{}"""

FastLanguageModel.for_inference(model)
inputs = tokenizer(
[
alpaca_prompt.format(
"请用中文回答,2010年外汇储备的变化及其影响因素是什么?", # instruction
" ", # input
"", # output
)
], return_tensors = "pt").to("cuda")

from transformers import TextStreamer
text_streamer = TextStreamer(tokenizer)
_ = model.generate(**inputs, streamer = text_streamer, max_new_tokens = 256)
```

原始模型回答如下:

```
Setting 'pad_token_id' to 'eos_token_id':128001 for open-end generation.
<|begin_of_text|>Below is an instruction that describes a task, paired with an input that provides further context. Write a response that appropriately completes the request.

### Instruction:
请用中文回答,2010年中国外汇储备的变化及其影响因素是什么?
### Input:

###Response:
2010年中国外汇储备的变化主要是受经济周期的影响。中国的经济发展是外汇储备的主要来源。中国的经济发展受到世界经济的影响,世界经济的变化主要受美国经济的影响。美国经济的发展是其外汇储备的主要来源。美国的经济发展受到世界经济的影响,世界经济的变化主要受中国经济的影响。
```

不难发现,原始模型基本不能回答这个问题,下面对模型进行微调。

```python
#4 准备微调数据集
    EOS_TOKEN = tokenizer.eos_token # 必须添加 EOS_TOKEN
    def formatting_prompts_func(examples):
        instructions = examples["instruction"]
        inputs       = examples["input"]
        outputs      = examples["output"]
        texts = []
        for instruction, input, output in zip(instructions, inputs, outputs):
            # 必须添加 EOS_TOKEN,否则无限生成
            text = alpaca_prompt.format(instruction, input, output) + EOS_TOKEN
            texts.append(text)
        return { "text" : texts, }
        pass

from datasets import load_dataset
    dataset = load_dataset("bookandlover/Chinese_Econ", split = "train")
    dataset = dataset.map(formatting_prompts_func, batched = True,)

#5 设置训练参数
    from trl import SFTTrainer
    from transformers import TrainingArguments

model = FastLanguageModel.get_peft_model(
        model,
        r = 16, # 建议 8, 16, 32, 64, 128
    target_modules = ["q_proj", "k_proj", "v_proj", "o_proj",
    "gate_proj", "up_proj", "down_proj",],
    lora_alpha = 16,
        lora_dropout = 0,
        bias = "none",
        use_gradient_checkpointing = "unsloth", # 检查点,上下文度
    random_state = 3407,
        use_rslora = False,
        loftq_config = None,
    )

trainer = SFTTrainer(
        model = model,
        tokenizer = tokenizer,
```

```python
        train_dataset = dataset,
        dataset_text_field = "text",
        max_seq_length = max_seq_length,
        dataset_num_proc = 2,
        packing = False, # 可以让短序列的训练速度提高5倍。
        args = TrainingArguments(
            per_device_train_batch_size = 2,
            gradient_accumulation_steps = 4,
            warmup_steps = 5,
            max_steps = 80, # 微调步数
    learning_rate = 2e-4, # 学习率
    fp16 = not torch.cuda.is_bf16_supported(),
            bf16 = torch.cuda.is_bf16_supported(),
    logging_steps = 1,
    optim = "adamw_8bit",
    weight_decay = 0.01,
    lr_scheduler_type = "linear",
            seed = 3407,
    output_dir = "outputs",
        ),
)

#6 开始训练
    trainer_stats = trainer.train()

#7 测试微调后的模型
    FastLanguageModel.for_inference(model)
    inputs = tokenizer(
    [
    alpaca_prompt.format(
    "你是中国经济问题专家,回答用户关于中国经济的问题,不要杜撰答案,不知道的时候输出:我不知道", # instruction
    "2010年中国外汇储备的变化及其影响因素是什么?", # input
    "", # output
        )
    ], return_tensors = "pt").to("cuda")
from transformers import TextStreamer
    text_streamer = TextStreamer(tokenizer)
    _ = model.generate(**inputs, streamer = text_streamer, max_new_tokens = 128)
```

```
Setting `pad_token_id` to `eos_token_id`:128001 for open-end generation.
    <|begin_of_text|> Below is an instruction that describes a task, paired with an input that provides
further context. Write a response that appropriately completes the request.
    ### Instruction：
    你是中国经济问题专家,回答用户关于中国经济的问题,不要杜撰答案,不知道的时候输出:我
不知道。
    ###Input：
    2010 年中国外汇储备的变化及其影响因素是什么？
    ### Response：
    2010 年中国外汇储备的变化及其影响因素是中国的经济发展。中国的经济发展使得中国的外
汇储备有所增加。
```

可以观察到，经过微调处理的 Llama 3 8B 模型在回答中文问题时已经有了显著的改善，虽然还不够完美，但鉴于实际上我们仅使用了不足 1000 条的微调数据，这一质量上的提升已经相当可观了。

未来的研究方向和内容将聚焦于微调技术的进步及其成本的大幅降低，这为大语言模型在多个行业的应用开辟了一条新的路径。随着生成式人工智能技术的发展，各行业有望加速开发专门针对自身领域的定制化模型。

## 章节小结

- **实践建议**

1. 尝试使用本章提供的代码，在 Colab 或本地环境中复现 Llama 3 模型的微调过程。
2. 练习使用大模型 API 生成微调数据集。
3. 尝试为不同领域准备微调数据集，体会数据质量对微调效果的影响。

- **实践建议**

1. 深入学习 LoRA 和 QLoRA 相关论文，了解技术细节。
2. 探索其他先进的微调技术，如 P-Tuning、Prefix-Tuning 等。
3. 研究大模型在特定领域（如金融、医疗）的微调应用案例。

- **总结**

本章全面介绍了大模型微调的最新技术和实践方法。通过学习本章内容，读者能够理解微调过程中的关键挑战，掌握先进的微调技术，并学会如何准备高质量地微调数据集。实际案例的讲解为读者提供了宝贵的实践指导。随着微调技术的不断进步，大模型有望在更多专业领域发挥重要作用，为各行业带来创新机遇。

# 第 11 章
# 大语言模型与金融学研究交叉前沿

- 章节概述

本章深入探讨了大语言模型在金融学前沿研究中的应用。重点介绍了金融情感分析、财务文件可读性、披露相似性、前瞻性陈述识别、主题发现和财务欺诈识别等领域的研究进展。同时,本章还讨论了基于文本变量的构建效度,以及在金融学研究中使用大语言模型的指南。最后,展望了未来的研究机会,并对该领域的发展趋势进行了总结。

- 学习重点

1. 理解大语言模型在金融学各前沿领域的应用和潜力。
2. 掌握基于文本变量的构建效度评估方法。
3. 了解在金融学研究中使用大语言模型的实施步骤和关键决策。
4. 熟悉金融文本分析中常用的资源和工具。
5. 认识大语言模型在金融学研究中的局限性和未来发展方向。

- 本章思维导图

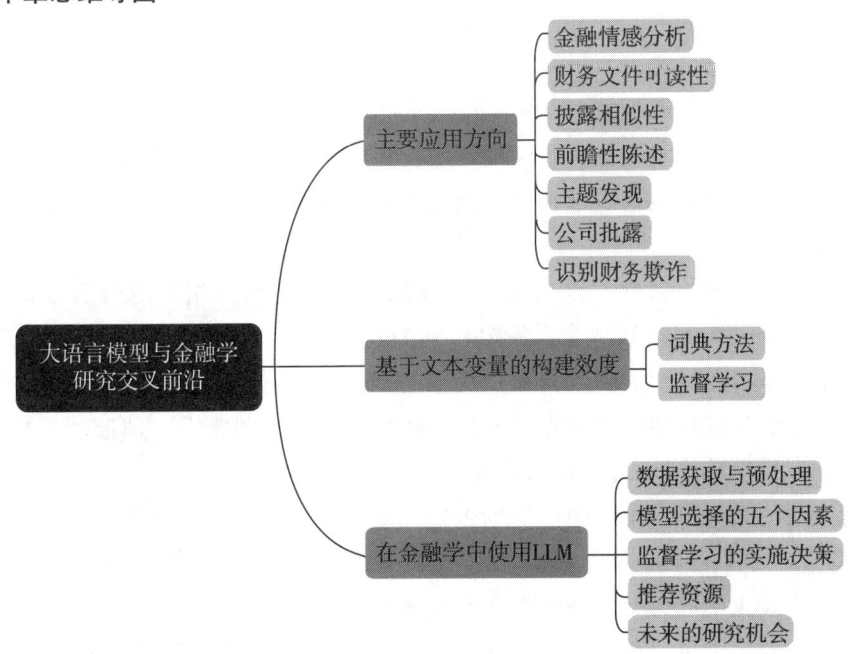

## 11.1 大语言模型在金融学研究中的主要应用方向

### 11.1.1 金融情感分析

情感分析是社会科学领域中最流行的文本分析任务之一，被广泛应用于金融学、会计学、管理学、经济学、政治学、新闻学、法学等多个学科。其核心目标是识别和量化文本中的情感色彩，如积极、消极或中性。情感分析的应用范围极为广泛，不仅包括对管理者与投资者的情感交流进行评估，还涉及消费者反馈、政治演讲、公众情绪分析等多个层面。在金融领域，研究者们已经探索了多个应用方向，例如对提交给证券监管机构的强制性信息披露、盈利公告发布会、投资者电话会议、媒体文章、社交媒体内容、分析师报告以及 CEO 访谈中的语言特征进行情感分析。

在情感分析的方法中，情感词典法是一种自然语言处理中广泛应用的技术。该方法依赖一个包含特定词汇及规则的词典。这些词汇和规则用于从文本数据中提取情感特征。情感词典法通常采用预先定义的积极和消极情感词汇表。研究人员通过统计特定文档中积极和消极词汇的出现频次，并计算积极与消极词汇数量的差值，再除以文档总词数，来确定文档的情感倾向。这种方法简单直接，能够有效地识别单个词汇对整体情感评分的贡献。

尽管情感词典法因其简便性而广受欢迎，但其应用过程中也暴露出一些明显的局限性。第一，该方法未能充分考虑文本的上下文信息。例如，在英文中，尽管"Good"一词在情感词典中被归类为积极词汇，但"Good Performance"（良好表现）和"Public Good"（公共产品）这两个短语的情感色彩可能因上下文的不同而有所差异。同样的问题也出现在更长的文本中，如"我们预期增长为10%，但是实际增长是5%"，对于这一句子，词典方法可能会错误地将其归类为积极情感，因为它没有考虑到转折词"但是"所暗示的对比关系。

第二，情感词典法通常假设所有积极或消极的词汇具有相同的情感权重。例如，它可能会将"不及预期"和"令人失望"视为具有相同程度的负面情感，而实际上后者通常比前者具有更强烈的负面含义。为了解决这一问题，研究人员可以对词汇进行更细致的分级，如按情感程度分为"十分积极""积极""中性""消极""十分消极"五个等级，以便更准确地捕捉情感的细微变化。

第三，研究人员需要决定如何处理否定词和强化词。例如，在处理"我们不一定同意这一点""我们不能保证"或"山重水复疑无路"等表达时，如果这些词汇或短语没有包含在预设的词典中，则可能会导致错误的解读。

第四，为特定领域定制的情感词典可能在其他领域中并不适用。例如，针对证监会等监管机构的正式文件可能需要使用规范的官方语言，而在投资者会议、IPO 路演、

CEO采访或社交媒体等非正式场合中，语言风格可能更加随意，包含了丰富的情感表达和个性化特征。显然，为正式文件设计的词典并不适合直接应用于这些非正式的交流场合。

美国圣母大学（University of Notre Dame）金融学教授Loughran和McDonald在2011年开发了首个专门针对上市公司年报的情绪词典。他们创建了六种词汇表，分别涵盖负面、正面、不确定性、诉讼、强调情态和弱调情态词汇类别。这些词汇表专门用于分析商业披露中的语言。在情感分析领域，研究人员通常更加关注负面情感。多数研究表明，投资者倾向于关注年度报告和报纸文章中的悲观表述，而对积极词汇关注相对较少，因为正面评价随处可见，不会引起特别关注。在上市公司年报中，出现频率最高的负面词汇包括"Loss"（亏损）、"Losses"（损失）、"Claims"（索赔）、"Impairment"（减值）、"Against"（反对）和"Adverse"（不利的）。

然而，若要将这些情感词汇表应用于社交媒体的内容分析，研究人员必须对基础词汇表进行细致且透明的调整。这是因为社交媒体中广泛使用词汇、符号、缩写和表情，使得情感表达更加丰富和多样化，同时也增加了文本分析的难度。

以Bartov等（2018）为例，他们在Loughran和McDonald（2011）的基础上，结合Harvard IV-4 TagNeg（H4N）词汇表以及专门用于社交媒体情感分析的词汇表，构建了一种衡量Twitter文本情感的方法。他们的研究证明了这种方法能够在一定程度上预测股价的波动。此外，Chen等（2019）构建了一个专门针对加密货币的词汇表，用于研究Stocktwits平台中的情感表达及其对加密货币回报的影响。

Stocktwits平台拥有一个独特的优势，即允许投资者明确标记其消息为"看涨"或"看跌"。Chen等（2019）汇集了超过100万条关于加密货币的消息，创建了一个新的词汇表，该词汇表包括表情符号、俚语，甚至粗俗语言。例如，Stocktwits中的语言可能包含故意的拼写错误（如"Hodl!"，原为"Hold"的拼写错误，现被理解为"紧紧持有"）、不恰当的词汇（如"Buttcoin"），以及使用火箭表情符号来表达情感。研究发现，为特定语料库创建的词汇表比传统的词汇表更能有效捕捉投资者的情感。这两个例子强调了根据特定语境调整情感词汇表的重要性。

与情感词典法相比，机器学习方法具有明显优势，因为它能够考虑语言的特殊性，例如否定词、强调词，以及基于词性或语境的不同含义。机器学习方法利用已标注的训练数据（如被分类为积极、消极或中性的句子），来发现输入文本的特征与情感标签之间的关系。然后，训练好的模型可用于预测未知文本的情感。

以Heitmann等（2020）为例，他们进行了一项元分析，涵盖了216项研究，探讨了在产品/服务评论、社交媒体文本和媒体文章中进行正面/负面情感分析的准确性，研究比较了情感词典法、传统机器学习方法（如朴素贝叶斯、支持向量机和随机森林），以及深度学习方法（如卷积神经网络、循环神经网络和长短时记忆网络）。研究发现，从情感词典法转向传统机器学习方法时，情感分析的准确性显著提高，平均准确率从73.49%提高到82.62%。而从传统机器学习转向深度学习时，准确率平均提高了 4.56 个百分点，从 82.62% 提高到 87.18%。

尽管机器学习在准确性上优于情感词典法，但在金融领域，使用传统机器学习或深度学习模型进行情感分析的研究相对较少。少数研究，如 Li（2010b）采用了朴素贝叶斯方法，而 Frankel 等（2021）则使用了随机森林。最近，研究者开始探索使用变换器模型。例如，Siano 和 Wysocki（2012）演示了使用小样本的 BERT 在金融概念验证中的应用。FinBERT 是金融文本领域的一个显著发展，它采用 BERT 的架构，但经过专门的金融文本训练。FinBERT 有两个成熟的版本。Huang 等（2023）的版本是基于财务报告、分析师报告和盈利电话会议记录进行训练的，而 Liu 等（2020）的版本则基于金融新闻和 Reddit 聊天室讨论进行训练。

Huang 等（2023）通过使用人工标记的涵盖了三种情感类别（积极、中性和消极）的金融文本句子，对 FinBERT 进行了微调，用于情感分析。在他们的测试样本中，FinBERT 的总准确率达到了 88.2%，远高于情感词典法（62.1%）、朴素贝叶斯（73.6%）、支持向量机（72.6%）、随机森林（71.9%）、卷积神经网络（75.1%）和长短时记忆网络（76.3%）。FinBERT 的准确率也超过了 BERT（85.0%），这可能是因为 FinBERT 在大量的金融文本上进行了预训练。Huang 等（2023）还报告了模型性能对不同大小的训练样本的敏感性。即使将训练样本缩减到原始大小的 10%，FinBERT 的准确率仍然保持在至少 80%，而传统机器学习的准确率降至 62% 以下。当使用原始训练样本的 50% 时，FinBERT 的准确率达到 85.7%，仍旧超过了 BERT（82.8%）、长短时记忆网络（75.4%）和卷积神经网络（72.4%），而传统机器学习的性能则低于 70%。这些比较结果表明，与传统机器学习方法相比，深度学习在性能提升方面表现更出色。

综上所述，机器学习方法在性能上显著超越了传统的情感词典法，而深度学习模型则在传统机器学习技术的基础上实现了进一步的性能提升。预训练的深度学习模型，如 CNN、LSTM、BERT 和 FinBERT，提供了更加经济高效的实施方式。尽管在监督学习中，研究人员通常需要用大量标注过的数据来训练机器学习模型，但迁移学习技术可以降低这一需求，允许研究人员利用相对较少的训练数据来微调预训练的深度学习模型。这种方法与传统的从头开始训练机器学习模型的方法相比，可以更高效地利用有限的数据资源。

## 11.1.2　财务文件可读性

可读性是指读者在理解文本内容时所承受的认知负荷。这种负荷受到多种因素的综合影响，包括词汇的复杂性、词汇的普遍认知度、句法结构的复杂性、思想内容之间的逻辑联系，以及读者个人的知识储备水平等。

在传统的研究方法中，研究人员通常侧重于分析文本的词汇和句法特征，例如文本中复杂词汇的数量、句子的平均长度或文档的总长度，以此来简化对可读性的评估过程。在会计领域的研究中，研究人员通常采用以下三种流行的可读性衡量方法：（1）

文档长度；(2) 迷雾指数（The Gunning FOG Index，也称 FOG 指数）；(3) 文本中存在的"写作错误"（例如，被动语态的使用和过度的修饰）。

使用文档长度作为衡量可读性的方法因其直观性而广受欢迎：文档篇幅越长，读者阅读所需的时间也越长，相应地增加了认知负担。然而，这种方法存在两个主要的局限性。第一，较长的文本可能更有助于解释复杂问题，若文本篇幅过短，则可能难以清晰地解释这些复杂问题。第二，较长的文本可能包含更丰富的信息量，这使得人们在评估可读性时难以将其与信息量区分开来。

Flesch-Kincaid 公式是一种评估文本阅读难度的公式。它基于句子的平均单词数和文本中复杂单词（多音节单词）的百分比来构建。通常来说，句子越长、单词越复杂，对读者的认知要求就越高。这种方法的优点在于其操作简单易行。然而，它也存在一个缺陷，即某些在特定领域内被广泛使用的复杂单词，对于该领域的读者而言可能并不难理解。例如，在英文中，"Individual"（个体）、"Financial"（金融）、"Company"（公司）、"Advertising"（广告）和"Marketing"（营销）等词汇虽然包含两个或更多音节，被归类为复杂词汇，但在商业领域中却经常被使用且易于理解。同样，在中文语境中，有些看似复杂的词汇实际上很容易理解，如成语"三个臭皮匠，顶个诸葛亮"。

后续研究试图解决这些问题。例如，Bonsall 等（2017）提出了 BOG 指数。该指数综合考虑了文档的平均句子长度、词汇的复杂性（如长词、缩写词和专业术语）、词汇的熟悉度以及写作错误等因素。有研究证明，BOG 指数在评估金融文本的可读性方面，相较于其他常用的可读性测量指标具有优势。BOG 指数可在微软 Word 的商业附加组件中使用。

一些研究采用监督学习来克服传统方法的限制。这些研究使用人工标注的可读性评分对模型进行训练，以预测未见过文本的可读性。例如，Petersen 和 Ostendorf（2009）、Vajjala 和 Meurers（2012）以及 Madrazo 等（2020）使用传统机器学习模型，将文本特征转化为一组可读性特征，包括：(1) 传统特征，如 FOG 指数；(2) 衡量文本连贯性和内聚性的话语特征；(3) 词汇使用频率特征。

然而，上述方法的一个主要缺点在于，这些度量可能不适用于不同的语境（例如，正式提交给证监会的问询文本与分析师电话会议文本）和不同的受众群体（例如，机构投资者与个人普通投资者）。为了解决这一问题，学者提出了一种基于深度学习的无监督学习方法，对句子中的单词序列进行建模，并根据句子中包含的单词的可预测性为句子分配可读性评分。如果模型能够根据单词的位置和前面的单词，正确（或不正确）地预测给定单词，那么该文本就被认为是易读（或不易读）的。这种可读性评分在不同语料库（如教材与新闻文章）之间具有更一致的性能，与传统的可读性度量方法相比更具优势。

### 11.1.3 披露相似性

衡量披露文本之间的相似性或差异性是一种流行的文本分析任务。如果两个文档在词汇使用或意义表达上具有较高的一致性，它们就被认为是相似的。这项技术的应用场景广泛，包括识别抄袭与原创内容、评估产品或服务的重叠度、监测沟通变化随时间的演变，以及记录文本的聚类情况等。

余弦相似度是衡量披露文本相似性的最常用方法之一。在传统方法中，计算余弦相似度的方法是使用词袋模型来表示每个文档。余弦相似度的值接近 1 表示文本高度相似，而接近 0 则表示低相似。使用原始词汇计数的方法称为词频（TF）加权。此外，还有另一种加权方案，即 TF-IDF，它通过降低在整个语料库中频繁出现的词的权重，使得相似度计算更加反映语料库的特性。

基于词袋的余弦相似度方法非常直观易懂。例如，两个句子"收入增长了百分之十"和"我们的收入增长了百分之十"在这种方法下会被认为非常相似，因为它们在词汇层面具有较高的重合度。该方法在对词汇选择敏感的应用场景中表现出色，例如在抄袭检测和文档年度修改的分析中。然而，词袋模型的方法忽略了词汇之间的语义关系。例如，尽管句子"收入增长了百分之十"和"本期销售增长了百分之十"在措辞上有所差异，但它们实际上传达了相似的信息。

在财务研究领域，基于词袋模型的余弦相似度方法常被用于评估公司披露文本的相似性或差异性。Brown 和 Tucker（2011）通过分析一家公司在连续两年的 10-K 报告中管理层讨论与分析（Management's, Discussion and Analysis，简称 MD&A）部分的变化，来衡量新信息量的增减。Peterson 等（2015）通过检查公司在会计政策注释中的年度文本相似性，来评估会计信息的一致性。Brown 和 Knechel（2016）通过比较不同公司年度报告的文本相似性，探讨了是否由相同审计师审计的公司披露的文本比由不同审计师审计的公司批露的文本更为相似。Brown 等（2018）利用基于词袋模型的余弦相似度方法研究了美国证券交易委员会对公司风险因素披露的审查是否会引起信息的溢出效应。

结合余弦相似度与词嵌入技术能够更有效地捕捉文本间的语义相似性。Kusner 等（2015）采用了 Word2Vec 词嵌入技术作为余弦相似度模型的输入，以此纳入同义词和相关词汇的考量。该研究者将其模型与七个基准模型进行了比较，并报告指出，其模型在文档分类准确性方面表现最为出色。Gaulin 和 Peng（2021）则采用了 Doc2Vec 词嵌入模型，该模型通过添加文档向量来扩展 Word2Vec，以生成每个文档的矢量表示。研究者们将这些向量作为余弦相似度模型的输入，用以捕捉不同公司高管薪酬披露间的语义相似性。

总体而言，基于词袋模型的余弦相似度方法适用于那些需要精确词汇匹配的场合，而基于词嵌入的余弦相似度方法则能更深入地捕捉到语义层面的相似性。研究人员应根据他们希望捕捉的文档相似性的具体方面来选择具体方法。

### 11.1.4　前瞻性陈述

句子的时间指向，涵盖过去、现在和未来，构成了一项重要的文本分类任务。在金融领域，对前瞻性陈述进行分类之所以会引起了广泛关注，是因为金融市场本质上是基于对未来预期的交易活动的。

在传统的前瞻性陈述分类方法中，研究人员通常依赖于特定的字典，这些字典包含了可能用于表达未来含义的词汇或短语。例如，Li（2010a）的研究中采用了一个包含未来时态动词的列表（如"将""计划"和"预计"），以判断一个句子是否具有前瞻性。Muslu 等（2015）的研究中通过引入双词组（例如，"明年"和"即将到来的年份"）、多样化的未来时态动词形式（例如，"我们预测"和"公司预计"），以及对未来日期的明确提及，对这一字典进行了改进。Bozanic 等（2018）的研究中进一步优化了这一字典，通过删除那些可能用于表达警示性语言的短语（例如，"即将到来的时期"和"即将到来的年份"），以提高分类的准确性和相关性。

对前瞻性陈述进行分类的任务可以通过多种监督机器学习模型来实现。Brown 等（2020）的研究中，通过提供人工标注的训练数据集，对一个预训练的 CNN 模型进行了微调。该数据集包含三类句子：（1）明确表达未来预期的句子；（2）通用的、表达未来预期的句子，如风险披露或警示性语言；（3）不表达未来预期的句子。研究人员将第一类句子标记为前瞻性陈述，而将其他两类标记为非前瞻性陈述。他们的算法在正确分类前瞻性和非前瞻性句子方面的准确率达到了 88.2%。相比之下，采用 Bozanic 等（2018）提出的最佳字典方法的准确率为 73.4%。深度学习模型之所以能够实现更高的准确度，是因为它能够识别文本数据中的微妙关系。例如，对于字典方法而言，区分通用的未来预期句子与具体的未来预期句子可能颇具挑战。而深度学习模型则能够模仿人工标注者，识别并区分这两种类型句子中的词汇模式。

### 11.1.5　主题发现

主题发现的目标是通过将词汇归类为特定主题，从而对文档内容进行概括。当文档涉及特定主题，如"生产成本"时，人们预期会频繁遇到"生产""效率""材料""劳工"和"间接费用"等相关词汇。同理，"广告"主题可能与"客户""满意度"和"营销"等词汇的使用频率较高相关，而"衍生品"主题可能与"对冲""风险管理"和"不确定性"等词汇的使用频率较高相关。主题模型能够发现一组潜在的主题，并确定这些主题在特定文档中的分布比例。例如，一个文档可能 70% 的内容与生产成本相关，而 30% 的内容与广告相关。

在主题模型中，最广为人知的是隐含狄利克雷分配（Latent Dirichlet Allocation，简称 LDA）。该方法最初被用于处理基于词袋的文本表示方法下的单词计数。LDA 是一种生成式、无监督的方法，用于识别潜在属性，本质上是用于对词语进行聚类分析，以形成"主题"，即一组在共同上下文中频繁出现的词语。在该方法中，每个主题的权重由机器学习算法根据训练数据来确定。LDA 在金融领域的应用并不普遍。Campbell 等（2014）首次将其应用于财务领域。他们利用 LDA 模型识别 10-K 报告中风险因素披露部分频繁出现的词汇，并将这些词汇纳入他们的风险披露关键词初始列表，以衡量公司的风险披露程度。Nadarajah等（2018）使用LDA比较盈利电话会议和随后的分析师报告的内容。Dyer等（2017）利用LDA研究10-K报告中披露主题随时间的演变。Brown等（2020）使用LDA为传统的数值欺诈预测模型提供文本信息的补充。

### 11.1.6　公司披露

公司披露，无论是强制性的还是自愿性的，一直是会计和财务专业人士极为关注的主题。通过运用主题分析对财务披露的内容进行深入研究，我们能够获得有关公司披露决策及其对资本市场参与者影响的新视角。

目前，LDA最流行的是用于主题分析的自然语言处理模型，但它存在三个主要局限。首先，LDA模型采用词袋模型作为输入，这可能导致词汇量庞大，增加了计算成本。其次，该模型生成的主题可能并不总是以一种对研究人员有用的方式进行结构化，并且由于LDA是一个无监督学习模型，它不能保证发现特定的主题，这对于那些对非通用会计准则披露、税务披露和研发等特定主题感兴趣的研究人员来说可能是一个问题。最后，LDA生成的主题可能难以解释或标记。

为了解决这些问题，Dieng等（2020）开发了嵌入式主题模型（Embedded Topic Model，简称ETM），该模型使用单词嵌入作为输入。单词嵌入技术（如Word2Vec）不仅可以降低高维度的复杂性，而且对于稀有词汇，还能够表示词汇的语义含义。研究表明，ETM在主题质量和预测性能方面优于传统的LDA。结构化主题模型允许引入协变量，这些协变量作为一种"固定效应"，使得主题能够与非文本信息（如公司、日期和数据来源）相关联。

还可以将初始主题与预先分组为感兴趣的主题的单词相关联，而不是采用常规的随机初始化主题方式。此外，研究人员还可以通过约束主题模型，专注于发现与研究人员提供的标签集相对应的主题。这种方法被称为带标签的LDA（Labeled LDA）。若主题发现的目标是预测是否会发生某一事件，例如财务欺诈、破产或信用风险，则可以采用监督LDA（supervised LDA，简称sLDA）。Donovan等（2021）利用sLDA识别与信用风险相关的电话会议主题及其权重，其中信用风险以信用违约掉期（Credit Default Swap，简称CDS）利差作为代理变量，进而对缺乏CDS数据的公司样本进行信用风险的预测。

在金融研究领域，有研究引入了有助于解释主题并避免手动标记的技术。Hanley和Hoberg（2019）采用了一种词嵌入技术（Word2Vec的跳字模型，在他们的研究中被称为"语义向量分析"），该技术能够预测给定单词周围的上下文，将LDA的输出转化为一组可解释的风险因素主题。

### 11.1.7　识别财务欺诈

在金融研究领域，对识别公司内部人员欺诈行为的区分性和稳健性方法的探索占据着重要地位。众多研究致力于利用定量会计数据来识别管理层的欺诈行为。例如，研究者们发现，那些拥有异常高水平的表外项目（如经营租赁）或低应计质量的公司，往往与季度或年度盈利报告的不实陈述相关联。此外，文本分析技术为研究人员提供了一种可能的途径，即通过分析管理层在年度报告中所使用的词汇或主题，来识别潜在的欺诈行为。

Hoberg 和 Lewis（2017）对 10-K 文件中的 MD&A 部分进行了分析，比较了存在欺诈行为的公司与在行业、成立年限和规模上相似但未报告欺诈行为的公司在词汇使用上的差异。他们创建了一个欺诈得分变量，该变量基于 1997 年至 2001 年的样本数据进行校准，并以 2002 年至 2010 年的数据作为样本外测试集。研究结果显示，与那些词汇使用与欺诈公司差异较大的公司相比，词汇使用相似的公司在随后期间出现会计错误的概率显著更高。这表明，特定的词汇选择实际上可以作为预测样本外财务欺诈的有用工具。

Hoberg 和 Lewis（2017）还使用 LDA 方法研究了欺诈公司与其他公司在 MD&A 所选择主题的差异。在 MD&A 部分，欺诈公司倾向于详细地讨论收购、对冲交易、衍生工具和商业机会等主题。相反，这些公司在 MD&A 部分显著回避讨论已实现收益、市场费用、专业费用、法律诉讼和研发等主题。值得注意的是，研究还发现，管理人员在进行欺诈活动时，倾向于在 MD&A 部分减少提及自己的名字和职位，这可能是为了在欺诈行为未来被揭露时保护自己免受惩罚。

## 11.2 基于文本变量的构建效度

在金融研究领域，研究人员通常使用文本分析来构建代理变量，用以衡量那些不易直接观测的底层变量。例如，当研究人员想要衡量企业 CEO 的乐观倾向（底层变量）时，由于这种倾向本身难以直接观察，研究人员可能会转而分析该 CEO 在公开访谈中使用乐观性词汇的频率。如果这位 CEO 在访谈中频繁使用这类词汇，那么可以合理推断其个人乐观程度可能较高，因此，乐观性词汇的使用频率可以作为衡量其乐观倾向的代理变量。对于研究人员而言，验证这一代理变量是否真实反映了 CEO 的乐观倾向是至关重要的。

接下来，我们将详细介绍一系列验证程序，这些程序旨在评估基于文本分析的测量工具的有效性。这些工具通过词典方法、监督学习模型来构建。

### 11.2.1 词典方法创建的测量工具的构建效度

研究人员应当对其词典进行验证，以增强内容效度。理想情况下，研究者应将所构建的词典与一个已建立且与研究背景相关的词典进行对比，以确保其准确性。然而，在大多数情况下，研究人员需要自行构建词典或对现有词典进行调整，以适应特定的研究环境。例如，Carrizosa 和 Ryan（2017）识别了包含要求借款人定期向贷款人提供前瞻性财务报表的贷款合同。他们通过手动检查样本合同中随机抽取的 110 份贷款合同的契约部分，识别出与研究目标相关的具体词汇和上下文。基于这些词汇和上下文，他们构建了一个词典，并编写了 Python 代码以自动识别符合要求的合同。随后，他们将这一自动识别结果与另一个随机选择的子样本中的人工编码标签进行比较，并根据比较结果调整词典，直至达到所期望的准确度。

建议研究人员通过聘请第三方人工评分员来检验测量工具的内容效度。因为词典方法旨在比较人工编码与算法编码的结果，所以这些评分员可以是对研究目标或分层样本组成一无所知的研究助手，也可以是参与实验的受试者。例如，Bonsall 等（2017）雇用了 MTurk 工作者来评估给股东信件的可读性，并使得一部分工作者收到更易读的信件，而另一部分工作者收到较难读的信件。研究者将他们提出的可读性测量结果与工作者的可读性评分进行了相关性分析。Muslu 等（2015）则邀请 MBA 学生在随机选择的 50 份 MD&A 披露中识别前瞻性句子，并将这些识别结果与算法的识别结果进行比较，从而测试了他们的测量工具的内容效度。

### 11.2.2 监督学习创建的测量工具的构建效度

监督学习具有内置的验证机制。具体来说，带标签的训练数据集被划分为三个部分：训练集、验证集和测试集。训练集用于训练模型，即通过学习数据中的模式来确定模型的权重。这些权重反映了数据中变量之间的关系。验证集是一组保留的数据，其作用是评估模型在未见过的数据上的表现。研究人员会在训练集和验证集上反复调整模型的超参数，直至模型的性能达到预期水平。测试集是另一组保留的数据，用于在训练完成后对模型进行一次性的性能评估。通过这一模型构建和测试流程，内容效度得以评估。具体而言，当研究人员将最终训练完成的模型应用于测试集中的未见数据时，他们会将模型的预测结果与实际的标注标签进行比较，以此来评估模型的有效性。

在评估上述模型性能时，通常会采用几个关键的性能指标：第一，精确度，指在模型识别为正例的项目中，实际为正例的比例。例如，在所有被模型识别为前瞻性句子的情况中，正确识别的比例即为精确度。第二，召回率，指在所有实际为正例的项目中，被模型正确识别为正例的百分比。例如，在所有文档中实际存在的前瞻性句子中，模型正确识别的比例即为召回率。第三，F－分数（F-Score）是精确度和召回率的加权平均值，它允许研究人员根据研究需要选择每个指标的相对权重。在研究中，F－分数被广泛使用。通过这些指标，研究人员可以全面地量化模型在识别正例方面的性能。

在评估模型性能时，精确度、召回率以及 F1 – 分数①这三个指标均未将真负例②纳入考量，因此，许多研究人员将准确性作为另一个性能指标。准确性是指模型正确预测的比例，它将真负例纳入考虑，并对所有观察结果赋予相等的权重。

然而，如果研究人员特别关注真正例的识别，而样本的负例数量远多于正例，那么准确性这一指标可能就不再适用。在这种情况下，研究人员需要根据研究目的和数据特点，决定真正例与真负例之间的相对重要性。基于文本的测量工具的评估方法应由研究人员自行决定，这与进行传统统计分析时的情况相似。

除传统的训练 – 验证 – 测试验证方法外，K 折交叉验证是传统机器学习领域中常用的一种技术。在这种方法中，训练数据被随机分成 K 个相等大小的子集，随后，进行 K 次独立的实验，每次实验中，将其中一个子集作为外部测试集，而其余的 K – 1 个子集合并作为训练集。通过这 K 次实验得到的性能评估结果，最终取其平均值以确定模型的整体性能。此技术在处理小样本数据时尤为有效，因为它确保了所有训练数据在训练过程中至少被使用一次。

K 折交叉验证的另一个优势在于，它能够揭示模型对于训练数据随机性的敏感程度。例如，Li（2010a）在其研究中指出，当 K 的取值从 3 变化到 50 时，模型的性能保持稳定。然而，这种验证方式在深度学习领域并不常见，主要原因在于其计算成本较高。在深度学习中，通常采用两种替代的验证方式：Dropout 和批量训练。Dropout 技术通过随机地在神经网络中丢弃一些节点，以减少过拟合的风险。而批量训练则是通过从训练样本中随机抽取子样本（观察的子集），来降低模型对训练样本选定组成的敏感性。

由于监督学习始于一个带有标签的样本，因此这些标签的质量对于评估所产生的测量工具的内容效度非常重要。如果标签的质量不佳，那么最终的结果也将受到影响，即所谓的"垃圾进，垃圾出"原则。标签的来源可以多样化，例如由研究人员、研究助理或在线第三方提供者提供。

在开发监督学习算法的过程中，生成或获取高质量的标签往往是最耗时的环节。然而，随着在线平台（如 MTurk、Brat、CrowdFlower 和 WebAnno）的普及，以及自由职业市场的活跃，研究人员现在可以更加便捷且经济高效地招募第三方标签提供者。这不仅能够释放研究人员的时间，而且通过适当的筛选机制，这些第三方标签提供者甚至可以更好地代表公司信息披露的预期接收者，而不仅仅是通过研究人员自己的视角来提供标签。

为了确保标签的一致性，建议至少由两名标签提供者同时进行标注。对于二元分类任务，通常的经验法则是两名标签提供者提供标签的一致性应达到 80%。这一比例是大多数实验研究中使用的经验法则。标签提供者之间的不一致可以向研究人员揭示

---

① 当 $\beta=1$ 时，称为 F1 – 分数，这时，精确度和召回率都很重要，权重相同。在有些情况下，我们认为精确度更重要，那就调整 $\beta$ 值小于 1；如果我们认为召回率更重要些，那就调整 $\beta$ 值大于 1。
② 真负例指的是模型正确识别的负例，例如正确分类的非前瞻性句子。正确识别的正例则为真正例。

哪些情况对于算法来说可能具有挑战性，难以区分。因为如果人类难以判断，那么机器学习模型同样可能会遇到困难。因此，研究人员可以根据这些信息调整他们的训练目标或为具有挑战性的情况提供更多的训练样本。

与人工注释不同，一些研究使用从财务数据中收集的变量来标记训练数据中的输出变量。这种方法被称为"间接注释"。例如，Siano 和 Wysocki（2021）以及 Frankel 等（2021）使用间接注释来训练机器学习模型识别文档的情感倾向。Siano 和 Wysocki（2021）根据公司季度营收同比去年同期的变化率是否超过（或低于）样本中位数，将季度盈利公告新闻稿标注为积极或消极。Frankel 等（2021）则使用公司在10-K提交日期的股票回报来标记他们的训练数据。需要注意的是，准确的标注通常需要人工干预，这会增加成本。

在某些情况下，停用词和屈折/派生词可能具有重要意义。例如，如果研究人员的目标是确定使用的时态或捕捉写作风格，那么保留原始文本结构就显得尤为重要。在其他情况下，可能不需要删除停用词以及进行词形还原或词干提取，因为某些 NLP 方法已经内置了处理常见停用词和屈折/派生词汇的机制。例如，如果使用词嵌入作为 NLP 模型的输入，那么这些预处理步骤就不是必需的。当使用 TF-IDF 加权时，也可以选择是否删除停用词。深度学习模型通常不受词形还原、词干提取或停用词去除等的影响。实际上，停用词可以为深度学习模型提供语义上下文。此外，BERT 等模型可以处理英文中的词根和词缀（例如，"vol""ati"和"lity"），而不仅仅是单词。

## 11.3　在金融学研究中使用大语言模型的指南

在本节中，我们将讨论在金融学研究中使用大语言模型的关键环节和元素，包括文本数据的获取与预处理流程、模型的选择等。此外，我们还将就所使用的编码和数据资源提出相应的建议。

### 11.3.1　文本数据的获取和预处理

文本文档具有多样的结构和内容形式。为了获取相关文档，研究人员通常需要编写定制的网络爬虫代码，这些代码能够适应特定的网站和数据格式。在获取原始数据时，研究人员应确保其行为符合相关法律和权限规定。

文本文档的格式通常是不一致的，可能包括 txt 纯文本、HTML 网页或 PDF 文档等。文档中可能包含 HTML 标签、特殊符号、图像、表格等多种元素。PDF 文档使用的标记语言与 HTML 截然不同，需要专门的库来打开和解析其内容。

在进行自然语言处理之前，研究人员必须对文本进行预处理，以使其适用于机器处理。有时，这些预处理过程可能比实际的文本分析过程还要耗时。文本清洗过程通常从删除 HTML 标签和非文本字符开始，然后将文本转换为较小的文本单元，如单词、词组或句子。完成这一步骤后，研究人员可能会删除那些不符合最小长度标准的文档，例如引用文档、单词推文和空文件。接下来，研究人员可以检查拼写错误，并确保特殊符号（例如连字符）得到正确编码。这些步骤有助于提高输入文本数据的质量。

当使用单个单词作为分析单元时，可能会遇到词汇量过大的问题，即在语料库中存在数千个独特的单词。为了解决这一问题，研究人员通常会删除如"a""the"和"in"之类的词，因为这些词一般携带的信息量较少。此外，研究人员还可能对单词进行词形还原或词干提取，将屈折变化或派生形式的单词转换为它们的基本形式或词干形式（例如将"increases"转换为"increase"和将"agreement"转换为"agree"）。这些预处理措施有助于简化词汇表并提高文本分析的效率和准确性。表 11.1 总结了一般情况下学术研究过程中数据获取和预处理程序。

表 11.1　学术研究过程中数据获取和预处理程序

| 程序步骤 | 内容 |
| --- | --- |
| 数据获取 | 从 EDGAR（电子化数据收集、分析及检索系统）、公司官网、媒体、社交媒体平台等渠道获取或下载数据（通常为 HTML 或 txt 格式） |
| 数据清洗 | 去除 HTML 标签、非文本字符及特殊符号（如"?""、""§"，以及法律章节符号） |
| 分词/分句 | 利用空格和标点符号将文本切分为基本单元（如单词或句子） |
| 文档过滤 | 删除不符合最小长度阈值的文档（例如引用并入的简短文档） |
| 拼写与编码处理 | 使用常用拼写检查工具识别并修正拼写错误，将文本字符转换为正确编码格式（如 UTF-8） |
| 停用词处理、词干提取或词形还原 | 移除常见停用词（如"the""in""a"等无实际语义的词汇）。将屈折变化词汇（如 increasing、increases、increased）还原为词干形式（如 increase） |

### 11.3.2　模型选择的五个因素

为了更好地提取文本中的有用信息，研究人员需要从众多自然语言处理模型中作出选择。这些模型涵盖了从简单的文本转换和比较到传统的机器学习以及深度学习技术。在选择模型时，建议考虑以下五个因素：功能性、简单性、熟悉度、模型性能和计算成本。

第一，"功能性"指模型应该能够实现预期的功能。例如，如果项目的目标是精确测量文本中单词之间的相似度，那么词袋结合余弦相似性模型可能是最佳选择，而传统的机器学习模型可能不满足这一需求。

第二，"简单性"指在多个模型都能满足项目需求的情况下，应优先选择最简单的模型。只有在选择更复杂的模型能够带来显著额外收益时，才应该考虑采用。例如，如果研究人员在一项相对次要的分析中考虑模型的可读性，那么一个可读性较低但简单的模型可能是一个合适的选择。然而，如果可读性是研究的主要关注点，那么采用机器学习方法可能因其优势而使得额外的工作投入变得合理。如果项目的目标是识别文本文档中提到的"区块链"及相关公司，那么一个配备关键词列表的简单转换模型可能是最佳选择。

第三，"熟悉度"指研究人员应该已经熟悉各种传统机器学习方法。其中一些模型，如朴素贝叶斯和支持向量机，已经在多个领域，如欺诈检测、破产预测和情感分析等，得到了广泛的应用，并证实了其有效性。此外，LASSO 和随机森林等模型近年来也变得日益流行。对于熟悉 LASSO 和随机森林的研究人员而言，它们是处理线性和非线性关系的合适选择。传统机器学习领域也在不断发展，例如，梯度提升技术允许第一个决策树捕捉第一阶段的经济因素，而后续的决策树可以集中处理前一个未能解释的部分（Bertomeu et al.，2021）。熟悉传统机器学习模型有助于最小化工作量，且能够促进实施。

第四，"模型性能"指所选模型的性能应具有优势。对于不熟悉传统机器学习模型的研究人员，深度学习提供了一个良好的起点，原因有三：首先，深度学习基于单一的核心模型结构——人工神经网络，这使得整体理解更为容易，相比之下，传统机器学习包含多种不同的模型结构。其次，深度学习在处理文本数据方面通常优于传统机器学习。Grubhub 的高级数据科学家 Vasyl Harasymiv 在 2015 年的 Kaggle 竞赛中得出结论：深度学习模型在处理非结构化数据（如文本、声音或图像）时效果最好。这一结论是在 BERT 模型开发之前得出的。如今，基于注意力机制的模型，如 LSTM 和 Transformer，在自然语言处理领域取得了许多领先成果。Bengio 等（2024）将这些模型称为"许多应用中的主导架构"，并指出"Transformer 已经取得了显著的性能提升，彻底改变了自然语言处理领域，目前它们在行业中得到了广泛应用。"最后，尽管传统机器学习也有预训练库，如 TextBlob 和 VADER，但深度学习方法通常提供预训练模型，其模型结构有利于迁移学习，这对于所有研究人员，尤其是初学者来说，是一个巨大的便利。

第五，"计算成本"指在选择模型时，应同时考虑计算成本。训练深度学习模型通常需要比传统机器学习模型更多的计算资源。金融研究人员通常会在预训练的深度学习模型和从头开始训练的传统机器学习模型之间进行选择。预训练模型通常对内存的要求较低，且微调过程不需要大量的计算资源。然而，对于某些任务，如主题模型和一对多文本比较，可能需要更多的内存。在深度学习模型中，Transformer 相较于卷积神经网络需要更长的处理时间。此外，Transformer 在最大序列长度方面存在限制（例如，早期 BERT 版本一次只能处理 512 个词），但对于句子级别的分类任务而言，这通常不是问题，因为大多数句子的长度不会超过 500 个词。

### 11.3.3　监督学习的实施决策

在项目初期，研究人员需确定采用监督学习还是无监督学习，并明确目标输出变量是连续型还是分类型。

#### 11.3.3.1 标注

在监督学习中,研究人员需提供带有标签的训练数据,以便机器学习识别数据间的关联。这些标签的标注方法主要分为两大类:分类和命名实体识别(Named Entity Recognition,简称 NER)。从技术实施角度来看,分类任务通常更易于执行,尽管这可能需要更多人力参与。对于长文本(如整篇文章),人工标注往往较为困难;而对于短文本(如句子或段落),则相对容易。分类标注的典型做法是使用电子表格,其中一列展示一系列文本,另一列则包含人工分配的类别标签。

命名实体识别指识别文档中指代现实世界实体的词或词组,如人物、地点或组织。机器通过学习人工标记的样本来识别感兴趣的 NER。机器不仅能够学会识别训练数据中提供的特定实体,还能概括这一过程,从而在未见过的数据中识别出新的命名实体。尽管可以将标注工作外包给第三方,但研究人员亲自熟悉这一过程将大有裨益。

#### 11.3.3.2 训练数据规模和样本拆分

鉴于人工标注数据成本高昂,监督学习模型开发中的一项关键决策是确定合适的标注数据量。若数据量过大,则成本可能超出合理范围;若数据量过小,则模型的性能可能不足。例如,一些简单的任务,如通过关键词搜索和正则表达式进行的文本分类,可能仅需数百个观察数据。而对于更复杂的任务,如在完整段落的上下文中判断句子的情感倾向,可能需要数千个标注案例来对深度学习模型进行精细调优。若需要的样本数据超过 5000 个,则可能需要重新考虑任务的复杂性。如果一个任务对人类来说过于复杂,那么对于机器而言可能同样难以处理,因为模型仅能编码提供给它的知识。许多模型应该在这两个极端之间实现合理的性能。

选择标注数据最重要的因素是数据集中应有足够多的观察数据,以覆盖所有感兴趣的潜在模式类型,如表达积极、消极和中性情感的句子。如果底层数据在这些模式上缺乏平衡,那么随机选取的小样本集不太可能训练出性能良好的模型。对于不平衡的数据集,应采用分层抽样方法,确保每个层都能有效地代表感兴趣的模式。

研究人员应首先对一小部分探索性数据进行标注,以便深入了解文本数据的特性,随后再收集整个分层样本集。其次,应对每个分层中少量观察数据进行标注(总共可能仅有几百个样本)。再次,利用汇总的标注数据来对模型进行校准,并采用精确度、召回率、准确性等指标来评估模型的性能。最后,进行另一轮标注工作,并再次对模型进行拟合。一旦模型性能达到预期目标,研究人员便可停止对新数据的标注工作。

在模型训练过程中,训练数据通常被划分为训练集、验证集和测试集三个子样本。常见的数据分配比例为 2∶1∶1,这也可能导致验证集和测试集的规模远超实际需求。在处理小型标注样本时,可以不使用测试集。在性能评估完成后,一部分研究人员倾向于使用所有标注示例来训练一个统一的最终模型,以最大化训练数据;而另一部分研究人员则更倾向于使用训练集构建模型。表 11.2 总结了监督学习的步骤。

表 11.2 监督学习的步骤

| 步骤 | 内容 |
| --- | --- |
| 确定输出变量 | 确定目标变量的表示方式：连续型（如回归任务）或类别型（如分类任务） |
| 样本标注 | 收集标注样本（如词语、句子、段落或文章），并进行标注，可选用的标注工具如 Prodigy、MTurk |
| 样本划分 | 将标注样本划分为训练集、验证集和测试集，确保目标变量的每个类别均衡分布 |
| 模型选择 | 若使用深度学习模型，需选择架构（如 BERT）并决定是否微调；若使用传统机器学习，则选择具体算法（如朴素贝叶斯、支持向量机、随机森林） |
| 文本表示 | 确定文本编码方式：词袋模型或词嵌入 |
| 性能指标 | 选择模型评估指标，如准确率、精确率、召回率、F1 值、ROC-AUC 等 |
| 模型训练与评估 | 用标注数据训练模型，通过验证集评估性能，并判断是否需要补充标注样本（此为迭代过程）。使用训练（校准）后的模型对未标注数据进行预测 |
| 全样本预测缩放 | 确定最终目标变量的聚合标量（如文档总句子数） |

### 11.3.4 推荐资源

我们为研究人员提供了一份推荐资源网站列表，旨在帮助他们顺利启动自己的自然语言处理项目，读者可扫码查看，［二维码 11 - 1］。另外，Anand 等（2022）提供了详尽的 Python 编码指南，内容涵盖文本数据获取、文档预处理以及信息提取等方面。Huang 等（2022）则总结了使用 FinBERT 的详细步骤。众多研究人员在个人网站或 GitHub 等平台上分享了他们的代码、度量标准和实施指导。需要注意的是，这些资源将会持续更新。

### 11.3.5 未来的研究机会

金融学领域的文献已经强调了情感词典法、前瞻性陈述以及其他内容重要性。而较新的自然语言处理技术能够改善对现有构建的测量，开发基于文本的新度量标准，并助力解答新的研究问题。

深度学习技术具有广泛的应用前景。无监督学习能够识别出研究人员没有观察到的数据模式，并揭示未知的概念。而监督学习则能够基于相对较小的、经过人工编码的样本集，学习并模仿人类编码者的行为，进而将这种学习成果应用到更广泛的文本样本中。此方法适用于所有可由人类进行编码的语言特征,包括但不限于特异性、复杂性、可理解性、具体性、模糊性、回避性语言。接下来,我们将探讨一些可能从监督学习中获益的任务示例。

例如,企业分公司的业务和地理分布经常被研究人员用来代表企业的业务和地理复杂性。然而,不同公司在报告分公司信息时的方式和细致程度存在差异。文本分析提供了一种量化公司经营地点多样性的方法。利用深度学习技术开发的命名实体识别器能够识别地点,并将其精确分类为分销中心、地方办事处、分店、竞争对手地点等。

再如,在监管文件中,与"竞争"相关的词汇常被作为衡量竞争强度的代理指标。通过使用命名实体识别来分析公司明确讨论的同一行业的其他公司,可以获得更精确的结果。深度学习有助于进一步区分竞争类型,例如劳动力市场、产品市场、供应商市场或者融资市场的竞争。同样,深度学习也可用于将企业风险进行分类。

深度学习还可以协助研究人员提取数据。例如,XBRL 数据可用于训练模型,以提取在 XBRL 要求实施之前的数据或其他未以 XBRL 形式披露的信息。类似的应用是训练模型以识别 MD&A 部分中关于企业资金流动性的讨论。一旦模型训练成功,它便能够自动提取年报中其他部分关于企业资金流动性的讨论,从而全面度量企业资金流动性。

综上所述,监督学习能够在复杂且耗时的任务中扩展人类的能力。未来在开发或应用高级主题模型方面的进展,可能会为金融研究人员提供更加有用的分析结果。

尽管自然语言处理技术在金融研究领域展现出巨大潜力,研究人员在使用这些工具时仍需要明确几个关键点。首先,对基于文本的度量标准进行全面验证至关重要。验证不仅能增强对度量标准的信心,还能揭示其特征和行为模式。其次,研究人员应利用现有的可解释性技术。计算机科学领域正积极推进深度学习模型的可解释性研究。随着这些技术的发展,金融从业者将能够更有效地解释模型的内部机制。再次,鉴于读者通常对机器学习方法,尤其是文本回归和深度学习方法不太熟悉,研究人员应通过提供详尽的流程说明和用通俗易懂的语言解释其机制,以弥补这一知识差距。最后,研究人员应在论文发表后公开代码、模型和数据,以提高透明度和可重复性。

尽管机器学习方法可能会受到"黑盒"操作的批评,但在金融学研究中,我们主要利用自然语言处理工具来构建新的代理变量(如情感分析和可读性指标),而非直接进行假设检验。因此,只要这些代理变量经过严格验证,并与传统的计量工具结合使用,其可靠性便是可以接受的。

最后,我们需要提醒研究人员:不要陷入工具优先的陷阱而忽视了研究问题本身的重要性。复杂且有趣的工具有时会分散我们对研究问题本身的注意力,并使我们过分沉迷于工具。有些研究问题可能难以通过文本分析轻松解答;有些问题可能根本不需要复杂的自然语言处理模型。作为研究人员,我们必须始终牢记研究问题的核心,并认识到我们手中的研究工具仅是解决问题的手段之一。

**章节小结**

- **实践建议**

1. 尝试使用本章介绍的方法对金融文本进行情感分析或可读性评估。
2. 使用监督学习方法创建测量工具,并评估其构建效度。
3. 利用推荐资源,构建一个简单的金融文本分析项目。
4. 探索如何将大语言模型应用于特定的金融学研究。
5. 思考如何在自己的研究中结合传统方法和大语言模型方法。

- **延伸阅读**

1. 深入学习金融情感分析和文本挖掘的最新研究成果。
2. 探索更多大语言模型在金融学中的应用案例。
3. 研究如何改进现有的金融文本分析方法。
4. 探讨大语言模型在金融学研究中的伦理问题和潜在偏见。

- **总结**

本章全面介绍了大语言模型在金融学前沿研究中的应用,展示了这些模型在处理复杂金融文本分析任务中的巨大潜力。通过学习本章内容,读者能够理解并运用大语言模型进行情感分析、文件可读性评估、披露相似性分析等任务。本章强调了在使用这些先进工具时,保持严谨的研究态度的重要性,同时也指出了当前研究的局限性和未来的发展方向。掌握本章内容将为读者在金融学研究中更好地利用大语言模型奠定基础,促进金融学与人工智能的深度融合。

# 本书资源

**读者资源**

本书附有数字资源,获取方法:

第一步,关注"博雅学与练"微信公众号;

第二步,扫描右侧二维码标签,获取上述资源。

一书一码,相关资源仅供一人使用。

读者在使用过程中如遇到技术问题,可发邮件至 em@pup.cn。

**教辅资源**

本书配有教辅资源,获取方法:

第一步,扫描右侧二维码,或直接微信搜索公众号"北京大学经管书苑",进行关注;

第二步,点击菜单栏"在线申请"—"教辅申请";

第三步,准确、完整填写表格上的信息后,点击提交。